广播影视类“十三五”规划应用型教材
总主编　高晓虹

TV MONTAGE TECHNIQUES

电视画面编辑

（第2版）

主　编　谢红焰
副主编　王　涛

中国传媒大学出版社
·北京·

图书在版编目(CIP)数据

电视画面编辑 / 谢红焰主编. -- 2 版. -- 北京:中国传媒大学出版社,
2019.9(2024.5 重印)
ISBN 978-7-5657-2592-0

Ⅰ. ①电… Ⅱ. ①谢… Ⅲ. ①电视工作—编辑工作 Ⅳ. ①G222.1

中国版本图书馆 CIP 数据核字(2019)第 209328 号

电视画面编辑(第 2 版)
DIANSHI HUAMIAN BIANJI(DI-ER BAN)

主　　编	谢红焰		
副 主 编	王　涛		
策划编辑	程　平		
责任编辑	程　平　蒋　倩		
封面制作	泰博瑞国际文化传媒		
责任印制	李志鹏		
出版发行	中国传媒大学出版社		
社　　址	北京市朝阳区定福庄东街 1 号	**邮　　编**	100024
电　　话	86-10-65450528　65450532	**传　　真**	65779405
网　　址	http://cucp.cuc.edu.cn		
经　　销	全国新华书店		
印　　刷	北京中科印刷有限公司		
开　　本	787mm×1092mm　1/16		
印　　张	16.75		
字　　数	356 千字		
版　　次	2019 年 9 月第 2 版		
印　　次	2024 年 5 月第 6 次印刷		
书　　号	ISBN 978-7-5657-2592-0/G·2592	**定　　价**	52.00 元

本社法律顾问:北京嘉润律师事务所　郭建平

广播影视类“十三五”规划应用型教材
专家委员会

（以姓氏笔画为序）

序　一

应用型高等教育作为高等教育发展中的一个重要类型，肩负着培养面向生产、建设、服务和管理第一线需要的高素质应用型人才的使命，在加快推进社会主义现代化建设进程中具有不可替代的作用。

近年来，随着我国新型工业化、建设社会主义新农村和创新型国家对高技能人才要求的不断提高，应用型高等教育既面临着极好的发展机遇，也面临着严峻的挑战。现实形势要求应用型高等教育必须体现时代精神和社会发展要求的人才观、质量观和教育观，改革与构建适应经济与社会发展需要的专业方向、专业结构、课程体系、教学内容、教学环节、教学方法以及教学手段，全面提高教学水平，在教学中充分体现“应用”二字，强化学生职业素质与职业能力的培养。

在应用型高等教育中，课程建设与改革是提高教学质量的核心，也是教学改革的重点和难点。根据技术领域和职业岗位（群）的任职要求，参照相关的职业资格标准，改革课程体系和教学内容，建立突出职业能力培养的课程标准，规范课程教学的基本要求，提高课程教学质量，是应用型高等教育深化内涵建设的必然要求。

基于上述应用型高等教育的发展要求，我们组织编写了本套丛书，把工学结合作为应用型高等教育人才培养模式改革的重要切入点，带动专业调整与建设，引导课程设置、教学内容和教学方法改革，并积极推动高等院校与行业、企业合作开发课程，抓好知识目标、能力目标和职业目标三个关键环节的落实，探索任务驱动、项目导向、理实一体、岗位实践等有利于增强学生职业能力的教学模式。并从适合应用型高等教育需求这个角度，做了以下尝试：

首先，在课程设置上，针对专业所在的职业领域，邀请企业的技术骨干、人力资源管理者及行业专家和院校的骨干教师，通过访谈、问卷和研讨，确定职业岗位对技能型人才在知识、技能和职业素质等方面的具体要求，结合目前专业教学的现状，共同分析讨论课程的设置，通过科学合理的课程布局，对课程进行了合理的调整，确立了课程门类及教学内容。

其次，在编写思路上，依照电视节目制作的认知规律和行业岗位的要求，构建由浅入深、循序渐进、基于工作过程的写作框架；按照学习的循序渐进性，梳理出相关课程的知识点；在每个学习单元的写作上，由任务驱动导入知识和技能点，再用工作任务、项目实践巩固知识技能，使用精准的知识点和针对性强的项目实践训练，有效地将知识转化为技能；并始终贯彻符合电视节目制作工学结合的教材编写理念；注重知识点、单项技能训练和以项目为实现目标的综合技巧训练相结合，突出它们之间的内在联系，让这些知识和技能在项目实践中有效融会贯通。

再次，在编写人员构成上，充分发挥跨地区与跨院校教师之间、院校与企业之间的团队协作，校企合作，校际联合共同开发教材。丛书的作者大都是长期从事专业教学、研究和实践，积累了一定的教学和实践经验的院校教学人员、企业、专业机构资深的工作人员。他们在对教材编写现状、学生岗位能力要求进行充分调研的基础上，吸收第三方社会调查机构的相关评价，制定职业能力培养的课程标准，规范课程教学的基本要求，并根据课程标准和要求进行教材编写，充分体现了应用型高等教育的专业性、职业性与岗位性等特点。

最后，在教学的积累上，丛书教材以讲义、校本教材或者培训教材等形式已经试用了数年，教学效果良好。同时，教材配有电子教案、课件、课程教学网站、实验素材等，方便随时、随地进行网络化学习的需求。

现在，我们将这套丛书呈现给广大读者，衷心希望教材能在相关课程的教学中发挥积极作用，并得到读者的青睐。我们也真诚希望同行专家和读者予以批评指正，使这套教材在教学实践的检验下，不断得到改进、完善和提高，为中国特色应用型高等教育的课程建设做出微薄贡献。

教育部高等学校新闻传播学类专业教学指导委员会主任委员

中国传媒大学新闻传播学部学部长、教授

高晓虹

序 二

在担任2006—2010年教育部高等学校高职高专广播影视类专业教学指导委员会主任委员期间，我结识了一批热爱高等教育、献身高等教育的仁人志士，并一起努力推动相关专业建设与改革以及教材建设。

教材是保证高职教学质量的重要载体，一直是教指委的重要工作。我先后组织专门的师资力量编写出版了“影视动画专业”“影视广告专业”“主持与播音专业”“新闻采编与制作专业”系列教材。本计划为广播影视类所有专业都编写一套系列教材，由于时间等方面的原因未能实现，深感遗憾。

今天，收到中国传媒大学出版社寄来“电视节目制作专业”主干课程教材编写印刷清样让我指导。我非常兴奋，兴奋的不是因为我水平高，而是感到当初未完成的事业有人继续。详细阅读了出版社送来的所有印刷清样，我认为这套教材有下列几个特点：

一是编写理念新：以校企合作、工学结合、教学做合一等职业教育理念指导教材建设，保障了人才培养的应用性、技能型。

二是编写体例新：以学习目标、任务导入、基本知识、专业技能、实训项目、考核评价为模块进行每一章节的编写，保障了学生学习的系统性和渐进性。

三是风格新：将理论和实践、理性和感性、简明和生动有机融合，保障了学生学习的积极性和高效性。

“电视节目制作专业”主干课程教材的编写，是深化该专业人才培养模式改革的重要途径和成果，也必将为高等院校相关专业人才培养提供有益的参考。

全国广播影视职业教育教学指导委员会副主任委员

山西传媒学院原院长、教授

王建国

前 言

今天，电视已经成为最具渗透力和影响力的大众传播媒介，成为人们获取信息、休闲娱乐、表达见解、释放情感的重要工具。电视的基本规律是通过视觉和听觉把信息传达给观众，“电视编辑”则是实现这一意图的最终环节。

“电视编辑”一词具有双重意义：它既指代一个具体的电视节目创作环节，又是电视制作流程中一个岗位的工种名称。作为一个电视节目创作人员，编辑是创作的主要参与者，他需要参与整个节目的采访、构思，并负责后期编辑、混录合成等一系列工作，因此编辑在电视节目创作中是很重要的工种。作为一个创作环节，编辑主要指电视创作的后期阶段，后期阶段主要涉及对原始素材进行鉴别、选择并进行艺术的加工和处理，从而结构出完整的节目形态。这些工作又是围绕着“剪辑”来进行的。因此，编辑工作最主要的内容就是剪辑。

普多夫金（Pudovkin）在他所著的《电影技巧》中说过：“我重复一遍，剪辑工作是电影本体的创造力，自然只不过提供了它用以进行工作的素材。”①可见，影视剪辑是影视创作的核心环节之一，就像一个好的厨师，其厨艺的精湛往往体现在用不同的加工方法和工艺去烹饪相同的原材料，使之成为色、香、味俱全的美味佳肴；一个优秀的电视编辑，也能通过影像思维活动和编辑技巧叙事、抒情、表意，将声像素材构建成给人以艺术享受和审美愉悦的精神大餐。

对电视编辑的认识，有广义和狭义之分：狭义的电视编辑指电视编辑是电视创作的一个重要环节，它是根据编导的创作意图和节目形态的具体要求，对画面素材进行选择，然后寻找最佳排列顺序和准确的剪接点进行画面组合的过程；广义的电视编辑指贯穿电视创作全过程的一种思维或意识，一般我们称之为剪辑意识。从某种意义上说，剪辑意识就是电视意识。所以，了解电视节目编辑的思维和技巧，掌

① 赖兹，米勒. 电影剪辑技巧[M]. 北京：中国电影出版社，2008：137.

握电视镜头语言，是运用电视的知识前提，对于电视人来说也是必要的业务准备。因为电视编辑思维，或者说画面语言的思维应该是贯穿在整个电视节目创作过程中的，没有好的画面意识，是做不好节目的策划和拍摄的。

本书将要探讨的主题是：电视编辑如何将一堆看起来杂乱无章的素材，通过整体构思，合理安排叙事结构和节奏，选择恰当的叙事方式，精心挑选镜头流畅地组接在一起，综合运用电视语言创作出视觉流畅、结构清晰、意义表达明确、让观众喜闻乐见的电视作品。

依据电视编辑职业岗位的要求，按照电视画面编辑流程，本书主要由"电视画面编辑基础""电视节目编辑构思""电视镜头组接""电视节目编辑合成"四个模块、十二个学习单元构成。在熟悉电视编辑的工作内容和工作流程，了解电视创作特性和理念、电视时间与空间特征的基础上，以电视节目后期编辑工作过程的构思准备、素材编辑、节目合成三个阶段为依据，首先通过构思准备模块培养基本的电视节目结构能力，然后通过素材编辑模块培养电视镜头组接技巧，再通过节目合成模块培养电视节目编辑合成能力，并在三个模块中贯穿对蒙太奇表现能力和电视艺术创造能力的培养。

需要说明的是，本书的案例分析与学习将大量运用优秀的电影作品实例，虽然影视在传播情境和收视方式上有很大区别，但电视和电影在艺术表现方法和技巧上有许多亲缘关系，它们都是通过活动影像和音响来表达意义、取得效果的。因此，电视编辑可以大量借鉴电影剪辑的经验。

本书学习单元一至十一由湖南大众传媒职业技术学院谢红焰执笔完成，学习单元十二由保定职业技术学院宋晓丽执笔完成，各单元任务设定和考核表由谢红焰、宋晓丽共同完成，湖南大众传媒职业技术学院王涛为本书提供了部分案例资料，全书由谢红焰统稿。

目 录

模块三　电视镜头组接

模块四　电视节目编辑合成

模块一　电视画面编辑基础

对于电视而言，除了实况直播，电视画面都是间断的，而不是时空连续的，要用这样的画面来构成观众所看到的具有连续意义的节目，我们首先要建立全新的电视画面编辑思维方式。因此在开始电视画面编辑之前，我们要对电视编辑需要做什么、怎么做有个基本的认识；从了解编辑语言的发展历史和电视传受特性出发，建立电视编辑的创作理念；熟悉拉片子和电视分镜头脚本写作的基本方法，为建立电视编辑思维方法打下基础。

学习单元一
对电视编辑的认识

电视节目制作是一个复杂的创作过程，它的整个流程一般分为前期与后期两个阶段。前期主要是为获取原始影像素材和声音素材而进行的一系列工作，其中包括选题策划、构思采访、画面摄制等创作环节。后期主要涉及对原始素材的熟悉、整理、剪辑与合成等环节，主要包括画面剪辑、声音剪辑、特技处理、字幕叠加、声画组接等工序，其中核心工作是声画组接。在电视创作过程中，还需要导演、导播、摄影、灯光、录音、表演、编辑、技术等多方面电视制作人员的通力协作，而电视编辑则是电视创作的重要环节，是一项具有高度创造性的创作活动。

学习目标

(一) 知识目标

1. 正确理解电视编辑工作的三层含义；
2. 熟知电视编辑创作流程中的各环节。

(二) 能力目标

能够进行素材整理，做出详尽的场记单。

任务描述

任务一：观看一部影视作品，分析完成一部作品的编辑需要做哪些工作，体会电视编辑三个层面的含义。

我们在写文章时，离不开对句子、段落、整体结构的把握，电视作品的编辑是不是也是这样呢？这个任务要求同学们以学习小组为单位，分析影视作品的构成，讨论完成一部影视作品的编辑需要做哪些工作，同时根据本学习单元的知识，完成本学习任务。

任务二：对给定素材进行整理，做出详尽的场记单。

电视编辑在开始进行画面编辑之前，首先要对编辑素材做到心中有数。因此，他们首先做的工作往往是对素材进行整理，做出详尽的场记单，这是一项需要耐心和细心的工作，并要求熟悉镜头的基本特征。

任务三：以学习小组为单位，提交电视编辑创作流程图。

电视编辑是一个系统工程，主要工作是视听形象的塑造。这个任务需要同学们以学习小组为单位，通过参观电视节目制作中心、与有经验的教师座谈、与高年级同学交流等方式了解电视节目后期创作的流程，并且通过本单元知识的学习，能够熟练地说明电视编辑创作整个过程中的各个环节，能够根据自己的调查与学习结果绘制出电视编辑创作流程图。

第一节　电视编辑工作的三个层面

在电视节目的创作中，电视制作人员经常遇到这样的问题：怎样才能制作出最受观众欢迎的电视节目？在解决了创意、选题、拍摄等一系列问题之后，怎样才能通过镜头的衔接清楚地展现内容情节和思想情感？结构怎样安排才能使内容完整、条理清晰？声画如何组合才能视觉流畅、意义明确？等等。

一、案例分析

我们先来看看三种不同类型的影视节目有什么共同的特点。

案例1.1：故事片《芳华》

《芳华》片段

影片《芳华》改编自严歌苓同名小说，讲述了20世纪70年代发生在西南军区部队文工团一批年轻团员们所经历的青春生活与时代变迁。这是属于60后一代人的集体记忆，经历了“文革”后期、粉碎“四人帮”、对越自卫反击战、改革开放等一系列社会变迁后，一批充满理性、激情的少男少女人生命运大相径庭。片子的叙事时空按照时间先后顺序构成，以萧穗子的第一人称视角作为该片的叙事视角。男主人公刘峰、女主人公何小萍被裹挟在大时代的潮流中，经历了不平凡的人生。

案例1.2：纪录片《西藏一年》

五集电视纪录片《西藏一年》以西藏第三大城镇江孜为拍摄地点。摄制组在这里生活了将近一年，用田野考察的人类学研究视角和纪实影像的拍摄方式，真实展现了其中八位普通藏民的现实生存状态和精神世界。他们的生活与劳动，包括诵经、婚恋、庆生等生活的方方面面得到了真实的再现。影片拍摄了八个人物、八条线索。如何才能做到头绪清楚呢？该片采用的是一种多线交织的总体叙事结构，每集设置一个中心线索，其余线索都作为副线与其平行交织发展。比如第一集《夏末》中，迎接十一世班禅视察白居寺的活动是本集的主线索，而德吉生孩子的事件过程则作为次要线索与主线索平行串联在一起。

案例1.3：微视频《四姐妹的无名土钵菜馆》

《四姐妹的无名土钵菜馆》片段

“二更”是国内知名的原创短视频内容平台，它关注传统文化、关注普通人的命运，关注时代的生活风向标，秉持了一种“短视频，大情怀”的创作理念。《四姐妹的无名土钵菜馆》中的土钵菜是长沙当地极具传统意义的市井快餐样式，它的大众化、平民化、草根性特质对该片的主题提炼及人物性格、细节等开掘意义重大。片中63岁的邹建双以第一人称的叙事视角，讲述了一家四姐妹在经营这座土钵菜馆的过程中所凝聚起的向心力和亲情。片子是以这家菜馆一天的经营过程来组织叙事结构的。

上面介绍的是三种不同类型的影视节目，分析这三个作品的结构，我们发现，任何影视作品都不可能是使用一个镜头拍成的。电影《阳光灿烂的日子》叙述了在主角马小军身上发生的十几个小故事，该片实际上就分为十几个段落来叙事，在每个段落中，又由不同的场景来表现；而微视频《四姐妹的无名土钵菜馆》由"姐妹间的分工协作""菜馆的良好经营""姐妹情深"三个叙事段落构成。可见，在电视作品中，镜头是构成作品的最小叙事单元。虽然有时候是通过一个镜头表现一个场景的内容，但更多的时候是通过几个镜头的组合来完成一个场面的叙事；一个或者几个场面一起又构成了影视片最大的基层单元——段落，多个段落组合就构成了完整的影视片。

二、相关知识

如果我们从时间长度的横轴上来对电视作品构成进行划分，可以这么表现：

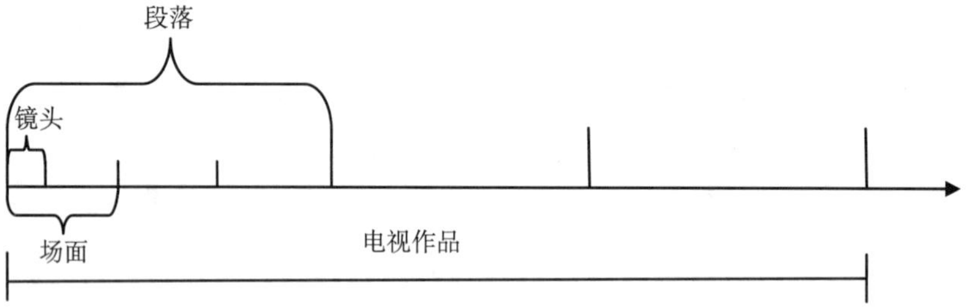

图1-1　电视作品构成

由图1-1可见，镜头是最小叙事单元，由镜头组成场面，由场面组成段落，再由段落组成一部相对完整的电视作品，这就是不同叙事单元的构成关系。那么每一个层面的叙事单元是根据什么标准来确定的呢？

镜头：电视作品叙事的最小单元，是完成作品最后形成的没有时间间隔的内容，是一次拍成的自然时间段落。

场面：电视的自然段落，由一个以上的镜头构成。场面是以同一时间或者同一地点，或相互联系的人物和动作组成的电视作品的一个时段，它将若干个镜头进行有意义的安排，以表达一个完整的动作和思想。即由一个或一个以上镜头组成的同一时间、同一地点、同一表现对象的，用于表现连贯动作或行为的影像片段。

段落：组成影片的最大基层单位。段落是表达一个行动或故事阶段的一系列场面。唐·利文斯顿（D.Livingston）认为，"段落是分镜头型影片的基础，它可能由很多场面组成，在有些情况下可以只包括一个场面。段落与整部影片之间恰如其分的关系以及组成段落的各个场面之间恰当的相互关系，对分镜头型影片的组成是极为重要的”①。

在对这些节目的内容结构进行仔细研究时，我们发现画面组接就像写文章离不开对句子、段落、整体结构的把握一样，电视编辑也是从三方面来精心考虑与安排的：一是需要考虑影片的总体结构与节奏的安排；二是要考虑用什么样的手法来完成每个段落的叙事；三是要实现镜头与镜头之间的流畅组接。

1. 总体结构安排

所谓“整体结构安排”，实际上是一个全篇整体结构的把握问题。编辑人员的构思过程在创意文案阶段就应该完成，这种编辑观念的精髓就在于要求创作者用整体的眼光和视角对作品进行宏观和总体的审视与把握。

传统的总体结构安排是指全篇范围内人物和事件的组织安排的方法，如人物的设计、事件的安排与发展。就像我国传统的文学艺术那样，非常注重故事情节安排的谋篇布局，讲究“凤头、猪肚、豹尾”的结构设计；另外，叙事视角的选择，诸如主观叙述、客观叙述还是主客观交替叙述等，这些都是属于整体内容要考虑、安排的，我们称之为“含义性结构”。作为总体观念上的编辑，他在作品的构思编剧阶段就要认真处理好结构问题，因此，这就要求编剧或电视前期创作人员要有剪辑观念。现代意义上的剪辑已经从电视制作的某一个具体环节向纵深延伸，成为所有影视创作人员必须具备的一种技能和创作思维。

在影视总体结构中，除了含义性结构之外，还有作为时空艺术特有的时空性结构。整体结构安排更为重要的任务，就在于构思未来节目的情节（或内容）在一个怎样的时空整体中展开。

2. 段落的剪辑

我们认为，段落是一组镜头链，它是按照一定逻辑关系和内容创作需要组接在一起的一系列镜头，表现内容单元相对完整的一个连续的过程。“以若干镜头构成一个场面，以若干场面构成一个段落，以若干段落构成一个部分，这就叫蒙太奇。”（《普多夫金论文集》）这是蒙太奇学派对“段落”剪辑的经典论述。段落剪辑过程主要是按照某种具体构思设计方案，将一组镜头的各个元素按最佳方法组接起来，以构成相对独立完整而又与整个作品风格基调相统一的视听单元。在经典的电影理论中，蒙太奇都是被当作一个段落来考虑的。

冯小刚作品《芳华》围绕女主人公何小萍的人生经历展开，父亲在“反右”中被打倒，并被迫害致死，母亲的改嫁让她备受欺凌、屈辱。她有着明显的“人格”缺陷。在影片的“草坪独舞”段落，经过战争的洗礼，成为英雄的何小萍在“自我”认知上产生了“错位”，

---

① 利文斯顿. 电影和导演［M］. 北京：中国电影出版社，1983：12.

她疯了。在一次集体观演活动中，她又一次来到文工团，来到自己熟悉的剧场，长期被“集体”意识排斥、“边缘化”的她本能地选择“逃避”。在夜幕下的场外草坪，她“孤独”地沉醉于“自我”舞蹈感知的“幸福”中。影片反映出特定的社会历史阶段，普通人的“自我”与“超我”“集体意识”之间的碰撞与错位。

姜文执导的影片《阳光灿烂的日子》围绕着男主角马小军这个人物，讲述了很多关于他成长的故事，每一个故事都构成了一个具体的场面或者小段落。比如“教室风波”（见图1-2）这场戏，影片用了45个镜头来表现“胡老师的草帽里放满煤球”和“胡老师把鞋扔回给窗外的学生”两个事件，通过镜头的组织与安排，来表现学生的强势和胡老师的色厉内荏，体现了“文革”特殊时期的学校教育环境和近乎“畸形”的师生关系。

图1-2　电影《阳光灿烂的日子》“教室风波”段落截图

微视频《四姐妹的无名土钵菜馆》由三个叙事段落构成，即“姐妹间的分工协作”“菜馆的良好经营”“姐妹情深”三个部分。叙事线索以土钵菜馆一天的运营时间贯穿全片。每个段落内部的场面、镜头组织严格按照逻辑关系、因果联系进行剪辑，以完成纪实作品的叙事、表意功能。

马塞尔·马尔丹（Marcel Martin）在《电影语言》中将蒙太奇分为叙事蒙太奇和表现蒙太奇两种类型，我们可以把它们理解为两种不同属性的段落剪辑，即叙事段落与表现段落。前者以交代情节、展示事件为主旨，一般按照情节发展的时间先后顺序以及因果关系和逻辑联系来完成镜头组接，该类型的段落剪辑重在叙事功能；后者则以加强艺术表现力和感染力为主旨，以镜头的对列为基础，可以创造思想、节奏、隐喻、悬念和情绪等。

在电视节目的创作中，通常一个段落的剪辑既要考虑叙述内容，又要考虑其中的某种情感或思想。因此，它既有叙事的成分，又有表现的成分。比如，电视纪录片《沙与海》的片段“沙中嬉戏”真实地记录了主人公刘泽远的小女儿在沙丘上嬉戏玩耍的过程，表现了童心童趣及人与自然的和谐关系，同时还似乎暗示着贫困地区文化娱乐生活的单调。

《阳光灿烂的日子》片段

3. 镜头组接

《阳光灿烂的日子》“教室风波”这场戏用了45个镜头来表现内容，要把这45个镜头流畅地连接在一起，给观众以最好的视点、视距来观看每时每刻的动作，就要选择最能说明问题的影像运动。上下镜头之间的剪辑是电视剪辑最基本的技巧，它的要求是流畅。

什么是剪辑中的流畅？卡雷尔·赖兹（Karl Reisz）、盖文·米勒（Gavin Millar）在《电影剪辑技巧》一书中说："做出一次流畅的剪辑，意味着两个镜头的转换不致产生明显的跳动并使观众在看一段连续动作的时候不致被打断。"这里所说的"跳"，是指视觉上的不连贯，比如静止镜头接摇镜头、大全景接大特写等，都会产生"跳"的感觉，而更深层的原因则来自受众的视觉心理。影像剪辑产生的这种视觉跳动是一种接受挫折，是由外来刺激的感知能量无序引起的。要实现流畅的剪辑，上下镜头与剪辑点的正确选择至关重要，在镜头组接时必须遵循镜头组接的基本原则，熟练运用镜头组接的技巧。

总结电视编辑的三个层面，我们可以得到这样的认识：画面编辑的任务是通过镜头组接的方式完成明确意义的视觉的"文章"，即把拍摄下来的不同镜头组接在一起，传达一定的内容意义，使它们成为内容叙事、思想交流、情感表达的叙事整体。它最基本的目的是让人能够看懂。因此这种组接不是随意的，而是有目的的；不是异想天开的，而是有章法可循的。

我们知道，影视是运动的艺术。在影片中，人、事、物的运动是通过画面与画面之间的组接实现的，这个创作过程是电视剪辑技巧的重要内容。这里要注意两个方面的问题：一是屏幕上所表现的动作与现实生活中的动作并不完全相同；二是屏幕上所表现的动作往往是经过剪辑呈现的。在后面的章节中我们将会进一步讨论动作的连贯性：它往往由动作的分解和组合来完成，视觉形象的连贯不是一种简单的机械的镜头运动，它要受到具体叙事内容和作者创作意图的制约。

我们还发现，能够让观众印象深刻的影视作品，很多时候不是因为它讲述了一个有趣的故事或者观众对某件事情感兴趣，而是因为这部作品触发了观众内心的感情。"摆在艺术家面前的任务是，将这个能从情绪上体现出主题的形象转化为两三个局部性的画面，而这些画面一经综合或对列，就应该在感受者的意识和情感中恰恰引起当初在创作者心中萦绕的那个概念的形象。"（《爱森斯坦论文选集》）组成视觉的"文章"还只是体现了作品的叙述功能，我们的作品创作绝不是简单地把现实复制在影像上，而是要实现某种思想和情感的表达。

第二节　电视编辑的创作流程

一、案例分析

案例1.4

学生小罗、小李准备拍摄制作电视纪录片《都市渔民》。他们在完成节目前期的策划、采访、拍摄等任务后，将进行后期剪辑。面对拍摄好的近20本素材，两位同学该从何入手呢？以下，我们将就本案例的完成进行分析。

纪录片《都市渔民》讲述的是一个小人物的故事，片中的主人公从益阳农村来到了湖南省省会长沙，与妻子一道在城区狭窄的江面上过着艰辛的“都市渔民”生活。该片的前期策划、采访、拍摄阶段持续了将近半个月的时间，最后拍摄完成的原始素材时长超过了一个半小时。面对如此繁杂的素材，两位同学首先对素材进行分析、整理、归类，从而对素材内容、质量做到了心中有数，同时根据素材对前期的策划进行修改，确定编辑提纲。

在完成《都市渔民》的前期拍摄后，两位同学发现实际采访过程中具体事件、人物特征等因素与开始设计的拍摄提纲存在一定的差异，他们根据实际情况在拍摄时进行了修正。后期在整理素材之后，根据素材内容重新确立了新的报道方向。

做好这些准备工作后，就可以开始编辑了，即根据编辑提纲，从素材中寻找合适的镜头组接在一起并进行声画合成。电视纪录片《都市渔民》在编辑过程中进行了多次修改、完善。比如其中的一个抒情段落，为了从情感层面抒发对男主人公在艰难生活环境中所表现出的坚韧意志力的赞颂，编辑人员选用了一段节奏快、动感强的音乐片段，但合到一起后，画面内容的情感特征与音乐片段在节奏、旋律等方面的特点却表现出强烈的不协调，后经过指导老师的指导，摄制组选择了一段与情感表达相适应的、舒缓的、情感表达丰富的音乐片段。另外，针对动作性较强的男主人公在船上撒网的画面，则采用了慢动作的特技，使得该抒情段落的声画组接更加协调、流畅。

二、相关知识

电视编辑就像一个作家，他从一大堆的词汇中找到合适的词语，组合成正确的句子、段落，从而完成一篇文章的写作，这种选择和重新组合的过程是一项复杂而细致的系统工程。对于电视编辑而言，面对着一大堆杂乱无章的原始素材，他既要在此基础上谋篇布局，又要挑选合适的镜头完成画面组接，并兼顾声画节奏与合成，其综合性、复杂性、系统性都是可想而知的。从图1-3中，我们可以对电视编辑的基本工作流程有一个直观的了解。

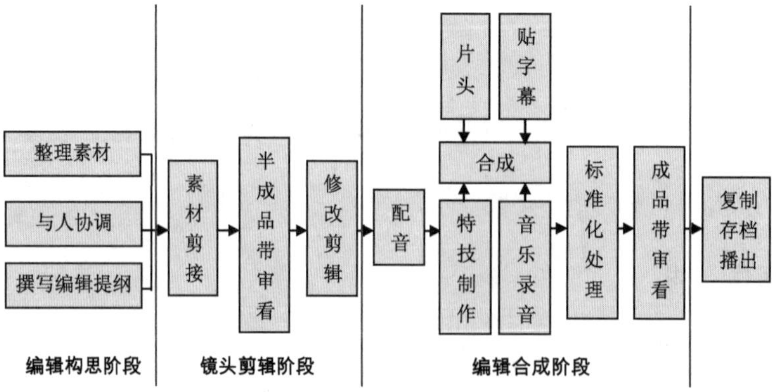

图1-3　电视节目编辑流程

(一)准备阶段

准备阶段在剪辑过程中经常是最容易被忽视的一个环节。有道是“磨刀不误砍柴工”，准备工作做得认真、细致，就会使后面的画面剪辑得心应手、省时省力；反之，则事倍功半。

1.整理素材

整理素材是剪辑的一项很重要的工作，素材整理得越充分、越有条理，剪辑的效率也就相应越高。同时，素材整理也是工作量较大的一个环节，特别是拍摄内容较多、拍摄周期较长的作品，前期拍摄的实际素材量会非常之多。面对如此繁杂的素材，电视制作人员在后期阶段应认真地对其进行分析、整理、归类。那么，对于一名电视编辑来说，整理素材这个环节对后期制作有一些什么作用呢？

◎ 了解素材内容和素材质量，根据原有的构思，判断可能的编辑效果，在脑海中建立起初步的形象系统；

◎ 及时调整构思，如果素材内容与预先设定的内容不同，就可能需要调整影片拍摄前的设想，有些素材内容甚至可能激发作者的创作灵感，形成新的兴奋点和表达重点，因此整理素材时可以开掘素材本身的能量，完善构思；

◎ 发现素材不足，以便尽快组织补拍或进一步寻找相关的视听资料。在《都市渔民》的素材整理过程中，编导人员发现前期的整个创作主题不够明确，结果采访环节的信息内容达不到预期效果，于是他们迅速调整创作思路，组织了新一轮有针对性的现场拍摄与采访，获得了宝贵的创作资料；

◎ 对素材进行整理分类，做出详尽的场记单，以便编辑时使用，如表1-1所示：

表1-1　场记单

<table>
<tr><td colspan="7">标题：电视纪录片《都市渔民》素材场记单</td></tr>
<tr><td>磁带编号</td><td>镜头序号</td><td>拍摄方法</td><td>内容概要</td><td>时间码</td><td>声音</td><td>备注</td></tr>
<tr><td rowspan="4">002</td><td>1</td><td>远景右摇</td><td>热闹街景</td><td>入点 00：10
出点 00：40</td><td>同期声</td><td></td></tr>
<tr><td>2</td><td>推
远 → 中</td><td>由街景推至两个人的中景</td><td>入点 00：40
出点 01：10</td><td>同期声</td><td></td></tr>
<tr><td>3</td><td>近景</td><td>某人的近景</td><td>入点 01：10
出点 01：40</td><td>同期声</td><td></td></tr>
<tr><td>……</td><td></td><td></td><td></td><td></td><td></td></tr>
</table>

如果素材中有较长段的访谈或对话，为了不分散电视编辑对节目的整体把握，可将对白用录音设备录制下来单独处理，然后将文字内容整理出来，对照素材仔细研究，标出比较有价值的段落，注明时码和发言对象的身份、表情等，以备剪辑过程中使用。

2. 修改拍摄提纲，与其他创作人员共同协调，确定整体风格的基调

在创作之初，制作人员一般对节目的主题、内容、风格等会有大致完整的构思，并且会拟定大致的拍摄提纲，有的电视作品甚至会有拍摄脚本。所谓“拍摄提纲”，是指纪实类电视节目如新闻专题、电视纪录片等节目类型在采访之前形成的对未来节目的书面构思，也就是说，要把你在节目中想具体展现的主题、具体内容、拍摄手法、风格等尽可能按照提纲形式体现在文字稿中。左边写图像内容，右边注明有关的声音以及或详或略的拍摄提纲，这些都是电视制作人员对未来节目的初步设想。但是，在实际拍摄中，提纲和文字脚本只是起到提供现场组织与拍摄的指导作用，随着采访的深入及现场情况的变化，最终拍摄内容与最初的“蓝图”也许会有较大的出入甚至大相径庭。正像哈里斯·华兹（Harris Watts）所说：“拍摄时，新东西可能出现（新发现是永远不会停止的），当机立断改变你的计划是很自然的事。”①前期无论多么周密地计划，都无法事先设定。

与提纲（拍摄）相比较，脚本的不确定性则大为减少，内容的安排也更加详细、合理，要求也比较具体、明确。一般的非进行时态的电视节目，包括虚构节目，如电视剧和内容确定的再现性节目（如政论片等）事先都有一个具体的创作脚本，像电视剧、MTV采用的就是分镜头脚本，而政论片等往往会先撰写解说词，然后再确定具体的拍摄内容。这类节目大大减少了拍摄过程中的随意性。但在千变万化的拍摄现场，导演不能也不会机械地照搬分镜头脚本的设计要求，而是要根据实际情况做出适时的调整与改变，一旦发现情况有变或者原来预先设计的画面效果不佳，就会考虑现场修改镜头，这是电视创作人员的一项基本功。在这一阶段，电视编辑要反复观看拍摄素材，熟悉原始图像和声音素材，然后根据素材内容修改分镜头脚本，补充完善新的内容。

此外，电视编辑在这一阶段还需要与其他制作人员协调，以保持节目在风格、形态、结构、解说词、串联词以及音乐等方面的整体性。如果电视节目是安排在某一个栏目中播出，还需事先与栏目负责人或者责任编辑沟通、协调，以求与栏目的整体风格保持一致。

3. 拟定编辑方案

这是剪辑工作最关键的一个环节。通过前一阶段对素材的文字性整理，编辑对手头已有的影像资料已经有了一个比较宏观的认识，所以应该通过编辑方案把这种认识在文字上再具体化，进一步深入思考那些比较有价值的段落的意义，以及潜在于各个段落之间的逻辑联系，在这一过程中逐步发展出节目的架构设计。编辑方案是剪辑的依据，完成编辑方案的过程也是对本片进行分析研究的过程，这其中关乎节目成败的因素是如何提炼主题、确立结构、谋篇布局。通过编辑方案，我们将对各段素材的排列顺序按叙事的逻辑关系重新进行结构，并对其长度予以适当的考虑。编辑方案主要是对节目的整体格局

---

① 华兹. 开拍啦——怎样制作电视节目[M]. 徐雄雄，陈谷华，李欣，编译. 北京：中国广播电视出版社，1985：107.

进行整体性的设计与安排，许多镜头组接的实际效果只有到剪辑台上才能真正看到，所以不要做得过于琐碎，只要有一个大体的结果走向就可以了。

编辑提纲具有如下好处：

◎ 保证素材得到充分利用，不遗漏最适宜的镜头；

◎ 有利于安排结构和各段落的比例；

◎ 大大提高剪辑效率；

◎ 保证节目时间的精确。

（二）画面剪辑阶段

剪辑阶段的工作并不是简单地将镜头素材按照事先确立的编辑方案组接在一起就可以了。在组合素材的过程中，可能会出现各种各样的情况，如动作不衔接、情绪不连贯、现场同期声不清楚、时空不连贯、光影色彩不协调、镜头数量不足等。剪辑的基础任务之一就是要将这些不清楚、不完善的地方通过一定的组接技巧使之合理完善。这个阶段的具体步骤如下：

1. 镜头选择

如何选择镜头是剪辑时首先面临的问题，一般主要考虑以下几个方面：

技术质量：镜头影像是否清晰、曝光是否准确、固定镜头是否稳定、运动镜头速度是否均匀。

美学质量：光线、构图、色彩等造型效果如何。

影像的丰富多变性：尽可能丰富形象的表现力和画面的信息量，避免使用重复或过于相近的镜头，为观众提供多视点、多角度的观看方式。

叙事需要：所选镜头应该是与内容表现相关的。这里主要考虑两个因素：一是素材质量好但与内容无关的镜头，应该坚决舍弃；二是质量欠缺但属于内容表现必需的镜头，比如偷拍镜头、叙事必需又无可替代的镜头、强调突发事态的现场性的镜头等，这一点主要针对电视新闻和纪录片，此时选择的依据首先是内容意义的表达，不能简单地以技术、美学要求为杠杆。

2. 粗剪

在完成纸上剪辑之后就可以开始粗剪了。粗剪相当于我们写作时的草稿，它是根据剪辑内容的顺序（如分镜头脚本）对原始素材进行选择，并按照剪辑提纲设计的顺序进行松散排列。每个镜头都会留得稍长一些，一时难以决定取舍的镜头尽量留用，因此粗剪片的片长要长于作品的实际片长。粗剪的目的是用视听语言的表达方式完成一个节目的框架形态，看它是否像预先设计的那样能完整地传达节目的主旨，同时为下一步修改、精剪提供母版。

3. 精剪

粗剪通常给人的印象就是作品在整体上显得较为松散，镜头之间缺少一种流畅性，剪辑节奏不甚协调。而精剪是在粗剪的基础上，根据内容表达、风格体现等具体要求对原有镜头的排列组合进行调整，主要包括结构顺序的局部调整和多余镜头的删除以及正确选择画面剪辑点；而画面编辑点的选择决定了镜头链中每个镜头的长度，以及画面剪接处的视觉流畅性。在剪辑点选择上，剪辑师既要确保镜头内容表达的准确完整，还要考虑视觉的流畅性和作品风格的统一性等具体因素。应该说这是一项既需要耐心，又需要一定想象力与创造力的工作。

（三）编辑合成阶段

完成了电视画面的编辑，还只能说是完成了电视节目的初步编辑，完成版的节目还需要加字幕，加特技，配解说或者音乐、音响效果等。在许多节目编辑中，这一步也常常和节目精剪同时进行。

☞ 小贴士

1. “剪辑”与“剪接”

剪辑在最初的电影制作中被称为“剪接”，主要是指按照需要直接剪切胶片然后再粘接在一起。20世纪50年代末开始的电视剪辑技术利用机械装置将录像带剪断再粘接起来，以此完成画面剪辑工作。剪辑这个名称是随着电影逐渐成为一门独立的艺术后形成的。与“剪接”相比，剪辑显然不仅包含了剪接这种技术因素，更体现出创作者的创作意识，不再是简单的“剪”和“接”，而是对镜头进行编辑。随着电视技术的发展，电视剪辑从“机械剪接”发展到“电子剪辑”再到“非线性编辑”。电视编辑则通过独特的思维活动，运用视听组合技巧进行艺术创作——通过一定的思维方式和语法规则，对视听元素进行选择、组合和加工，制作完成电视作品。

2. 编辑效果的检查

在节目编辑过程中和编辑结束后，我们都要随时对节目编辑效果进行检查，它主要包括这样几个方面的内容：

（1）检查意义表达：是不是较好地实现了创作意图；意义的表达是否清晰、通顺、连贯；剪辑有没有破坏其真实性和逻辑性；各部分的结构比例是否匀称得当。

（2）检查画面：视频信号是否符合播出要求；剪辑中有无出现断磁现象；有无夹帧或跳帧现象；视觉是否流畅；剪辑点的选择是否合理；场与场之间的过渡是否得当；色调和影调是否匹配。

（3）检查声音：音频信号是否符合技术标准；是否有国际声频；各种声音混合的比例是否合适；声画是否协调。

单元总结

电视编辑是电视创作的重要环节，是一项具有高度创造性的创作活动，广义的电视编辑是指贯穿电视创作全过程的一种思维或意识，一般我们称之为“剪辑意识”。

几个镜头的组合构成场面，一个或几个场面构成段落，多个段落组合就构成了完整的影视片。因此，电视编辑工作将从整体结构安排、段落叙事和流畅的镜头组接三个层面来考虑。

电视编辑流程主要包括准备（整理素材、拟定编辑方案）、剪辑（粗剪、精剪）、编辑合成三个阶段。这里特别强调要重视剪辑前的准备工作，要了解电视镜头选择的基本要求。

任务一　考核参照表

任务	分析电视作品的构成，理解电视编辑工作的三层含义		
完成形式	个人独立完成	**姓名**	
完成时间			
任务内容	以文字或者框图的形式说明电视作品的构成，并用文字说明对电视编辑三层含义的理解		
成果形式	电视作品构成框图		
完成步骤	1. 观看电视节目 2. 课堂分析电视作品的构成 3. 课堂分析讨论完成电视作品需要做哪些工作 4. 将分析讨论结果形成文字或框图 5. 根据电视作品结构分析谈谈自己对电视编辑工作三层含义的理解		
过程评价（40%）	1. 自主学习的能力 2. 踏实、认真的工作态度 3. 分析与解决问题的能力	**评分**	
成果评价（60%）	1. 电视作品构成框图结构合理，分析条理清楚，叙述流畅 2. 能够准确分析电视作品的构成 3. 能够正确理解电视编辑创作的三层含义	**评分**	
指导教师评语			

任务二 考核参照表

任务	素材场记单		
完成形式	个人独立完成	姓名	
完成时间			
任务内容	将给定素材进行整理，并完成素材场记单		
成果形式	文字表格形式，素材场记单(格式参照表1-1)		
完成步骤	1. 画出素材场记单表格 2. 观看给定素材 3. 按照素材带镜头先后顺序在场记单表格中对每个镜头特征进行准确描述 4. 检查		
过程评价(40%)	1. 自主学习的能力 2. 踏实、认真的工作态度 3. 分析与解决问题的能力 4. 按时完成素材场记单	评分	
成果评价(60%)	1. 素材场记单要素完整，整洁明了 2. 画面内容描述准确 3. 镜头要素(景别、镜头运动方式等)描述准确	评分	
指导教师评语			

任务三 考核参照表

任务	电视编辑创作详细流程图		
完成形式	小组	小组成员	
完成时间			
任务内容	将给定素材进行整理，并完成素材场记单		
成果形式	文字表格形式，素材场记单(格式参照表1-1)		
完成步骤	1. 明确任务 2. 到影视制作中心实地考察 3. 采访有经验的人员 4. 根据调查结果绘制详细图形 5. 检查		
过程评价(40%)	1.任务完成过程中的态度 2.任务完成过程中的团队合作表现 3.人际沟通与表达能力	评分	
成果评价(60%)	1. 准确画出电视编辑创作流程图 2. 能够熟练说明电视编辑创作过程中的各个环节	评分	
指导教师评语			

学习单元二
电视编辑思维的建立

电视创作既是一种独特的艺术表现过程，又是一种以大众传播为日的而进行的活动，这就决定了电视创作必定行走在遵循视听艺术表达规律和大众传播特性的双轨上。由于影像表达方式相同，电视完全可以继承电影从视听规律出发所建立的一整套“语法规则”。因此，从电影剪辑的实践及其理论演进起步是建立电视编辑思维的必然途径；同时电视编辑创作必然要从电视的传播特性出发，研究“多元共生形态”的电视语言，研究观众的收视心理，了解最新电视技术的发展给电视语言带来的影响。

学习目标

（一）知识目标

1. 从电视传受特性出发，探讨现代电视编辑理念；
2. 掌握分镜头脚本写作的基本要求，初步建立电视编辑思维；
3. 从电影剪辑语言的演进初步了解影视语言，并加深对电视编辑思维的理解。

（二）能力目标

1. 能够按照格式要求写作分镜头脚本；
2. 能够将优秀影视作品片段解析成镜头序列，并整理为分镜头脚本。

任务描述

任务一： 观看纪录片《舌尖上的中国》第一集——《自然的馈赠》，分析节目中体现了电视传受的哪些特性，将其中“诺邓火腿的腌制”片段用拉片的方法解析成镜头序列，整理为分镜头脚本，分析节目编辑中体现了哪些现代编辑的观念。该纪录片为中央电视台播出的美食类纪录片，主要内容为中国各地美食生态，从拍摄和剪辑的角度来看，它也是近年来国产纪录片中不可多得的佳作，片中寻找食材和制作每一种美食的过程在画面运用上很好地体现了电视传播的特性。

任务二： 在学习电视画面编辑的初期阶段，同学们可以通过观察身边的人和事，把日常生活场景中发生的事情用纸上编辑的方法记录下来，从而有效地训练自己的电视画面思维能力。本任务要求用一组镜头（10个以上）叙述同学间发生的一件小事，然后按照分镜头脚本的写作格式和要求将它们整理成分镜头脚本，并初步建立画面思维方式。

第一节　电视编辑的创作理念

一、案例分析

我们先来分析几部电视作品，看看这些作品都有哪些传播特性，由此思考电视传播特性对电视编辑理念的形成有什么影响。

案例2.1

观看《2008北京奥运会开幕式》（CCTV版）。2008年8月8日，北京奥运会开幕，全球44亿人通过电视观看了开幕式，中国有8.42亿观众通过电视实时收看了奥运会开幕式直播。本次奥运会创下了人类历史上节目收视率的最高纪录！

案例2.2

2004年5月黄金周期间，湖南卫视娱乐频道推出了一档大型无门槛的全民音乐选秀节目——《超级女声》。该栏目的广告语是“没有门槛，没有距离的大众歌会”。它以一种不分唱法、不论年龄外形、不问地域的互动性、参与性强的“海选”为主要特征，只要是喜欢唱歌、足够自信勇敢的女性均可报名参赛，通过层层淘汰，由观众的手机短信支持率决定选手去留，最后的大奖也是由观众的支持率来评定。该节目开创了国内第一个“全民参与”的演歌类综艺节目。

案例2.3

观看纪录片《西藏一年》。2008年3月6日，一部由旅英华人独立拍摄制作的纪录片《西藏一年》被40多个国家和地区的主流电视台订购与播放。英国《卫报》评价该片，“以罕见的深度、惊心动魄的力量，公正记录当今最有争议、最偏远地方人们的真实生活”。

通过分析以上几部电视作品，我们发现，每个电视节目获得成功的原因都会有很多，但是也都有其独具的传播特性和编辑创作规律。在《超级女声》获得巨大成功的诸多原因中，重视互动反馈、满足观众娱乐心理需求是其创造电视神话的主要原因。《2008北京奥运会开幕式》（CCTV版）以其强大的社会影响力，在电视传播技术的有效支持下，充分体现了电视共时传播的覆盖性。《西藏一年》这部涉及西藏这种敏感地区的纪录片何以能够获得多方叫好，其中一个十分重要的原因就是《西藏一年》对于真实性的追求。这一点值得我们认真反思和探讨。

二、相关知识

（一）电视传受特性

电视诞生不过数十年，却能傲然屹立在世界媒介之林，这是由它所显示的传播优势和能量所决定的。

1. 声画并茂的传真性

这是电视与电影共有的特性，它可以逼真地呈现出事物对象的本来面貌和形象，传达出一种具体实在的真实。影视诉诸人最重要的两大感知通道——视觉与听觉。眼观其貌，耳闻其声，声画并茂地传达真切的复合形象。

2. 共时传受的覆盖性

1969年7月19日，世界上有5.28亿观众收看了阿波罗11号宇宙飞船登月实况，如此众多的人在地球的不同地方于同一时间看到和听到同一情景、接收同一信息，这是有电视以来最激动人心的收视事件，也是世界大众传播史上前所未有的盛况。在此之后，几亿、几十亿观众同时收视的纪录被不断刷新。2008年的北京奥运会，仅在中国就有8.42亿观众通过电视实时收看了奥运会开幕式直播，由此可见电视传播广阔的覆盖性。

电视的覆盖性不仅限于传受的共时态，还在于它对社会的渗透力——它深入千家万户，面对和影响男女老幼。和中国亿万家庭一起团圆的《春节联欢晚会》，送给我们“好人一生平安”祝福的《渴望》，带给我们欢乐的《超级女声》《快乐大本营》……都不同程度地影响甚至引导着我们的生活。

3. 即时传播的现场性

现场性是电视优于电影、广播的第一大优势，电视将事件过程直接通过运动的画面和场景中的声音呈现在观众面前，是一种对客观事物最直接的反映过程。从某种意义上讲，电视将“观众”带到事件现场，以其耳闻目睹、眼见为实的传播方式，给观众身临其境的感觉，这使电视具有很强的说服力和感染力。电视媒介的经验积累逐渐淡化着人们欲亲历事件、亲历现场的心理，培育了人们将媒介现场视为“第一现场”的感觉。从1963年的“美国总统肯尼迪被刺”事件，到1986年1月29日美国“挑战者号”航天飞机的空中爆炸；从1997年香港回归的实况直播，到2008年奥运会开幕式，亿万观众无不从中感受到真实的现场氛围。

4. 接收环境的家庭性

电视的接收环境以家庭和室内为主。前者区别于看电影——电影的观赏价值在电影院；后者区别于广播——收音的环境十分自由，这是由接收工具所决定的。看电视大多处于家庭这样一个熟悉的环境，观众可以自由自在地观看，没有影剧院的规矩约束，不必正襟危坐，不用屏息沉默，不用花钱购票。家居行为的随意性带来自由和亲近，但同时也削弱了收视的专注性，即注意力分散。

5. 互动传播的参与性

电视突破了电影的单向传播过程，融入了互动传播的理念，形成了具有较强参与性的节目形式。传播过程中的参与性一般体现为两个层次：一是传播者引导受传者参与信息的认知和接受；二是受众真正参与到节目的传播过程中来。前者带有被动参与的性质，主要是观众日常收看的心理参与，如收看电视新闻、电视剧、各类娱乐节目等。为了适应家庭观众收视的需要，无论是表现手段的选择，还是节目构成形态的确定，电视都在努力营造参与的情境。后者是指观众直接参与到节目的录制中去，湖南卫视《超级女声》之所以能够获得巨大的成功，所有观众都能够参与到节目的制作中去是最直接的原因。无论是零门槛的报名参赛，还是比赛过程中的大众评委和投票支持，该节目的观众参与度都是空前的。而数字技术的家庭化和DV的普及化，使得电视传播的互动通道更加开阔，使播出由普通观众直接制作的视频节目成为可能，而在新闻节目中采用普通观众拍摄的素材则更加保证了新闻现场的真实感。

6. 节目内容的包容性

包容性是电视文化的最大特性，在语言构成上，正是多种元素、多种介质的沟通整合形成了电视新的媒介秩序和生命活力。在传播内容上，电视几乎可以容纳所有信息源，人类社会和自然界的万事万物都可以进入电视的视野范围，电视的触角能够伸入各种文化领域。而电视文化形成的关键所在，就是利用它之前所有媒介形态、文化样式所提供的资源和材料并予以转化、拼装组合和再生创制，创造自己的文化。

7. 节目收视的选择性

看电视的行为大多处于家庭环境中，电视机是私有财产，受众个体一般处于主动位置，拥有随心所欲的支配权和选择权。开机关机尽由人意，搜索换台各取所需。这种自由的选择权随着电视的频道化、栏目化以及电视内容的日益丰富而有了选择的物质基础。而数字技术的发展，数字点播的成功开发，则使观众在任意时刻收看自己想看的节目成为可能。

电视观众的选择性接受机制包括选择性注意、选择性理解和选择性记忆，他们常常根据自己不同的文化背景、需要、动机、情绪和兴趣等做出不同的选择。

选择性注意是指人们往往注意那些自己关心的、与自己价值观念一致的信息。

选择性理解是指人们对同一信息的理解不尽相同，这种理解往往与习惯和情感有关，同时受到态度和信仰的制约。

选择性记忆则是指人们往往容易记住自己愿意记住或偏爱的东西。

（二）现代电视编辑观念

大众传播学理论把传播过程分为六个阶段：

◎ 传播者出于种种目的为公众提供某种信息；

◎ 这种信息是为了满足某一层次公众的需要；

◎ 这些信息通过某种媒介传送出去；

◎ 观众以随意选择的方式接收信息；

◎ 观众接收信息后受到一定的影响；

◎ 传播效果以各种不同的方式反馈回传播者。①

毫无疑问，电视是一种大众传播媒介，因此，电视编辑在创作时必然应该遵循大众传播的规律，充分发挥电视特有的传播优势。

1. 重视节目表达的真实与分寸感

电视是现今最能保持现实生活素材完整性和原始性的媒介，迅速、直观、形象地传递源自现实的有声图像是电视传播的技术优势，这一优势使电视突破了地域限制，成为人类生活重要的资讯和信息来源，也使电视观众燃起了从电视中获知关于世界、关于周围生活环境的真实报道，得到可靠的多层面、立体化的信息和相关表述的希望。这正是电视新闻节目成为各电视台收视率最高的节目之一的主要原因。

以电视纪录片《西藏一年》为例，由于西藏本来就是政治敏感地区，观众对这里的宗教文化神秘感的好奇与对媒体报道的不信任是相伴随的。因此对于《西藏一年》的导演书云来说，最根本的是要保持原来生活的本来面貌，而不是导演生活。《西藏一年》第一集《夏末》中有这样一段内容：江孜农村妇女德吉怀孕七个月了，突然全身疼痛；当地人相信病痛是由于名为“撸”的游魂附体，德吉的家人请次旦法师念经作法，将“撸”驱走；但是德吉病情严重，家人担心母亲和胎儿有生命危险，又把她送到江孜县医院，医生诊断德吉的病症是因为贫血和怀孕期间饮酒，于是给她输液打针；最后，德吉母子平安，是医生的治疗，还是次旦的法力更起作用呢？在片中，编辑选择的镜头和内容很真实地再现了次旦法师念经作法以及在医院看病打针的全过程，说明江孜农村的人们还保持着传统的生活方式，但是现代的科学观念也在逐渐改变他们的传统思维，因而整个片子令人信服。这样真实的表达也是《西藏一年》在国内外获得巨大成功的主要原因。

真实与否是电视观众节目审美的重要标准。电视观众常常以自己的实际生活经验和知识积累来衡量节目内容的真实与否。事实上，材料的真实并不代表电视表现的真实，电视虽然是对物质世界的还原，但毕竟不是事物过程的全部反映。在编辑过程中，可能出现

---

① 何苏六. 电视画面编辑［M］. 北京：中国广播电视出版社，1997：10.

两种情况：一是通过对素材的有意裁剪、镜头序列的巧妙安排以及其他手段的特殊处理，达到“以假乱真”“偷梁换柱”“正话反说”等各种效果，达到欺骗观众的目的；二是由于受创作观念、创作技巧的限制，未能正确处理素材，使真实的东西看上去像假的一样。前者误导观众，后者失去观众的信任，这两种做法在纪实性节目中都是要避免的。所以，电视编辑在后期编辑过程中要重视节目表达的真实与分寸感，要以符合生活逻辑的方式为电视观众提供尽可能丰富、立体、多层次的信息，追求表达的客观和用事实本身说话的艺术。

2. 重视电视的现场纪实特质

“现场”是电视语言独特的构成元素。在其他媒介的表达中，“现场”并不是直接出现的。文章通过文字描写来间接表现现场，广播通过现场录音刺激观众来想象现场，电影更是虚拟“现场”，只有电视直接呈现现场、记录事物运动的原始面貌，从而展现出其非同一般的真实感染力。因此，在电视编辑中，“现场”纪实的质量成为选择素材、确立风格的重要依据，编辑总是力求从素材中找出那些反映现场情境、信息量丰富、段落相对完整的画面编入节目之中，以便让观众产生身临其境的真实感，从而参与其中，立体感悟。

2004年，中央电视台《纪实十分》播出的DV作品《巡逻奇遇》被专家称为DV中的黄金，拍摄者是跟随部队巡逻的基层宣传干事。片中记录了西双版纳一群巡山的武警战士在一天中的奇遇：在原始森林中，他们先发现了一摊血迹和受伤的猎物，抓捕了一个神色慌张的男人；一盘问，这个男的就哭了，他是一个盗猎者，他把他的同伴当成狗熊误伤了，他以为同伴死了，就把“尸体”藏在一个地方；大家跟着他去找，发现“尸体”又活了，森林小分队要把这个濒临死亡的人运出森林抢救；接下来，他们不是被野生大象追赶，被巨蟒缠身，就是被狗熊挡道……这部DV看上去就像一部好莱坞的大片，充满了惊险、刺激和悬疑，还不时引人发笑。电视台并不知道会发生这样的故事，随队记者用DV记录下来，这是非常即兴而且非常生活化的一个记录。所有的人看这个片子时都哈哈大笑，觉得特别好玩，怎么那么多神奇的事会在一天之内发生？但是，片中由于事发突然而使拍摄构图不甚完善，甚至还有晃动不定的纪实画面：野象出现带来的慌乱使拍摄临时中断，之后巡逻队队长训斥因为恐惧而爬上树的新战士，还有仅仅拍到巨蟒离去的尾巴……这些都带给人们毋庸置疑的真实感。

3. 重视多种语言元素的综合运用和立体化编辑

电视艺术是综合的艺术，综合是电视的特色，也是电视的优势。从宏观上讲，它是社会各个领域、艺术各个门类的融合；从微观上讲，它又是多种创作手段、创作元素的聚集。从目前技术为电视语言构成提供的优势看，电视语言是“多元共生的形态”，对电视编辑来说，需要考虑的是在拿到素材后，如何综合运用电视语言元素去表达意义。

电视的综合意识，也就是电视意识，是对多种语言的综合认识、理解和把握，是对多种语言元素的综合运用和立体化编辑。它取决于两个方面：一是发现和开掘出每一语言元素独特的表现力；二是寻找并建立各种语言元素之间的自然或创造性合作。

对我们所看过的电视节目进行分析，我们可以发现，电视基本语言元素包括视和听两大类。视是眼睛看到的各种视频画面，包括画面影像、文字字幕、图表、动画；听是耳朵听到的各种声音，包括同期声、效果声、解说、音乐等。在某些场合下，主持人或出镜记者的行为方式也成为一种特殊的语言表达元素。这些元素可以综合作用，大大提高单一传播方式的效力，加强信息传递的数量和明晰度，从而可以使观众同时从理性与感性层面接收信息、做出判断。

我们知道，信息包括直接信息和间接信息。直接信息是指事物的存在方式和运动状态本身；而间接信息则是关于事物的存在方式和运动状态的陈述。那么，在电视节目中，是怎么样把信息传达给观众的呢？我们来看一条某城市二环线通车的报道：

◎ 记者开车行驶在宽敞、没有红绿灯的二环路上的画面；

◎ 二环位置图；

◎ 对司机、老居民、外地人的采访；

◎ 相关背景的解说词说明。

这篇报道在有限的时间里巧妙地传递了多重信息，以此我们可以归纳出图像、语言、字幕图表的不同表现力：

记者驾车体验的画面生动地表现了环线道路建设的优势，可见图像可以传达直接信息，是对事物存在方式、运动状态的影像重现。图像通过直观的视听形象表现了事物运动的原始面貌，使人们能够了解到事件现场的气氛和生动细节，具有直观的逼真感和现场感，对人们接受事实和记忆起到强化作用。

语言传达的间接信息是对事实的一种陈述。语言可以对事实进行概括，使事实更易于被人理解；语言可以对画面中散乱的信息起整合作用；语言还能更直接、更明确、更带强制性地收到唤情效果。在案例中，具有代表性的采访多层面地反映了二环建设的意义：城市道路建设的进步、蓬勃发展的标志、市政府为市民办实事等，宣传意图通过被采访人之口被客观地呈现出来；而解说词则对无法用图像表达的道路建设的背景材料进行了说明。

案例中，二环地图的出现简练直观地描述了二环的位置概念。对重要画面信息附加恰当的字幕、图示及文字资料是电视节目的独特编辑方式。电视传播要求明了易懂，而文字图表与画面形象、各类型声音共同构成了复合表意结构，“视觉引导听觉，听觉加强视觉”的立体化编辑可以在短时间内强化重点信息，同时文字图表又将声音内容重点或一时无法讲清的内容明示于屏幕，从而增加信息的准确度、强度和被理解速度。

两种信息各自执行不同的任务，在不同类型节目中其作用是不同的。在编辑过程中，萦绕在编辑脑海中的是一种立体化的语言图像综合统筹的思维活动。

通过上面的讨论，我们发现，电视通过画面能够形象客观地再现现实，没有画面，就没有电视；但只有电视画面，并不一定能够完整地表达意义。画面作为一种表现手段，与有声语言、音乐、音响等其他表现手段一样，受到两个条件的制约：

一是受自身表现力的制约。每一种表现手段既有它善于揭示的内容，也有它难以表现的领域。画面能够揭示人物情感和心态最微小的变化，但若要阐发一种观点、揭示一个哲理，画面便会显得“力不从心”，而有声语言（解说）此时便显得“得心应手”。在上例中，宽敞、没有红绿灯的道路画面固然可以让我们直观地感受到环线通车的基本现状，可是如果没有有声语言的说明，我们便无法了解道路建设的背景信息；反之，如果只有有声语言，我们也能够了解新闻事实，但却无法对道路本身的状况有直观的感受。

二是受制作人的整体构思和所要达到的整体或局部效果的制约。所选择的手段是为了满足制作人为表现内容提出的设想的需要。例如，事情发生之后，现场已经没有了，是用象征的表现手法拍一些事过境迁的空镜头，还是用有关当事人的采访？这就要根据具体情况加以选择。

此外，还要注意不能片面理解语言元素的多样化表现。把技术提供的可能性转化为现实，其重要的催化剂是观众的需要、传播效果的需要。字幕、图表、动画、特技甚至同期声的出现都应该有助于人们减少对事物认识的“不确定性”，使信息增值增量，而不应将电视语言的综合性简单等同于各种元素的堆砌。比如，图表说明应该一目了然，否则在内容丰富的画面上叠加复杂的图表指数，只能造成信息干扰。

4. 重视特技视觉表现

所谓“特技”，即镜头与镜头组合或者画面构成不是通过直接切换，而是利用电子切换台、数字特技处理和电脑动画等技术完成的。经特技处理的文字、图像等改变了原有素材的形态或画面构成，伴随着各种镜头连接方式、运动方式诸如翻转、移动、缩小、放大、旋转、变色、变速等，呈现出多种多样的视觉效果。键控特技是运用得较早而目前仍普遍使用的方式，相对于数字特技而言更简便易行。

比如，在电视屏幕上大量可见的“抠像”，就是利用背景色键，将新闻事件的现场作为背景，镶嵌上主持人在演播室或其他场合的图像，使电视观众既能看到新闻现场的情景，又能同时从播音员或主持人的讲述中清楚地了解新闻的要点和评述，把事件与主持人表述联系起来，图像背景与主持人互为作用。这种特技既打破了单一背景的呆板，又能使观众直接感受到与主持人面对面交流带来的亲切感。

键控方式的特技表现丰富，如速度不同的叠化、方向方式各异的划像、渐隐渐显、色彩变化等均是目前在电视节目中常见的特技形式，它们不仅仅是丰富视觉表现的手段，而且也是传情达意的有效手段。比如，一个人童年、少年、青年、老年的照片连续叠化，便可以使观众在短短几十秒内回顾这个人的一生。

特技也是电视语言的一种表达方式，对于特技的研究不能仅停留在其使用便捷、能使画面丰富的基础效果层次上。只有很好地理解它在叙事表意上的特殊效果，并将其有机融入节目创作中，才能真正用好特技，即便是最简单、最常见的特技也会具有特别的生命力。

特别值得电视工作者重视的是数字特技和电脑动画对电视语言的深远影响。数字特技设备可以将来自任何视频源的视频信号，如现场摄像机提供的、已录好的资料及幻灯胶片等转换成数字信号，然后进行各种各样的变形复制，产生奇特的视觉效果。如我们目前看到的片头包装，它们无一不是利用数字特技完成的。

现代电脑特技创造出了许多前所未有的视觉表现效果，前期画面素材只是整个电视画面的一个组成部分，重要的是后期，根据特技效果的总体设计，电脑特技将各种视觉元素创造性地融合，极大地丰富了屏幕形象。尤其是特技在形象的抽象化、象征性方面具有极强的视觉概括力，可以创造出摄像机难以拍摄到的形象。

比如，在文献纪录片《邓小平》中有一集涉及刘邓大军穿越黄泛区、挺进大别山的历史。画面除了实际拍摄的大别山外，只有很短的几个资料镜头，而且影像效果很一般，这些镜头组接在一起，不仅长度不够，最重要的是不足以体现“挺进大别山”这一壮举的气势。电脑特技和三维动画弥补了这一缺憾，创造出来的画面中，红色的箭头代表刘邓大军，黄泛区、大别山以简约的照片、字幕和群山的三维动画显示，箭头快速穿越黄泛区，直入大别山；其间，画面中时而闪动的红光衬以激烈的枪炮声，令人联想到挺进途中的战斗。尽管画面很简练，但是电脑动画与声音的共同作用却生动直观地体现了大军挺进的磅礴气势，令人激动。它可以算作是电脑特技以精练、鲜明而生动的方式表现复杂场景的出色范例。

电视特技忌讳电影般“以假乱真”，而是追求“以新求变”，更多地着眼于画面样式与叙事手段的变化多样，技巧运用也主要体现在加强信息传播效果、弥补素材缺陷、激发内心情感、变化视觉节奏以及丰富视觉表现力等方面。

技术与艺术的结合在电视领域已呈明显的发展趋势，现代电视节目制作者有必要了解技术为艺术创作提供的可能性，因为在技术进步的推动下，电视艺术无疑会有更广阔的发展空间，其中，电视节目编辑将会是表现最突出的一环。

5. 重视节目的受众观念

前面我们已经谈到，由于看电视大多处于家庭这样一个熟悉的环境中，电视观众在电视节目的收看方面有了最大的选择权利。因此，优秀的电视编辑在制作节目时，既要考虑镜头语言表达的流畅性与艺术性，又要在每一组镜头组合和声画配合上不断追问：观众是否看明白了？这样编辑的传播效果如何？即要重视节目的受众观念。

电视节目形态的多样性、受众对象的广泛性决定了电视节目制作在针对性上应有所要求。由于年龄、性别、学识、爱好等不同，电视受众对于不同栏目、不同风格、不同视点的节目接受度不同，一个电视节目很难顾及所有层次的观众。因此，在制作节目的过程中，要根据受众对象确立节目定位，在题材的选择、表现的深度、节目的风格、编辑的节奏等方面都要考虑特定对象、特定播出时段的特定需求。

电视编辑在制作节目时，要不断设置兴趣点来吸引和抓住观众，因为观众是以随意的方式接收信息的。电视频道的增多，电视内容的日益丰富，给观众带来了更大的选择权，观众换频道的速度越来越快，节目只有吸引人，观众才有往下看的兴趣，否则，观众便会立即更换频道。

同时，电视编辑在创作节目时，还应该考虑传播的影响和效果，让更多的观众对节目中叙述的事件和传达的意义有深刻的了解，并形成一定的效应，让节目产生良好的影响。

第二节　画面思维训练

在电视画面编辑的学习与训练中，我们可以通过写分镜头脚本和对经典作品的拉片分析来培养自己的电视画面思维能力。

一、案例分析

案例2.4

小王准备制作DV短剧《我的大学生活》，他能直接拿着构思好的短剧脚本进行拍摄吗？他应该如何做呢？

事实上，这类剧情类的电视作品往往都需要在电视剧本的基础上进一步制定出分镜头脚本才能进行拍摄，比如说剧本中有“我”与两位同学打架的内容，但这个内容怎么用画面来表现呢？什么时候用全景？什么时候用中景？是否需要特写？在什么地方用特写表现？表现哪部分？是“我”愤怒的眼睛还是挥出的拳头，或者两者都用？如果事先不设计好，在拍摄现场便可能无所适从，或者全凭感觉拍摄，到后期进行编辑时才发现拍摄了大量的素材，却没有足够需要的画面。因此，小王接下来要做的工作并不是立即拿起摄像机组织演员拍摄，而是将短剧剧本改写成分镜头脚本。

要完成好分镜头脚本的技术性工作，电视创作人员就要在文学素养、思维方式、创作观念、风格、手段等方面拥有扎实的理论基础与实践经验，具有一定的悟性，如此方可以做好工作。影视创作过程从表象上看是一种技术活，实际它的核心环节在于内容，对内容的解读、分析、认识的深浅必然与创作个体的文学修养有直接的关系。如果小王拍摄的DV短剧《我的大学生活》有小说或者剧本的话，那么小王就必须认真分析文本，研究文本，在此基础上才能体现自我的元素。没有经过这一关，直接进入分镜头设计就会是一个严重错误的开始。

每个人都有属于自我的观察世界、认识世界的方式，小王要完成的DV短剧《我的大学生活》必然包含有他对大学生活的认识，在分镜头脚本的写作中，主题的确定、事件的选择、镜头内容的选择与取舍等都会渗透出小王的主观意识与感情。因此，我们说，思维方式、创作观念、风格体现创作者小王的个性是完成好分镜头脚本的重要前提。

那么，什么是分镜头脚本？作为电视编辑，为什么要学习写分镜头脚本呢？

二、相关知识

（一）画面思维的文字描述——分镜头脚本

分镜头脚本是电视节目以画面和音响分列并连续构成的文字表现形式。分镜头的目的在于设计采用不同的画面、音响对被拍摄对象进行解析，分割段落和场次，进而用屏幕形象和声音形象的对比、隐喻、积累、冲突等对列关系，制造艺术效果。它是电视节目编导者思维的结晶，其核心是运用合理的镜头叙述内容。

分镜头脚本的常见格式如下：

镜号	景别	技巧	画面	解说	音乐	音响	时长	备注

镜号：镜头顺序号。

景别：固定景别（远、全、中、近、特）、变焦镜头（如近—全）。

技巧：包括拍摄技巧和组接技巧。拍摄技巧有镜头运动方式（推、拉、摇、移、跟）、拍摄角度（平、俯、仰）、镜头处理速度；组接技巧是前后镜头的连接方式，除常见的切像外，还有淡变、叠化、划变以及其他数字特技等。

画面：每一个镜头的画面内容。一般包括场景描述、主体及其活动、人物的动作和对话等。

解说：节目解说词。

音乐：对背景音乐的要求。

音响：音响效果声。主要作用是加强画面的真实感，使人身临其境。

时长：镜头的长度。一般以分秒为单位计算，在少数节奏强烈的节目设计中，可能需要以帧为单位设计。

备注：记事栏。注明各种特殊要求、注意事项等。

分镜头脚本让我们看到的虽然只是纸面上的文字表格，但通过这个表格，人们会激活自己的形象思维并在脑海中产生声画的感受。撰写分镜头脚本虽然不是电视编辑的主要工作任务，但通过分镜头脚本的写作训练，能够加强自己的画面意识，逐步养成电视画面思维方式。

分镜头脚本实例："冒失的理发师学徒"片段

镜号	景别	技巧	内容	音乐	音响	备注
1	特写	固定	一双手在调着小碗里的染发剂			
2	中景	固定	女孩背影（女声话外音："小刘，快点，好了没有？"）女孩转身，慌张的表情。女孩答道："马上就来。"			
3	特写	固定	女孩的腰上带着一套剪刀			
4	中景	跟摇	一个女孩手里捧着小碗，表情焦急，从杂物间里跑了出来，一路撞到不少客人，她一边跑一边向客人赔礼道歉			
5	特写	固定	一双手捧着装了染发剂的小碗，将其交给另一双手（气喘吁吁的话外音："好了，张姐。"）			
6	中景	固定（前虚后实）	以女孩子的背作为前景，一个30岁左右的女人一边接过小碗，一边抱怨道："怎么那么慢。"	轻松的音乐	吹风机的声音以及店内喧哗的人声	过肩镜头
7	中景	固定	女孩笑眯眯地答道："张姐，不好意思啊。"			
8	全景	固定	张姐一边低着头给客人整理头发，一边答道："都来了两个星期了，还那么冒失。"			
9	特写	固定	女孩似带尴尬的表情			
10	中景	跟—固定	一个蓝衣女人走到女孩身后拍了拍她的背道："小刘，去给那位客人把头发吹干。"说着用手指了指			
11	近景	固定	女孩转过头顺着手指方向望去，答道："老板，这就去。"			
12	中景	固定	女孩小跑着的背影			

（二）拉片子

"熟读唐诗三百首，不会作诗也会吟"是清代诗人孙洙关于读书与写作关系的经验之谈，类似的话还有唐朝著名诗人杜甫的"读书破万卷，下笔如有神"，可见观摩学习的重要性。在电影界，也有这样一个典型——让-吕克·戈达尔（Jean-Luc Godard），他青年时代没有考上法国电影学院，一气之下，戈达尔躲到法国电影资料馆"观摩"了3,000部电影，终于拍出了一部划时代的电影《筋疲力尽》，引领法国电影新浪潮风骚数十载，以至于可以让法国人民得意地宣称电影从此以后分为"戈达尔前"和"戈达尔后"两个时代。同样，观摩和分析优秀影视作品也有助于养成电视编辑思维方式。

电影业内流传着一句话："影片是最好的老师。"通过对大量影片的观摩分析，可以培养电影意识，这种观摩分析俗称"拉片子"。"拉片子"就是逐格、逐句地解读影视作品，通过细致的观摩，全面掌握片中的内容、风格和技巧。与培养电影意识相同，拉片也是培养电视编辑思维的重要方法之一。从电视编辑的任务出发，我们会发现，要培养电视编辑思维，我们需要考虑作品的结构、人物、场景、细节等因素。因此，我们建议，学习电视画面编辑时，也应该从这几个方面对观摩的影视作品进行分析。

首先是作品的结构分析。作品采用了什么样的叙述结构？为什么？故事的开端是什么？创作者是如何开场的？激励事件在何处出现？对整部影片的影响是什么？发展部分是哪一部分？有什么样的作用？高潮从何处起？如何为高潮的到来做铺垫？结局部分是什么？是不是开放式结局？这些段落分别在全片中所占的比例是多少？等等。

其次是人物分析。包括主要人物、次要人物、群像以及人物关系，等等。这些人物的个性特征是怎么样的？创作者通过哪些事件、选择什么镜头刻画人物？比如DV短片《我的大学生活》选择了大学生中最常见的几种关系："我"与班干部从猜疑到变成至交，"我"与总是讲着别人听不懂的家乡话的两位同学从彼此讨厌到成为朋友，"我"与女同学的关系从恐惧到正常交往等，通过几个事件来表现"我"的转变，而这些转变的诱因也是大学生活中随处可见的事实。通过这些分析，启发我们的思维。

拉片实例：将电影《阳光灿烂的日子》开头段落解析成镜头序列

<table>
<tr><th>镜号</th><th>景别</th><th>技巧</th><th>画面</th><th>旁白</th><th>音乐</th><th>音响</th><th>时长</th><th>备注</th></tr>
<tr><td>1</td><td>大全—小全</td><td>降—推摇</td><td>万里无云的蓝天。镜头从天空降至毛主席雕像，沿着毛主席的胳膊前推，并顺着胳膊前推的方向上摇</td><td></td><td rowspan="10">高亢的"文革"时期歌曲《革命风雷激荡》</td><td rowspan="10">锣鼓声、汽车声、坦克的隆隆声、飞机的轰鸣声</td><td>20'</td><td></td></tr>
<tr><td>2</td><td>中景</td><td>固定</td><td>礼堂前，战士们敲锣打鼓为战友送行</td><td></td><td>3'</td><td></td></tr>
<tr><td>3</td><td>全景</td><td>退移</td><td>礼堂楼顶，马小军等几个男孩迎面跑来</td><td></td><td>4'</td><td></td></tr>
<tr><td>4</td><td>全景</td><td>固定俯拍</td><td>礼堂前全景（从毛主席雕像背面拍摄）</td><td></td><td>4'</td><td></td></tr>
<tr><td>5</td><td>全景</td><td>固定</td><td>战士敲锣打鼓</td><td></td><td>3'</td><td></td></tr>
<tr><td>6</td><td>中景</td><td>固定</td><td>马妈妈在呼叫，小朋友跑过来挤开马妈妈</td><td></td><td>6'</td><td></td></tr>
<tr><td>7</td><td>中景</td><td>移</td><td>马小军等人在高处观看</td><td></td><td>7'</td><td></td></tr>
<tr><td>8</td><td>中景</td><td>固定</td><td>战士敬礼</td><td></td><td>2'</td><td></td></tr>
<tr><td>9</td><td>全景</td><td>仰拍</td><td>毛主席雕像</td><td></td><td>2'</td><td></td></tr>
<tr><td>10</td><td>近景</td><td>俯拍</td><td>战士敬礼</td><td></td><td>2'</td><td></td></tr>
<tr><td>11</td><td>中景</td><td>俯拍</td><td>观礼家属（马妈妈）</td><td rowspan="2">旁白开始</td><td></td><td></td><td>2'</td><td></td></tr>
<tr><td>12</td><td>近景</td><td></td><td>战士</td><td></td><td></td><td>2'</td><td></td></tr>
<tr><td colspan="9">……</td></tr>
</table>

再次是场景分析。整部片中用了多少个场景？都有什么样的场景？这些场景对故事以及人物的表现起着什么样的作用？场景叙述或表现的方式是怎么样的？场景与场景之间是如何转换的？

最后是影片细节点的解读和探讨。创作者一定会在自己的影片中设置许多细节问题，我们能不能看出这些细节的运用？细节是不是很明显？创作者设置这些细节的目的是什么？是表现人物的性格，还是为故事情节做铺垫？或者说是表现生活中容易被人忽略的点？

以上关于拉片的基本方法是对一部片子的精读，在我们的专业学习过程中，很有必要抽时间进行这样的分析。不过，为提高画面编辑意识和编辑水平，我们也建议对自己所欣赏的优秀影视节目直接选取核心场面、精彩场面或者你觉得有意思、有特别表现方式的段落，进行有针对性的拉片，从中学习各种不同的编辑手法。通过这样的拉片，可以将影片的叙事范例、剪辑手法与学习画面编辑原则与技巧结合起来。在脑子里存储了大量的范例后，我们就会在实践中很自然地选择合适的剪辑技巧完成节目的编辑。

☞ 小贴士

拉片的基本方法（摘自杨健：《拉片子——电影电视编剧讲义》，作家出版社2007年版）

拉一部影片，一般要精读三遍，需要用这部影片3—8倍甚至更多的时间。

第一次拉片，不需要停下影片，而是边看边记。影片所带来的新鲜体验和内心感受是很重要的。然后再整理并不完备的这份记录。第一遍需要敏捷，做到眼快、手快、心快，需要精力高度集中。

第二次拉片，要事无巨细地精读，可根据需要逐段播放，对照笔录进行补充。然后根据笔录进行结构、人物、主题和视听语言的分析。

第三次拉片，根据影片分析的需要，选出片中核心场面和重要镜头及关键台词，进行有针对性的拉片。

这个时候，影片记录应该比较完整了，经过笔录整理，你就完成了一份包含结构大纲、场景记录、人物分析、艺术风格的读片笔记。

知识补充　编辑语言的演进

剪辑，作为影视节目制作中重要的艺术手段，已经走过了上百年的历史。从剪刀到电子编辑再到数字化的后期编辑，影视剪辑的发展离不开技术的发展；从无意识地把拍摄到的电影胶片连成一组放映，到蒙太奇理论的诞生与实践，无数中外影视剪辑大师为荧屏呈现了缤纷多彩的优秀作品，使剪辑艺术日臻成熟。纵观百余年的影视发展史，伴随着技术的进步，编辑语言、语法的探索与发现是其中的基本轨迹。

一、早期的探索

1. 电影的出现

《火车到站》片段　《水浇园丁》片段　《工厂大门》片段

1895年12月28日下午，在巴黎卡普辛路14号一家咖啡馆的地下室，法国人奥古斯特·卢米埃尔（Auguste Lumière）和路易·卢米埃尔（Louis Lumière）兄弟售票公映《火车到站》（见图2-1）、《水浇园丁》（见图2-2）等影片，取得极大的成功，从此宣告了人类文化史上一门崭新的艺术——电影的诞生。卢米埃尔兄弟也被称为“现代电影之父”。

照相器材商出身的卢米埃尔兄弟最初只是把电影视作照相术的发展——能摄取并观看活动的影像（卢米埃尔兄弟发明的机器是摄影、放映、洗印三位一体的），正像斯坦利·J. 所罗门（S. J. Solomon）在《电影的观念》一书中所说的，“电影最初是一种机械装置，用以记录现实活动的形象，而不是一种叙事手段”[①]。事实上，像《出港的船》、《工厂大门》（见图2-3）等这类电影的内容，是完全可以用照片来表现的。因此，当时的电影仅仅是对现实的一种复制，是一种杂耍，还构不成一门艺术。

图2-1　影片《火车到站》

图2-2　影片《水浇园丁》

① 所罗门. 电影的观念[M]. 北京：中国电影出版社，1983：91.

图2-3　世界第一部纪录电影《工厂大门》

在卢米埃尔兄弟最初的电影实践中，他们通常是选择一个有意思的记录对象，将摄影机对准它，以一个固定的视角、固定的机位、固定的景别，一直拍摄到胶片用完。像他们在1895年公映的电影《工厂大门》《火车到站》《出港的船》等，实际上都是由一个镜头构成的，受当时技术条件的制约，这些影片每部都只能放映一分钟左右。在固定的机位上用一个镜头表现内容，无剪辑，只是作为一种新技术的展示和简单的游戏出现。

当时的影片呈现出一个共同的特点：都是对客观生活现象真实、完整的记录和还原，没有剪辑可言。但是，他们的拍摄本身是有选择的，也就是说是将生活现实“剪”进了电影里。

2. 简单的镜头连接：停机拍摄进而通过多个镜头的连接，叙述一个简单的故事

到了19世纪末20世纪初，一次拍摄时偶然停机的机器故障产生了意想不到的效果：由于机械故障而停拍了几分钟再重新拍摄，结果一辆马车突然变成了灵车。原来重新拍摄时，马车已经驶走，在没有改变机位的情况下，拍摄到的是另外的景象，于是在不中断的回放时，那辆马车就像变魔术一样消失了。在那时，人们就把这种视觉效果称为“停机拍摄”。

在发现停机拍摄的奥妙以后，电影技术的爱好者们又尝试着将不同的活动片段连接在一起叙述一个故事，这些场景仍然是用一个固定距离拍摄，然后机械地连接在一起。

卢米埃尔拍过四部描写消防队员生活的影片:《水龙出动》《水龙救火》《扑灭火灾》《拯救遭难者》。这四部影片连成一组影片播放，由此便形成了最初的剪辑。

魔术师出身的法国人乔治·梅里爱（Georges Méliès）是电影史上第一位有意识地进行艺术创作的先驱，他发现电影是一种可以按照创作者意图来观察、解释甚至扭曲现实的新方法。于是，他发明了叠印、溶入溶出、淡入淡出等技巧。他突破了用单个镜头来叙述一个故事的方式，在《灰姑娘》一片中用了20个镜头来叙述一个故事：（1）灰姑娘在厨房里；（2）神仙、老鼠和豺狼；（3）老鼠的变化……（20）灰姑娘的胜利。把这些戏剧场景放到一起来看，就比单一镜头的影片更有可能叙述好一个故事。

梅里爱提出了“银幕即舞台”的口号，率先创造了“人为安排的场景”。在1902年完成的影片《月球旅行记》（*A Trip to the Moon*）中，他把地球、月球的真实场景和想象的场景连接在一起。梅里爱采用神话剧的形式，展现了一群天文学家乘坐炮弹到月球探险的情景：身穿占星师服饰的科学家们

《月球旅行记》片段

决定乘炮弹去月球，一群衣着轻柔的歌舞女伶操纵大炮，将炮弹发射到火山口的平原上。科学家们在月亮上渐入梦乡，星星姑娘们由手执星形物品的美貌女郎扮演，好奇地注视着他们。入夜，他们钻入洞穴避寒，看到月亮神、貌似昆虫的生物，并于激战之后返回地球。精巧别致的特技、悠悠漫长的空间旅行、海底的奇花异草、外星的火山洞穴、利己的科学家和迷人的姑娘都是今天科幻片的必备元素，故而有人称梅里爱为“科幻片之父”。影片成功地创造了一些彼此非常协调并充满幻想色彩的服装和布景，并利用特技手段成功地表现了炮弹飞向月球以及在月球表面降落等场景，月球表面和内部景象也呈现得蔚为壮观（见图2-4）。

图2-4　电影《月球旅行记》

但梅里爱的每一个镜头就相当于一幕戏，同一背景、同一视点，画面的边框就相当于舞台的四框。所以上下镜头之间的连续性仅限于内容，而动作、方向、走线是否匹配、时空关系是否合理则未予考虑。

在早期的探索中，卢米埃尔和梅里爱代表着两种截然不同的语言风格，影像语言的两个潜在发展方向雏形初现：卢米埃尔侧重于对现实生活的再现和记录，代表着电影真实记录现实的发展方向，即纪录影片的前身；梅里爱侧重于表现与创造，代表着在银幕上再现现实的发展方向，即虚构故事片的前身。正是这些丰富的幻想与创造，启发了后继者们更富想象力的剪辑观念和实践。

3. 电影思维方法的奠基

电影镜头结构方式的突破性进展是从爱德温·S.鲍特（Edwin S. Porter）和大卫·W.格里菲斯（D.W.Griffith）开始的。

1902年，美国摄影师鲍特完成了电影史上的一个创举，他在爱迪生的旧片库中找到一批反映消防队员活动的影片素材，并补拍了消防队员抢救母亲和孩子的表演镜头，制作完成了一部名为《一个美国消防队员的生活》的故事片：一个母亲和她的孩子被困在着火的房子里，就在千钧一发之际，他们被消防队员拯救脱险。这部片子的意义在于，它证明了一个镜头并不需要完整的内容，而不完整动作的镜头是构成影片的基本元素，通过剪辑可以使这些不完整的动作构成内容完整的影片。此外，鲍特第一次把事件时间和银幕时间区分开了，把一个需要相当长时间才能完成的营救工作压缩到一部片子的范围内。

1903年，鲍特以更为独特的叙述方式拍摄了著名的《火车大劫案》，鲍特在这一影片中已经运用了平行动作的剪辑技巧——强盗们逃跑和发报员报警，这两个上下镜头之间并不存在因果联系，它们之间是平行发生的两个事件。通过场景之间的切换造成了省略，从而使观众在时间和空间中断的情况下能够推想到一个完全清楚的连贯动作（见图2-5）。鲍特的最大贡献在于他创造了剪辑所依据的两条原则——时间的选择性和空间的选择性，他打断了时间的连续性，并把摄影机从一个位置移到另一个位置，而不拍摄人物从一个地方走向另一个地方的过程，从而创造了独特的电影叙事功能。

《火车大劫案》片段

图2-5　电影《火车大劫案》

但《火车大劫案》的基本构成单位是场景——摄影机方位固定不变的场景。这就使得电影同舞台演出之间很难有根本区别。“剪”和“接”无非是“幕落”和“幕启”的同义词。由于电影作为一门独立的艺术的根本元素是摄影机的运动性，即各个镜头或同一个镜头内部拍摄方位和距离的或快或慢的变化，所以从历史发展的角度来看，朝着电影艺术的独立性迈出的第一步便是影片构成单位的变更：从场景变为镜头，由若干镜头构成场景，再由若干场景构成一部影片。这重要的头一步就出现在格里菲斯的影片里。所以，我们不妨说格里菲斯的贡献即在于奠定了电影作为一门独立的艺术的基础。我们今天的许多剪辑观念、技巧在格里菲斯那儿都能找到。

4. 剪辑艺术的雏形

格里菲斯是电影史上具有划时代意义的伟大艺术家，如果说卢米埃尔兄弟是“拍摄生活中的场景”，梅里爱是“拍摄舞台上的艺术”，那么格里菲斯就是“拍摄生活中的戏剧”。如果说梅里爱创造了电影的字母，那么格里菲斯就创造了电影的句法和文法。在电影发展的历程中，格里菲斯以他非凡的才能把电影从戏剧的奴仆地位中解脱出来，使之发展成为一门与音乐、美术、文学平起平坐的独立的艺术门类。

格里菲斯最伟大的贡献在于他确立了段落在电影叙事中的地位，影片的段落可以由一些不完整的镜头组成，由镜头构成场景，再由若干场景形成段落，由段落组成影片。同时他会根据镜头的情绪内容决定画面的选择，包括构图、光线、景别，以及剪辑节奏。尤其难能可贵的是，他开始有意识地用剪辑来控制画面的情绪节奏。1915年，格里菲斯的代表作《一个国家的诞生》（*The Birth of a Nation*）用了1,544个镜头来讲一个故事，片中采用了分镜头叙述技巧，创造性地运用各种景别来表达情节。在“刺杀林肯”这场戏中，不同景别的不同作用得到了较好的发挥：作者用全景交代剧院的环境和气氛，用中景表现林肯在包厢内的形体动作，用近景表现人物脸部的细微表情，用特写交代刺客手中的左轮手枪。不同景别的镜头组接引导着观众的注意力，控制着观众的情绪，制造了戏剧效果，为影视创立了一个叙事的典范。

《党同伐异》之“最后一分钟营救”片段

格里菲斯为了制造刺激和悬念而使用了交叉剪辑的技巧，使影片在表现一系列动作时大大超过了戏剧的表现力。他善于通过平行蒙太奇营造追逐和救援的紧张气氛，1916年，格里菲斯拍摄了电影《党同伐异》（*Intolerance*），影片中有这样两组镜头：一组镜头表现参加罢工的工人被工厂主押往刑场处以绞刑的过程；另一组镜头表现工人妻子为了营救丈夫，驾车追赶州长乘坐的火车，请求州长签署赦令的过程。两组镜头交替出现，节奏加快，正当绞索套在工人脖子上即将行刑的千钧一发之际，工人的妻子拿着州长签署的赦免令飞车赶到，工人得救了（见图2-6）。“搭救蒙难者于千钧一发之际”，后来电影史学界将之誉为“格里菲斯的最后一分钟营救”。这种平行蒙太奇的手法在以后的惊险片中得到了广泛应用。“最后一分钟营救”首先是一种情节的安排，在正反双方的激烈冲突中，正方人物历经磨难，屡遭厄运，在最后一刻营救者赶到，正方获救，反方彻底失败；同时它也是一种时间的叙事，利用几条情节线同时展开，不同的场景来回往复，缩短画面，加快速度，利用悬念加强紧张感。

格里菲斯对影视语言的创新大大提高了剪辑在电影中的作用和地位。他不仅熟练地运用电影特技，创造性地安排电影的摄影构图和蒙太奇，而且巧妙地运用大远景、中景、近景、特写、淡出淡入、摇镜等手法，并交叉使用，使电影史上出现了令今人都叹为观止的第一个艺术高峰。一般认为，从格里菲斯开始，电影的单位从“场”变为“镜头”，而这正是蒙太奇的基础。格里菲斯对镜头剪辑的创造性运用，是苏联蒙太奇学派诞生的一大诱因，因此格里菲斯常被冠以“电影之父”“电影界的莎士比亚”等殊荣。

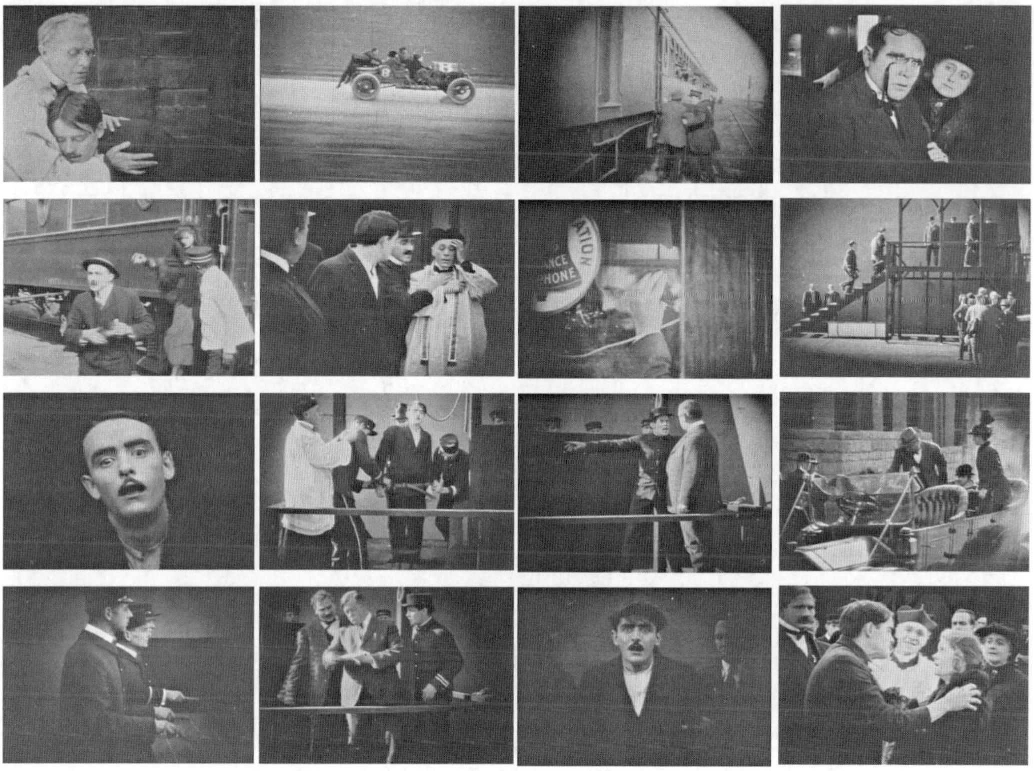

图2-6 电影《党同伐异》之“最后一分钟营救”片段

20世纪二三十年代，法国、德国“先锋派电影运动”用现代派艺术观去探索电影的运动性和可视性，在表现运动、速度、节奏以及可视性、象征性等方面做了许多实验。

二、蒙太奇理论的产生及其对电影剪辑的意义

蒙太奇（montage，来自法文，意为“装配”）是指把各种不同的单个材料根据一个总的设计进行处理安装，最后构成一个整体。蒙太奇是苏联电影学派的理论基础，形成于20年代中期，成长发展中曾对世界电影文化产生过深刻影响，做出了重要贡献。这一学派的创建者是列夫·库里肖夫（Lev Kuleshov）、弗谢沃罗德·普多夫金（Vsevolod Pudovkin）和谢尔盖·米哈伊洛维奇·爱森斯坦（Sergei M. Eisenstein）。他们总结并吸收了同时期欧洲和美国的电影思想养料，深入探索电影作为动态造型艺术的构成规律和特点，开始探索一种新的剪辑方法——既能讲故事，又能阐述思想、表现主题，从不同侧重点探讨了蒙太奇的内涵和美学意味，第一次将蒙太奇技巧的探索上升到美学理论体系的高度，在电影史上首次建立起系统恢宏的以蒙太奇为基础的电影理论体系，为后来影视媒介的演进

铺下了坚实的基础。

苏联第一个提出剪辑理论的人是库里肖夫，他对格里菲斯的《党同伐异》及各种西部片、惊险片十分欣赏，并做了深入的研究，率先提出了蒙太奇理论，明确指出电影艺术的特性就是蒙太奇。他认为，作为电影要素之一，运动的重点不是它的内在形态，而是它的外在形态，这个外在形态就是蒙太奇。他带领学生、助手做了大量实验来证明蒙太奇理论。

实验一：

A：一个人的笑脸

B：一把手枪直指着

C：同一个人脸上露出惊惧的样子

如果用A—B—C次序连接，会使观众感到那个人是个懦夫、胆小鬼；而用C—B—A的次序连接，给观众的印象则是：虽然面对一把枪，他一时惊惧，但很快就无所畏惧了，他是一个勇敢的人。

实验二：

A：著名俄国演员莫兹尤辛的特写镜头

B：桌子上的一碗汤

C：棺材中一个死去的女人

D：一个小女孩在高兴地玩一只有趣的玩具熊

将A镜头分别与B、C、D三个镜头组合，将这三个组合展示给对其中奥妙一无所知的观众看的时候，结果是惊人的。观众对演员的表演赞不绝口，他们感到了他忘记喝那碗汤的沉思之感，被他凝视那个死去的女人时的深深哀戚所感动，也为他看着玩耍的小女孩时流露出的柔和、幸福的微笑而赞叹。

库里肖夫以实验的方法证明了两点：将同一镜头与不同镜头分别组接，就可以创造出不同的审美含义；镜头的连接顺序，对意义表达有重要影响。他指出，电影意义的产生并不在于镜头本身，而取决于它与其他镜头的对列关系。

普多夫金认为两个镜头的并列意义大于单个镜头的意义，甚至认为电影是镜头与镜头构筑并列的艺术。当我们在描述一个主题时，我们可以将一连串相关或不相关的镜头放在一起，以产生暗喻的作用，这就是蒙太奇。例如：我们将母亲在煮菜、洗衣、带小孩，甚至父亲在看报纸等镜头放在一起，就会产生母亲“忙碌”的感觉。他认为剪辑是通过镜头的组合进行场面建构的过程。“将若干片段构成场面，将若干场面构成段落，将若干段落构成一部片子，就叫蒙太奇。”[①]20世纪20年代普多夫金确立的五个剪辑技巧，直到今天仍是剪辑的基石。他把它们命名为：对比（contrast）、平行（parallelism）、象征（symbolism）、交叉剪辑（simultaneity，同时性）和主题（leitmotif）。

以下是普多夫金于1926年在《论剪辑》一文中对剪辑原则的阐释。

---

① 普多夫金. 论电影的编剧、导演和演员［M］. 北京：中国电影出版社，1980：43.

1.对比——假设我们的任务是讲述一个忍饥挨饿者的悲惨处境：如果我们把一个富人愚蠢地暴食与之连接起来，这个故事会变得更加生动。对比剪辑就建立在一个这么简单的对比关系基础上。在银幕上，对比的影响可以更强，因为我们不但可以把忍饥挨饿段落（sequence）和暴饮暴食段落连接起来，而且还可以把单独的场景甚至场景中单独的镜头与其他场景或镜头连接起来，这样，就等于始终强迫观众对两个情节进行比较，使得两者相互强化。对比剪辑是最有效的剪辑方法之一，也是最普通、最标准化的方法之一，因此要小心，不要用得过滥、过火。

2.平行——这种方法跟对比有些类似，但是更加广泛。平行剪辑的实质可以用下面的例子很好地说明。这是个虚构且目前为止还没有被拍摄过的情节：一个工人，罢工的领导者之一，被判处死刑；死刑执行时间定在早上5点整。这个段落可以这么剪：工厂主——被判死刑的工人的老板，醉醺醺地离开了饭店，他看了看手表：4点钟。然后是被判死刑的工人——他即将被带出。又是工厂主，他按响门铃，问了下时间：4点30分。囚车在重兵押解下沿着街道前行。开门的女仆——死刑工人的妻子——遭遇突如其来的残忍攻击。酩酊大醉的工厂主在床上打鼾，他腿上的裤脚翻了过来，手垂下来，我们可以看见表针慢慢地指向5点。工人被执行绞刑。在这个例子中，两个主题不相干的事件（incident）通过指示死刑迫近的手表平行发展。冷酷厂主腕上的手表将一直出现在观众的意识当中，因为是它将工厂主与即将遭遇悲惨命运的主角（chief protagonist）联系在一起。平行剪辑无疑是一种很有意思的技巧，具有相当大的发展前景。

3.象征——在影片《罢工》（*Strike*）的最后场景里，枪杀工人的镜头中穿插了屠宰场里宰牛的镜头。编剧成功地说明了自己想要表达的内容：对工人的枪杀就像屠夫用屠刀宰牛一样残酷、冷血。这种剪辑方法尤其有意思，因为通过剪辑，在不使用字幕（title）的情况下，给观众的意识中输入了抽象的概念。

4.交叉剪辑——在美国电影中，最后段落常由同时发生并快速发展的两个情节构成，其中一个情节发展的结果依赖于另一个的结果。影片《党同伐异》中现代部分的结尾就是这么构成的。这种方法的最终目的是，通过对疑问的持续强化给观众创造最大的刺激张力，例如，让观众不停地问："他们还来得及吗？他们还来得及吗？"这是纯粹情绪化的方法，现在几乎已经被滥用到令人厌烦的程度了，但是我们不能否认，交叉剪辑是迄今为止发明出来的建构影片结尾最有效的方法。

5.主题（主题的重复）——这种剪辑方法在编剧想要强调情节的基本主题时特别有用。例如，在一个意图揭露沙皇政权御用教会的残忍和虚伪的反宗教情节中，同样的镜头重复了若干次：教堂的钟声悠扬地响起，同时出现字幕：

“教堂的钟声给整个世界发出忍耐和博爱的信息。”这个片段出现在编剧想要强调教会鼓吹的忍耐之愚蠢、博爱之伪善的任何时候。①

爱森斯坦强调不同镜头间的对立、撞击、冲突和结构化作用所产生的新质的含义，并将之视为蒙太奇理论的精髓。他认为，A镜头加B镜头，不是A和B两个镜头的简单综合，而会成为C镜头的崭新内容和概念。他明确地指出：“两个蒙太奇镜头的对列不是两数之和，而更像两数之积——这一事实，以前是正确的，今天看来仍然是正确的。它之所以更像两数之积而不是两数之和，就在于对列的结果在质上（如果愿意用数学术语，那就是在‘次元’上）永远有别于各个单独的组成因素。我们再回到库里肖夫的实验。妇人——这是一个画面，妇人身上的丧服——这也是一个画面；这两个画面都是可以用实物表现出来的。而由这两个画面的对列所产生的‘寡妇’，则已经不是用实物所能表现出来的东西了，而是一种新的表象，新的概念，新的形象。”②爱森斯坦强调镜头并列组接后产生的意义矛盾和冲突，关心从实际事件中得出的结论和抽象的概念，他提出了相应的“冲突法则”。

《战舰波将金号》“敖德萨阶梯”片段

最能体现爱森斯坦理论的作品是《战舰波将金号》，这是一部充满张力、撞击力与爆发力的作品。在“敖德萨阶梯”片段（见图2-7）中，爱森斯坦运用了镜头各元素之间的冲突与对列，制造了富于震撼力的效果。如：

线条的冲突：“敖德萨阶梯”中尸体的纵躺和阶梯横线的对比；

平面的冲突：一排士兵向阶梯下抱小孩的妇女射击；

体积的冲突：独自向阶梯上走的母亲和从她身边狂奔而下的人群的对比（个体与群体）；

空间的冲突：人群东窜西跑与士兵有秩序的机械动作的对比（整齐与散乱）；

节奏的冲突：整场戏的剪辑是快速的，但跟士兵的脚步并不同步，而婴儿车的下落与士兵脚步节奏又不同步，婴儿车前后下落的运动速度也不一致。

① 范茜秋. 电影化叙事：电影人必须了解的100个最有力的电影手法［M］. 王旭锋，译. 广西师范大学出版社，2009：78.

② 赖兹，米勒. 电影剪辑技巧［M］. 北京：中国电影出版社，1985：18.

图2-7　电影《战舰波将金号》“敖德萨阶梯”片段

蒙太奇理论的出现和被广泛接受，确立了剪辑在电影中的地位和作用。普多夫金曾经说过：“电影不是拍摄成的，而是剪辑成的，是由它的素材，即一段一段的胶片剪辑而成的。”维尔托夫认为：“剪辑才是电影真正发挥创造性的场所。”[1]这些电影大师虽然不无偏颇，然而都一针见血地揭示了电影艺术的特征。蒙太奇理论赋予了电影极大的创造力，确立了电影在艺术领域的独特地位。从此，影视的剪辑思维有了自己可以衍生的基本法则，为未来人类电影艺术的进程铺下了坚实的基础。

三、声音和色彩对剪辑的影响

早期电影的无声，使得无声片的后期在电影的视觉造型、结构形式以及表现力等方面达到那个时代登峰造极的水准。其中，最伟大的艺术家是查尔斯·卓别林（Charlie Chaplin）。虽然当时电影的表现形式日趋丰富，但因为没有声音，只能通过插入的字幕来诠释故事和主题，人们只能在电影中通过字幕和活动影像去想象真实的声音，实在是别扭和遗憾。

1928年，美国电影《爵士歌王》开创了有声电影的先河，这一发明对电影艺术、对剪辑艺术来说是划时代的。声音的出现给电影艺术带来了显著的变化：电影反映现实的假定性更小了，更具备了生活的逻辑。声音改变了人类对影视媒介本体的认识，随着影视艺术实践的不断发展和对声音研究的深化，“影视是画面的艺术”的观念逐渐转变为“影视是视听的艺术”的更科学的观念。声音大大加强了影片或电视节目的信息容量，并通过语义系统传达与画面不同的信息。声画结合的不同关系使电影传达的信息大大超越了画面本身，同时也因为声音，画面的含义大大丰富起来。声音为影视艺术增加了新的表现力，给影视艺术带来了新的艺术表现方法和新的体裁样式，重建了影视的时空关系。增加了声音这个最为重要的节奏要素后，电影的运动节奏变得更复杂、更鲜明、更具表现力。镜头运动、画面组接手段更丰富了，换句话说，场面调度、镜头运动、画面组接能以声音为逻辑来结构了。声音增加了叙事因素，它的出现重新构建了电影的叙事规则。声音成为最重要的风格要素，增加了造型功能，声音在再现特定的环境（环境音响）、塑造人物形象（有声语言）、表现运动状态等方面具有不可替代的作用。

---

① 傅正义. 电影电视剪辑学［M］. 北京：中国传媒大学出版社，2002：41.

1935年，第一部真正的彩色电影《名利场》问世，这使我们通过摄影机还原这个世界的理想成为可能，我们可以从影视作品中看到近乎真实的现实世界。而且，人们很快就意识到，色彩在电影中的运用不仅限于物理意义的准确还原，而且还可以作为传情达意的重要手段。一些有才华的导演艺术家和剪辑大师很快便意识到了色彩在影片中的使用所产生的情绪因素和象征性，色彩在现代导演那里成为高度个人化和独创精神的象征。

声音与色彩的介入为电影艺术提供了广阔的发展和创新空间，成为影视极富魅力的语言。

四、电影剪辑艺术的成熟——具体的剪辑技术法则的形成

20世纪30年代，在电影获得声音与色彩的同时，人们开始对电影的表现技巧进行系统的研究，归纳出完整翔实的“电影文法”。如果说“蒙太奇语言”形态的构成为剪辑艺术确定了整体性和宏观性的架构原则的话，那么，以“好莱坞”戏剧电影为标志的动作剪辑形态则为影片最小单元的镜头与镜头的连接组合，在微观、具体而直接的技术性层面上提供并最终确定了相应和完整的行为法则和规范，这即是被人们称为“剪辑点”的构成方法和技巧。

电影在欧美大陆开始逐渐发展成为一个产业。特别是在美国，由于好莱坞的兴起，电影工业成为重要的新兴工业。好莱坞是位于美国洛杉矶附近的一个小镇，电影制片商在此开发出理想的拍片环境，陆续集中到此。从1908年拍出最早的故事片《基督山恩仇记》开始，电影史上大量的代表性优秀影片在此诞生，好莱坞逐渐成为世界闻名的影城，美国电影的影响遍及全世界。

这一时期拍摄的影片《蝴蝶梦》《卡萨布兰卡》《王子复仇记》《公民凯恩》《乱世佳人》等，都运用了成熟的电影技巧，主要有以下特点：比较讲究有头有尾的完整故事，有一个传统的、富于悬念的戏剧性结构，将大量笔墨与表达重心让位于情节主题的展现；十分强调故事情节跌宕起伏的叙述，以强化观众戏剧性的观赏心理和观赏情绪；在蒙太奇的处理上，一般采用叙述式蒙太奇，作品流畅、平滑，注重动作的连贯；以演员、人物为中心，强调趣味性、娱乐性、通俗易懂。后来这便成为“动作形态”剪辑创作的基本规则。

“动作形态”剪辑极为注重镜头与镜头间衔接、组合的流畅性和连贯性，目的就在于使观众的观赏不至于受到干扰、影响或中断，哪怕这些干扰和影响只是微弱和短暂的，也会对影片戏剧性观赏情绪的形成和持续产生负面影响。因此，在动作剪辑法则中，首先极为注重“剪辑点”，保持被摄体动作过程的逻辑性、连贯性和完整性；其次，要求被摄体的动作与运动的方向尽量保持一致；再次，在镜头语法构成上，“动作形态”剪辑非常强调对生活中人正常的、逻辑的注意力——心理趋向的顺应。

五、“数字剪辑”时代：对传统剪辑的全面颠覆和重构

自20世纪70年代以来，数字技术在电影制作领域得到了广泛应用。80年代，电影进入数字电影时代。电影的数字化为扩展电影的想象力和感染力提供了广阔的技术和艺术潜力，为电影观众的视听欣赏展现了一幅妙不可言的蓝图。《星球大战》《真实的谎言》《阿甘正传》《泰坦尼克号》《阿凡达》等一部部美国“大片”的诞生不仅使观众领略了大制作的气派，同时也感受到了数字化的独特魅力。数字化对电影艺术的全面介入，不仅改变了传统电影的一些技术特性，而且在整个电影美学领域也给电影艺术增添了新的研究课题。作为结构一部影片的思维和组织方式，蒙太奇在数字化的影响下已经发生了新的变化，产生了新的含义。

数字化剪辑在画面关系、逻辑联系上都呈现出明显离散性的结构，此时的剪辑不再是传统意义上的一个镜头与一个镜头的组接，剪辑的元素可能只是画面的一个像素、声音的一个波形、交互的一种方式、语言的一个词素。这样一种剪辑技术的出现，意味着传统的电影剪辑技术已经受到颠覆性的变革，剪辑不再是镜头与镜头、画格与画格的联结，而是一种对音像的处理技术。数字技术可以把形成影像的不同成分分解开，单独拍摄下来，然后再把这些分别拍摄下来的影像成分处理后有机地、按照创作者的意志随心所欲地组合在一起，形成一个天衣无缝的、如同单一镜头拍摄下来的电影影像。也就是说，在传统电影中，需要用蒙太奇剪辑组接的几组镜头现在都可以运用数字技术把它们不留任何痕迹地处理成一个“超”长镜头。此时，某些貌似“长镜头”的镜头形态可以不用一次拍成，而是通过合成与剪辑而成，那么，这种镜头形态我们应该称之为“长镜头”还是“蒙太奇段落”呢？由于数字技术的介入，传统理论范畴的“蒙太奇”和“长镜头”正在逐渐模糊和走向融合。例如电影《手机》开篇第一个长达19秒的镜头：镜头随着手机在时空中穿梭，这在现实生活中是不可能的，该镜头是真实场景与虚拟场景结合起来的镜头，即三维和实拍的结合体。

六、电视剪辑的发展

电视的诞生晚于电影整整30年，由于没有记录的载体，电视节目只能采用直播的形式。而随着磁带载体的问世和记录载体的发展，不同阶段演变出不同的剪辑方式。

1. 基于磁带的机械剪辑

1956年第一台磁带录像机在美国安培（AMPEX）公司诞生，此时的剪辑类似于电影剪辑，具有非线性的特点，但是素材存取不灵活，剪辑精度不高。

2. 基于磁带的线性电子编辑

20世纪60年代第一台电子编辑机诞生，出现了至今仍在使用的被称为“对编”的电子编辑系统。它由一台放像机、一台录像机、一台编辑控制器组成。通过编辑控制器把放像机上录制好的素材有选择地按照顺序录制到录像机上。这是一种线性记录的方式，如果要对编辑好的节目中间某段素材的长度进行修改，只能对这段素材后的内容进行重新编辑，这在一定程度上限制了剪辑艺术的自由发挥。

3. 基于硬盘的数字非线性编辑

随着多媒体技术在电视节目后期制作中的应用，以硬盘存储为基础的非线性电子编辑系统应运而生。它继承了非线性编辑不受素材顺序限制的优点，而且在编辑过程中信号损失小，这无疑增添了剪辑师的创造力，丰富了艺术家的表现力。

4. 电视剪辑的创作意义

和有详尽分镜头脚本的电影剪辑不同，在以纪实性为基本特征的电视片的剪辑工作中，剪辑者面对的是一堆杂乱的即兴抓取的镜头，这时的剪辑过程有着很强烈的创作意味。故事片的剪辑只是导演意图的体现，而纪录片编辑工作则是对生活素材的再创作。一部影片的好坏往往取决于编辑人员的素质。相同的素材，经过不同编辑台上的二度创作，最终的作品从形式到内容可能大相径庭。

影、视艺术素为一家。作为划分艺术门类的根本依据，电影和电视的表现媒介同为“运动的声画影像”，但在技术层面上二者仍存在着很大的差异：电影摄像是将被摄物的光信号转化成化学信号记录在胶片上，电视摄像是将被摄物的光信号转化成磁信号记录在磁带上；电影是在剪辑台上处理记录影像的胶片，电视是在编辑机上处理影像的电磁模拟信号；电影以复制拷贝发行放映，电视则通过电磁波发送信号。这些不同，严格地将电影和电视分隔为两种不同的媒体。但随着数字技术的介入，电影和电视的这种分野逐渐走向了统一。目前影视业通用的数字摄像机在电影、电视的摄像上取得了统一，光信号被转化为数字信号记录在磁盘上，电影画面和电视画面都变成计算机中以0和1存在的数据文件，其实质是一致的，处理手段也完全一样。就目前来说，二者的后期制作过程一致，电影的后期制作手段同样也能够应用到电视节目的制作中，电视的一些手法也被电影所吸收，二者有了越来越多的共同语言。在数字技术的推动下，相信不久的将来，电影和电视终将由分野走向统一。

单元总结

电视传受特性主要体现在声画并茂的传真性、共时传受的覆盖性、即时传播的现场性、接收环境的家庭性、互动传播的参与性、节目内容的包容性和节目收视的选择性等几个方面。因此在电视编辑中要重视节目表达的真实感与分寸感，重视电视的现场纪实特质，重视多种语言元素的综合运用和立体化编辑，重视特技视觉表现，重视节目的受众观念。

在电视画面编辑的学习与训练中，我们可以通过写分镜头脚本和对经典作品进行拉片分析来培养自己的电视画面思维能力。

任务一　考核参照表

<table>
<tr><td>任务</td><td colspan="3">分析电视传受特性和现代电视编辑观念的应用</td></tr>
<tr><td>完成形式</td><td>小组</td><td>小组成员</td><td></td></tr>
<tr><td>完成时间</td><td colspan="3"></td></tr>
<tr><td>任务内容</td><td colspan="3">1. 观看纪录片《舌尖上的中国》第一集，分析电视传授特性和现代电视编辑观念的应用
2. 将“诺邓火腿的腌制”片段拉片，解析成镜头序列</td></tr>
<tr><td>成果形式</td><td colspan="3">文字形式，主要内容包括两项：作品分析，分镜头脚本</td></tr>
<tr><td>完成步骤</td><td colspan="3">1. 明确任务
2. 观看《舌尖上的中国》第一集
3. 解析电视作品的传播特性，分析节目中现代电视编辑观念的应用
4. 反复观看“诺邓火腿的腌制”片段
5. 将该片段解析成镜头序列，完成分镜头脚本
6. 检查</td></tr>
<tr><td>过程评价（40%）</td><td colspan="2">1. 团结协作意识，人际沟通能力
2. 认真踏实的工作态度
3. 能以小组为单位对作品进行充分的分析讨论，个人能提出独到见解</td><td>评分</td></tr>
<tr><td>成果评价（60%）</td><td colspan="2">1. 作品分析条理清楚、语言流畅
2. 能运用实例解释节目中体现的电视传受特性和现代电视编辑观念
3. 分镜头脚本基本要素齐全，描述准确、语言流畅</td><td>评分</td></tr>
<tr><td>指导教师评语</td><td colspan="3"></td></tr>
</table>

任务二　考核参照表

<table>
<tr><td>任务</td><td colspan="4">用一组镜头描述大学生活中同学之间发生的一件小事</td></tr>
<tr><td>完成形式</td><td>个人独立完成</td><td>姓名</td><td colspan="2"></td></tr>
<tr><td>完成时间</td><td colspan="4"></td></tr>
<tr><td>任务内容</td><td colspan="4">用10个以上的镜头描述一件小事</td></tr>
<tr><td>成果形式</td><td colspan="4">分镜头脚本</td></tr>
<tr><td>完成步骤</td><td colspan="4">1. 明确任务
2. 认真观察身边的人和事
3. 将观察到的某件小事解析成10个以上的镜头
4. 整理成分镜头脚本
5. 检查</td></tr>
<tr><td>过程评价（40%）</td><td colspan="2">1. 观察和思考能力
2. 自主学习的能力
3. 按时上交成果</td><td>评分</td><td></td></tr>
<tr><td>成果评价（60%）</td><td colspan="2">1. 按照格式要求完成电视分镜头脚本的写作
2. 分镜头脚本基本要素齐全，描述准确、语言流畅
3. 叙事内容条理清晰，画面内容描述简洁准确</td><td>评分</td><td></td></tr>
<tr><td>指导教师评语</td><td colspan="4"></td></tr>
</table>

学习单元三
电视时间和空间

运动性是影视艺术区别于其他艺术的重要特性。物质必须在一定的时间和空间中才能运动，可以说，时间和空间是影视最基本的存在形式和外在表现方式，高度自由的时空结构是影视艺术的表现基础。正如苏联电影大师米哈伊尔·罗姆（Mikhail Romm）所说："剪辑无一例外地要运用假定的时间和假定的空间，这就是它同其他艺术在时间上展开的欣赏艺术的主要区别。"①电视编辑对信息进行组织结构的过程，也是对现实中真实的时间和空间进行解构与重构的过程。从实际的制作角度看，时空处理一直是影视剪辑的一个基本问题：结构安排有时空问题，段落构成有时空问题，场景转换有时空问题，镜头连接也同样有时空问题。镜头的分切与组合打破了现实时空对镜头时空的制约。总之，蒙太奇作为影视艺术的表现形式之一，其实质就是对现实当中真实时间、真实空间进行重构，从而在有限的时空中表现出艺术化的无限时空。

学习目标

（一）知识目标

1.理解电视时空思维的特征；

2.知道电视时间的三种含义，熟悉电视时间的各种表现形式；

3.知道电视空间的特点、构成及形态表现。

（二）能力目标

1. 初步建立电视时空思维；
2. 能够分析电视作品的时间表现形式；
3. 能够分析电视作品的空间表现形式。

---

① 罗姆.电影创作津梁[M].张正芸，译.北京：中国电影出版社，1994.

任务描述

任务一：观摩一部电视片的代表性片段。教师选出该片中的时空剪辑，要求同学们先观看该片段，记录该片段描述的时间长度和空间跨度，记录该片段的时长，分析其对时空的表现与现实时空的差别，把片段整理成段落脚本。

任务二：观摩导演艾伦·帕克（Alan Parker）的影片《鸟人》，影片中鸟人有三次飞翔，在影片开始的第13分钟是鸟人的第一次飞翔：为了看鸽子，鸟人和艾尔爬到建筑工地的高架上，鸟人不小心滑落下来。这个任务要求将“第一次飞翔”段落解析成分镜头脚本，并分析这个段落应用了时间的哪种表现形式。

任务三：模仿“创造的地理”（见第60页案例3.6），尝试从现有的素材中挑选镜头，编辑成一个简单的故事或事件，加深对构成空间的理解。本任务要求教师在非线性编辑系统中准备几组素材片段，同时需注意素材镜头之间的某些关联性。同学们通过练习加深对构成空间的理解，同时学习用镜头表达意义。

第一节　电视时空思维的特征

一、案例分析

案例3.1

美国电影《猫头鹰桥事件》是一部获得奥斯卡最佳短片奖的影片。片中大意是：在丛林中的一座大桥上，两列宪兵押着一名死刑犯走上桥头去执行死刑，在桥上，宪兵给犯人套上了绳索，囚犯安静地站着，他的眼睛并没有被蒙上。他低头看了看桥下的河水，然后闭上了眼睛。他想让自己在临死前只想念妻儿。长官命令士兵们绞死他，一名士兵立即执行，然后一下子把他推下桥去。但是绳索断了，犯人落下河，他在水里逃生，宪兵在岸上追，犯人泅到一个险滩时摆脱了宪兵的追逐。上岸后的犯人狂奔逃命，他穿过茂密的树林和山冈，终于回到自己的家门口，妻子从屋里跑出来迎他。就在他伸出双臂即将拥抱妻子的一刹那，突然传来一声巨大的嘎吱声，画面中犯人张开双臂拥抱妻子的动作，切换到他被实施绞刑时，脖子被套上了绳索的瞬间，整个人被推下桥去……接下来的画面是全景：犯人悬在半空中，他被绞死了。观众这时才明白，原来前面那一大段戏是犯人临死前的内心活动，它营造了一个虚幻时空的事件经过。宪兵一推，犯人坠落，短短几秒，在银幕上被展现为十几分钟，并且在这一闪念间，通过镜头表现，地点从桥头到河流，从丛林到庭院，不同的空间历历呈现，自由驰骋（见图3-1）。

《猫头鹰桥事件》片段

图3-1　电影《猫头鹰桥事件》

在上面的例子中，我们感受到时空的自由变化，这种高度自由的运动的视听形象组合正是影视艺术独具个性的魅力所在，也是蒙太奇思维的特点。随着电视艺术手法的进一步发展与成熟，电视逐步形成了特有的时空思维特征。

二、相关知识

1. 无限与有限的结合

影视时空的无限是指影视在艺术表现上不受时间与空间的限制，拥有无限的伸缩自由。时间随着空间的伸缩而流动，空间随着时间的延续而变化。英国电影理论家欧纳斯特·林格伦（Ernest Lindgren）在《论电影艺术》中用一段生动的文字描述了这一具体特性："从北极到赤道，从大峡谷到一块钢板上最细的裂痕，从一颗子弹嘘的一声飞逝到一朵花迟缓地盛开，从一阵思潮中闪现出一张宁静的脸，以至一个狂人癫狂的呓语，甚至个人的幻想、梦境……空间中的任何一点，只要它在人们的理解范围之内都能在电影中获得理解。"这样的情形在电视中同样存在，一部电视片可以表现几十分钟内发生的事件，也可以表现一年、几十年，甚至是上千年发生的事件……它可以从室内到室外，从陆地到海洋，从地球到月球……可谓天上人间无所不能，这就是电视时空表现的无限自由。

然而，电视又必须在有限的时间与空间中叙述故事。任何一部电视片都不可能无休止地播映，都有一定的时间长度，在电视栏目化的今天，栏目时间固定化的要求决定了电视制作机构对节目的片长会进行严格的限制。同样，电视空间是屏幕空间，其特点是影像运动范围被框定在两条稍长的横向平行线和与之在两端相接的两条稍短的垂直平行线所构成的框架结构内。四框结构是电视空间存在的先决条件，这既是一种客观形式，又是观众视觉活动的参照依据，它代表着拍摄者的视野。框架结构与平面性共同制约着电视空间的外在形式，使之成为一种"有限"的空间，局限在一帧画框和一定的屏幕规格之中，即空间也是有限的。

因此，电视实际上是利用有限的时间与空间去表现无限的时间长河和广阔的空间色彩。物理意义上的时空限制并没有束缚电视时空表现的翅膀，具体地说，电视在叙述故事、表现内容上是无限的，但在具体的表现形式上是有限的。但要注意的是，这种表现是建立在观众基本的影视感知经验基础上的。电视的无限时空可以任观众的思绪自由联想，但时空的无限组接必须符合观众的视觉思维习惯和叙事逻辑。

2. 主观与客观的交织

电视编辑创作的时空具有强烈的主观性，体现着编辑的主观意图，观众只能看到编辑给他看的东西。短片《猫头鹰桥事件》中犯人逃跑，画面的空间环境在不断发生变化，这些都是犯人脑海里的主观想象——他终于逃离了虎口，回到自家门口时，妻子从屋里跑出来迎接他。可是，他怎么也跑不到妻子跟前，好像时间永远停滞在了那一刻，他无法向前拥抱妻子……这些，都不是真实的延续时间中所发生的，导演这样做的真正目的是为了制造一种主观的感受。在此我们必须强调，这样的主观表现必须建立在观众客观理解的基础上。梦幻感受的营造，悬念的跌宕丛生，都以符合观众的思维线为依托。从这个意义上讲，电视时空有其客观的一面。

在具体的新闻事件报道过程中，电视记者选择从什么角度展开拍摄，这实际上就是对实际空间的一种选择，这是带有一定主观意识的创作活动。但记者对事件真实的记录，特别是运用长镜头展现事件的原貌，能够给观众带来强烈的真实感与现场感。因此，在观众与编辑记者一起了解事件、感受事物的时候，主观和客观是交织在一起的。

3. 非连续的连续感

在现实世界中，时间是以线性流动的方式呈现的，就如同一条向两端无限延伸的直线，既没有起点也没有终点。而在影视剪辑中，画面时间的呈现方式是非线性的，影视时间是由一个个时间片段的画面相互组接完成的，这些时间片段的连接可能是先后关系，也有可能是同一时间、不同空间的若干片段相互之间的连接。这些时间片段通过镜头组接产生了一个连续的时间感，这种时间感不等同于现实生活中的物理时间，它所形成的时间只是观众心目中的一种时间连贯感——非连续的连续。即在这个时间呈现过程中，观众的视觉心理形成了一定的连续感。美国当代著名的剪辑师沃尔特・默奇（Walter Murch）认为："这是我所做所有电影工作的准则——不论是剪辑声音还是画面。你要启发观众把你交代的不连贯的信息整合成一个完整的故事。每个人都是不同的，他们会以自己的方式去完成它。但他们这么做的时候，他们能把这一部分重新反映出来，就是最完美的事情。"[①]我们在影视艺术中所感觉到的时空连续体（屏幕时空），从事件的时间角度来讲它们实际上不是实时的，而是通过片状的时空镜头的衔接而产生新的连贯体，这种通过镜头的分切（非连续）和分切后的重新组合（新的连续）创造的独特的时空连续体，只是凭借视听效应造成一种连续的幻觉（观众心理时间）。

4. 时间的不稳定性和空间的运动性

与电视空间相比，人们对电视时间的感知是不稳定的。人的感官：眼、耳、鼻、口和皮肤均用于对空间的感知，在电视中我们可以凭目测和现场声音来判断空间的大小和人与物的运动状态。但人却没有衡量时间的感官，所以人的时间感最不完善，以至于不能觉察时间的稳定流程，所以只能借助其他的维度来判断时间，如我们所说的"一顿饭的工夫""一炷香的时间"都是借其他的维度来衡量时间。因此，人们对电视时间的感受极易受到强烈的心理因素的影响和制约。一部精彩的节目正在播出，人们就感觉时间流逝得太快了；反之，就有一种度日如年的乏味感觉。比如我们半夜起床等待看世界杯足球赛的直播，

---

① 贾瑞特，声音的疆界——沃尔特・默奇访谈[J]. 王丹，译. 电影艺术，2001(2).

你会觉得让你等待的那几分钟节目特别长；而足球赛直播过程中，你又会觉得时间过得飞快，90分钟的节目转眼间就过去了。你在等待恋人的一个小时和你与恋人相处所消耗的一个小时，在物理方面是彼此相等的一段时间，但对你来说，前一小时过得很漫长，而后一小时却过得很快，它们在个体的心理感知层面其实并不相等。在后面的章节中，我们将详细探讨影视时间的三层含义，也就是画面剪辑是如何建立在不稳定的时间感的基础上的问题。

同绘画和照片相比较，电视屏幕空间的最大特点是运动性。电视空间获得了时间的流程，无论是表现过去、现在还是将来的事件，都是以运动的形式，即以进行时态出现在观众眼前，因此电视空间是动态的。电视空间的运动主要有表现对象运动和摄像机运动两种，这两种运动是电视突破空间平面性和框架的四边制约，以“有限”空间表现“无限”空间的最主要的手段。

5. 影视是时空艺术，影视中的时空具有超乎想象的密切关系

首先，空间影响时间。如前文所说，人的时间感最不完善，以至于不能觉察时间的稳定流程，所以人们往往用空间距离来衡量时间。这种生理特性在影视中得到了充分的利用。在前后镜头的空间距离很接近的情况下，比如一个镜头是银行的大门，一个镜头是银行内的柜台，观众会觉得时间的间隔很短，而事实上，这两个镜头的时间可以是相隔很远的，两个镜头中的空间局部也可能是毫无关系的。但人具有这样一种思维惯性，会对一起出现的现象进行联想，认为彼此之间具有密切的关系。

其次，时间影响空间。用时间来衡量空间其实并不科学，我们说从这里到那里要40分钟，但同样的40分钟每个人能走多远是不一样的，而且还有使用不同交通工具的差异。但在日常生活中，人往往会用时间来衡量空间距离。你问路的时候，大多数人都会回答你，从这点到目的地要花多长的时间，很少有人告诉你这段距离是多少多少公里。正是这样的生活习惯，使得影视中的时间影响了观众对空间的判断。例如这样一种情况：一个人出画后，再次入画，出画、入画之间的时间长短决定了观众对没有出现在画面中的那部分空间的感觉。时间越长，观众会觉得空间距离越远；反之，时间越短，观众会觉得空间距离越近。这种判断是极其主观和不确定的，完全由观众的心理控制。

第二节　电视时间形态表现

时间在影视艺术表现中是占第一位的，空间必须在流动的时间艺术中表现和延续，因为“空间是感觉的对象，而时间却是本能的对象”[①]。

---

① 马尔丹. 电影语言[M]. 何振淦，译. 北京：中国电影出版社，1980：173.

一、案例分析

从下面给出的几个影视节目中，我们来看看影视时间表现形态与现实时间的差别。

案例3.2

适逢香港回归祖国20周年，2017年6月30日上午，习近平来到了位于新界的石岗军营，视察、检阅人民解放军驻港部队。央视通过电视直播的实时手段，把这一重大新闻事件即时、迅捷、直观地向外界发布，彰显了中国对香港特别行政区行使主权的重大政治意义。直播最能体现电视传播的特性，它既能让受众强烈地感受到来自阅兵现场的庄严、神圣的仪式感，又能够真实呈现过程信息。

央视直播：《习近平检阅中国人民解放军驻港部队》片段

案例3.3

5集电视纪录片《西藏一年》每集48分钟，总长度240分钟。但在240分钟的时间里，影片分别叙述了8位普通藏族人一年四季的生活、劳动情况，观众在观看时，似乎进入西藏人民的现实生活中，既感受到了藏民一年的日常生活，又近距离地感受到了千百年来普通藏民的信仰、追求，体会到改革开放给西藏人民生活带来的变化。在该片中，电视时间与现实时间是不一致的，在240分钟的现实时间里叙述了一年发生的事件。在叙述过程中，用压缩的方式重新组织叙事结构，使内容信息的传达更加符合创作主题、结构形态的完整，排除了冗长信息对叙事意义表达的干扰。而在观众的心理感受中，时间已经超出了观看时间、叙述时间的概念。

案例3.4

爱森斯坦的《战舰波将金号》之"敖德萨阶梯"段落的内容是沙皇军队追杀跑下台阶的军民。众人跑下台阶，原本时间不长，可是影片用了6分多钟的长度来表现：沙皇士兵不断持枪走下台阶，手无寸铁的平民慌乱奔跑，其间，穿插了大量从各个角度拍摄的细节镜头——慌乱的脚步、倒下的躯体、惊恐的表情、滚动的婴儿车、悲愤的母亲、跌落的眼镜，等等。该段落通过150多个非连续剪接的极端暴力镜头对现实时间的延长，制造了惊心动魄的效果。

案例3.5：

分析《2018传奇中国节·清明》特别节目的时间结构，从时间编排上看，我们可以发现有以下几种时间形态的呈现方式：

1. 主持人、嘉宾演播室直播完成现场连线、内容串联、背景讲述；
2. 记者在清明祭礼，以及采茶、饮食现场的即时报道；
3. 已经发生的各地清明相关活动的事件类报道；
4. 清明相关背景内容小片。

《2018传奇中国节·清明》片段

二、相关知识

（一）影视时间的三层含义

匈牙利电影理论家贝拉·巴拉兹（Béla Balázs）把电影的时间分为："首先是放映时间（影片延续时间），其次是剧情的展示时间（影片故事的叙述时间）和观看时间（观众本能地产生的印象的延续时间）。"①从观众接受角度划分，影视时间存在着三种不同性质的时间形式：播映时间、叙述时间和观众的心理时间。

1. 播映时间

播映时间是单部影视片或节目播映的总体时间长度，即电视节目（或者镜头段落）实际占有的时间，也就是我们通常所说的片长。比如纪录片《西藏一年》，它每集片长是45分钟，那么5集下来该片的播映时间达240分钟。

尽管影视节目在艺术表现上可以不受现实时空的限制，可以表现无限的时空，但是它必定受到播出时间和屏幕画框空间的限制。也就是说，影视放映时间必然是有限的，"故事放映时间的长短与电影技术的改进和人们的生理机制密切相关"，"放映时间的长短也与电影叙事的需要有关"。②一般情况下，电影的片长是90分钟—150分钟左右，电视单本剧或连续剧的每集片长控制在48分钟以内，其他各类电视节目的时长设置情况不一，有5秒、15秒、30秒……的电视广告，也有5分钟、15分钟、30分钟……的电视专题片，甚至还有4个小时的《春节联欢晚会》，像凤凰卫视对美国"9·11事件"的现场直播，则是在新闻现场连续不断地进行的。

播映时间的限制对影视编辑人员安排影视片结构情节提出了更高的要求。一部90分钟的电影显然不会像每集45分钟的电视连续剧那样去结构情节内容。前者是一个不能中断的视听流程，情节必须紧凑；而后者必须中断，这种中断可能只是某个次要情节得到解决，但是新的悬念仍在继续，叙事保持着一种没有终止的流动状态，以便吸引观众观看下一集。比如电影《任长霞》和同名电视连续剧具有不同的创意结构、风格和节奏。

2. 叙述时间

叙述时间是一种艺术化的时间形态，也是人们常说的蒙太奇时间。屏幕叙述时间不是真实的自然时间，它是电视叙事构筑情节的时间，是对现实时间的加工和变形，甚至是逆转、扩展、省略或超越。它只是模拟人的视听感知经验，将片段的时间重新结构成一个视觉或者想象中连续的时间，也就是故事本身的时间，即这个节目（或者镜头段落）所表

---

① 马尔丹. 电影语言［M］. 何振淦，译.北京：中国电影出版社，1980：187–188.

② 李显杰. 电影叙事学：理论与实例［M］.北京：中国电影出版社，2000：81.

现的事件发生的事实时间，这个时间可以从一刹那直到无限。《猫头鹰桥事件》中表现两列宪兵押着一名死刑犯走上桥头去执行死刑的这一段，有两个情节时间：死刑犯被吊死这一动作的时间和临死前主观意念的时间。这两个情节时间具有并列关系，它们不是先后延续的状态，但都占用了物理的放映时间，在两份物理时间里，只表现了一份情节时间。获2017奥斯卡最佳影片提名的《血战钢锯岭》讲述了二战医务兵Desmond T. Doss在1942年美日太平洋战场上的传奇经历。Desmond T. Doss在其所在连队撤离战场的情势下，执意留在了钢锯岭阵地营救伤员，并在拒绝举枪射杀敌方人员的情况下救下了75名战友，创造了战争史上的人道奇迹。片子开头呈现出惊心动魄、血肉横飞的战争片段，在二上钢锯岭的战场争夺战中，Desmond T. Doss身负重伤，被战友拼死救下……残酷、惨烈的战争场景结束后，画面在视觉转换上运用淡出淡入方式，回溯到16年前主人公童年时代所生活的弗吉尼亚州蓝岭山区（见图3-2）。

《血战钢锯岭》片段

图3-2　美国电影《血战钢锯岭》片段

以上的例子说明，在影视作品中，物理时间和情节时间往往是不一致的，但观众并不会因此产生时间感觉上的混乱，因为人们对时间的感觉本身就具有不确定的特点。因此，心理时间在影视中的地位就显得尤为突出。

3. 观众的心理时间

心理时间是指播映时间和叙述时间综合作用在观众心理造成的独特时间感（主观的时间形态），即观众在观看时主观心理感觉的时间。在现实生活中，人们对时间的感受本来就受主观影响比较大，热恋的情人，分开一刻也觉得太久，相聚一天也觉得是一瞬。同样的道理，观众对内容的心理感受时间受到观众对题材兴趣、关注程度、影片风格等多重因素的影响，而不同的画面组合、声音编配也会给观众带来截然不同的心理感受。

心理时间的长短会因为观众个体的差异而产生差异。如果说物理时间是纯客观的，那么心理时间就是纯主观的，它固然会受物理时间的影响，因为虽然人对时间的感知依靠心理，不是十分精确，却也不是无限制的。但在特定范围内，观众对时间的感知是不同的。同样的影视作品，有的观众会觉得长，有的观众会觉得短。一部影片的节奏感正是产生在这个由物理时间和情节时间所形成的观赏心理时间的系统之中。电视编辑人员在处理镜头、段落时，只有充分考虑到观众的心理时间，才能把握好叙述节奏。

受播出、观看方式的影响，电视时间同电影时间相比较具有更为复杂的形态特征，除了具备与电影相同的蒙太奇叙述时间外，还具有播出与收看时间上的直接性与连续性。

所谓“直接性”，是指电视拥有直播信息的时间特性，由于电视可以同步跟踪记录实际时间发展的事件，具体节目内容中的人物、事件与观众生活是平行发展的，这就使现实的影像具有强烈的现场感、同步性。因此，在重大新闻事件的报道过程中，应尽可能地体现出电视画面在信息传播层面上的独特优势——应少用技巧，尽量保持真实时间的影像呈现。

所谓“连续性”，是指电视从纵向上可以24小时连续播出各类节目，从横向上可以日复一日定时、定点地播出某一节目。这种连续性使系列片、连续剧可以在相对松散但绵延不断的流动叙事中不断向前推进，因此必须考虑每集叙事中的开放性与延续性。因而，在每一集的情节设置方面，叙事悬念或安排开放性结局是吸引观众不断收看新篇章的重要技巧。

（二）节目叙述时间的表现形式

1．实时的时间

这是一种节目时间与事件时间相同的电视时间表达方式。一般认为，一个镜头里的时间就是实时的。这种实时的时间表达在电视纪录片所惯用的长镜头中体现得最为明显。例如，四川电视台拍摄的优秀纪录片《深山船家》有一个长达一分钟的长镜头，展示了大山深处的船工们艰难的生存状态：在某个被泥石流阻隔的江段，船工们只能靠着陡峭的山崖，沿着高低不平的山路，深一脚浅一脚地艰难行进……他们必须在这里换船而上，镜头将搬运货物的船工肩扛手提地把货物从下游的船只搬运到上游的船只的过程连续记录下来，摄像机一直跟着扛货物的船工走过陡峭的乱石滩。这个镜头非常富有感染力，给观众以深切的视觉体验，让他们真切地感受到深山船工艰辛的生存状态。如果没有与现实时间几乎相等的屏幕时间去展示这些场面，就很难让观众有真实的情感体验。

电视的实时时间一般运用于各类电视直播节目当中。比如，《春节联欢晚会》《奥运会开幕式》《世界杯足球赛》《快乐大本营》等形态的电视节目就是通过演播室或事件现场制作的形式完成的。这些节目当中虽然有大量的镜头切换，但切换过程是依照内容的时间顺序依次排列的，它们和演播室或事件现场的时间完全相同，也就是说节目时间与现实时间是相统一的。

2. 省略的时间

省略时间（即压缩时间）是影视剪辑中最常使用的一种时间处理方式。时间的压缩实际上是用蒙太奇的方式对动作重新进行组合，在重组的过程中可以省略一部分动作和空间，从而达到压缩时间的目的。影视创作中通过剪辑来省略时间并不是做简单的减法，而是在原有的时间序列中选择对创作主题有用的片段，组建成一个线性的时间结构，这是一个完整的有意义的时间序列，目的在于完成跳跃性的简要叙事。

一般时间的省略出现在镜头与镜头之间，每次镜头的切换都意味着一个旧时空的结束和新时空的开始，因为即使上下镜头中的空间没有变化，时间也是不同的，观众仅凭视听经验来判断上下镜头之间的时空关系，也许能意识到有时间上的省略，但是只要时空的省略不至于影响他对剧情的理解，分散他的注意力，观众对这种时空跳跃就不会在意甚至很乐意接受——因为省略是影视与观众之间的一个约定。

3. 延伸的时间

影视节目中延伸时间的表现手法，是指节目时间长于事件时间，通常是运用编辑手段将生活中发生在一个较短时间内的事件，通过镜头分切和叙事的方式，将这个生活中较短的时间在屏幕上延长，获得某种效果。这可能是叙事的要求，也可能是由于情绪的需要。前面我们谈到的爱森斯坦的《战舰波将金号》中“敖德萨阶梯”那一段落就是典型的例子。

电视中的射门集锦也是把不同视点、不同景别的同一次射门镜头组接在一起，再插入球员、观众、教练的反应镜头，便使这一精彩的瞬间延长了。

4. 时间停滞（静帧）

时间停滞是根据表达需要和叙事结构中人物的特定心态，利用特技让时间暂时静止的一种屏幕时间表示方法。这是一种主观化的特殊时间形态，它通常通过定格、音乐、音响或者剪辑中的重复来实现。电影《猫头鹰桥事件》在片中表现了主人公临死前的主观意念：他终于回到自己的家门口，妻子从屋里跑出来迎接他，可是他却怎么也跑不到妻子跟前，好像时间永远停滞在某一点、无法向前。镜头剪辑通过不断重复奔跑的动作，每一次奔跑都是从同样的位置、同样的起点开始，由于缺乏空间的位移，也就缺乏空间的延续，因此观众感觉他永远也到不了目标。

定格是指屏幕把某一画面“冻结”住，即在活动画面中分离出一帧画面，然后重复播放它，让观众像看照片一样看它。在影片《杀死比尔》中，当女主人公乌玛·瑟曼（Uma Thurman）回忆起自己被枪击的时候，人物被定格。影片通过“冻结”这个时刻，达到强调的效果，可以暗示观众此时的内容需要特别注意。通过定格，可以使人物脱离时间的影响。在节目的结尾也常常使用定格，给观众一个最终的视觉画面——一种观众可以带走的标记总结。

需要注意的是，时间停滞是十分主观化的技巧，处理不好便容易弄巧成拙。因为，当使用一种主观化的人工技巧来表现时间的停顿时，一方面，时间的静止只能是暂时的，它还会恢复时间的流程；另一方面，观众观看的视觉永远是流动的。因此，这种手法的戏剧性效果及其所产生的依附于叙事内容与叙事节奏的状态，只有通过创作者在制作时巧妙地处理，才能符合故事情节发展的逻辑顺序，最终取得特有的审美效果。

5. 时间的变速与倒转

变速即对镜头的加速或减速处理，也就是运用快镜头和慢镜头。时间的变速也是延伸或压缩时间的一种手段，但与前面所讲的通过蒙太奇镜头组合方式所产生的视觉延伸和压缩又有所不同：蒙太奇组合的时间是一种内在节奏的演绎，而变速镜头则是节目外在节奏或心理节奏的外化形态。它往往用来表现某种玄想、希冀或达到一种特殊的戏剧效果，表达某种象征意义。

快镜头可以使一朵鲜花迅速盛开，也可以表现某种急切的心理。在香港喜剧片《广告女郎》中，有一个段落表现广告女郎安娜实在难以忍耐美工慢吞吞地在广告牌上描她的名字，她梦想这幅广告牌能够迅速完成，于是导演在片中运用快镜头的方式展现美工发疯似工作的状态，以此反映安娜的内在心理活动。而一组交通路口快速运动的汽车和行人、站台上快速上下的乘客、快速升降的电梯的镜头，则可以表现人们面临的巨大压力、激烈的竞争态势和快节奏。

慢镜头可以使人看清肉眼难以看清楚的快速运动，如腾空的火箭、飞转的螺旋桨等，可以使人仔细欣赏美的事物，如优美的体操动作、精彩的进球等。然而它更多地用来表示一种独特的戏剧心理和象征意义。

微视频《四姐妹的无名土钵菜馆》中，72岁的大姐邹幼琳每天早早起来，开始为一天的经营采购菜品。在该段落中，主人公紧张、忙碌的身影不断穿梭在狭窄、昏暗的菜场里……如何通过剪辑手法，把人物的心理、动作、细节呈现给观众？除了常规技法以外，该段落使用了快动作来展现邹幼琳紧张、忙碌的工作状态，以及真实的内心活动。当然，这种快动作的剪辑处理带给观众的是一种积极、愉悦、舒畅的情绪引导。在该片的第三段落结束部分，四姐妹与顾客们轻松、自然、热烈的互动，以及四个姐妹间真诚、互助、自尊、善良的亲情表达都运用了慢动作的处理，既细致入微地刻画了人物的动作细节、心理活动，又展现了一幅生动的家庭和睦、社会和谐的美丽画卷……

时间倒转最早用于反方向放映胶片，放映出的画面使一堵倒塌的墙重新又建起，它表现为一种反现实、反物理的形态，给人以滑稽的感觉。在节目中，时间倒转的手法常常用来制造笑料，特别是在一些娱乐类的电视节目中，通过这样的方式对人物动作以及场景的动态环境等进行时间倒转，能强烈地吸引观众的注意力。

（三）影视中的时间结构

在影视叙述中，采用什么样的时间顺序来完成故事内容的叙事，就决定了会有什么样的时间结构。从上面对新闻节目的分析中我们可以得出结论：根据节目叙述时间和事件时间的先后关系，我们可以把叙事时间结构大致分为：事后叙述（过去时态）、事前叙述（将来时态）、与事件同时叙述（进行时态）、交错进行的叙述（混合时态）四种情况。

在电视叙事时态中，最常见的叙事还是事后叙述（过去时态）。比如消息类的电视新闻报道，就是离事件时间最近的一种电视叙事，它需要等新闻事件结束之后，或正在进行时予以播报。虽然在电视新闻节目中已经出现了一些直播类报道，但绝大部分电视新闻报道采用的画面叙事方式还是过去时态的。电视纪录片、电视剧等节目形态的剪辑更是如此，当电视作品播出时，这一切无论是真实的还是虚构的，都已经成为过去。

事前叙述（将来时态）在影视剧中也屡有表现，通常表现为对未来的一种悬想，从梅里爱的《月球历险记》到库布里克执导的《2001年——遨游太空记》等，它们都是采用将来时态叙事方式完成的科幻题材作品。在电视节目制作中，除电视剧之外其他类型的节目相对较少使用事前叙述，这种事前叙述的节目类型属于一种预告型的电视叙述方式，如电视机构每天播发的大量预告片就属于将来时态的电视节目。另外，在电视散文等电视文艺作品的制作过程中，这种电视叙述类型也有其用武之地。

与事件同时叙述（进行时态）在电视节目叙述形态中也极为常见。这是电视节目制作中运用最早、也最具优势的一种时间表达方式。早期由于没有解决磁记录技术，绝大部分电视节目都是采用现场直播的方式完成节目制作与播出的。而今天的电视技术已经完全能满足电视采编播全流程的现场制作，特别是现场导播技术与艺术形态的出现，使得当代电视节目的现场直播在类型和数量上占有了很大的比重，如体育直播、晚会直播等。

在电视制作中，还有一种混合时态的节目类型，比如，直播的整点新闻，既有现在进行时态主持人播报的画面内容，又有过去时态先期录制的新闻画面，甚至还有将来时态的内容预告等，是一种由多种时态混合编辑完成的电视节目。一些大型的直播节目严格意义上说也都属于混合时态，比如《香港回归》《澳门回归》直播节目等。在直播过程中插入许多事先编好的背景性短片，这又是过去时态的。

第三节　电视空间形态表现

一、案例分析

要了解屏幕空间与现实空间的区别及屏幕空间的特点，我们先来看两个案例。

案例3.6

1920年，库里肖夫完成了一组后来被他命名为“创造的地理”的画面剪辑实验。他选择了五个分别代表不同环境的拍摄地，并完成了相关画面的拍摄与组接。以下是他组接的效果：

（1）一个青年男子从左向右走来（在莫斯科国营百货大楼拍摄）

（2）一个青年女子从右向左走来（在莫斯科果戈理纪念碑附近拍摄）

（3）他们相遇、握手。青年男子用手指点（在莫斯科大剧院拍摄）

（4）一幢有宽阔台阶的建筑物（美国的白宫）

（5）两个人走向台阶（莫斯科的救世主教堂）

在不同地点和时间拍摄的这些本来毫无联系的镜头组接起来后，由于人物之间、情节内容之间存在着某种关系，观众便认可了他们在行动上是不间断的：两个男女青年在路上碰见了，男青年请女青年到附近的一幢房子里去。这个实验在技术层面上只是把几个原来不相干的镜头剪接在一起，但组接后形成的效果竟然在内容整体上创造了一个虚幻的“新”时空。通过“创造的地理”的画面剪辑实验，我们感受到与现实空间相似，但又完全不是现实空间的一种空间状态。正是这种对现实空间的取舍，使影视在空间表现上具备了创造的可能性。

案例3.7

《天空出征2》片段

纪录片《天宫出征2》结尾段落生动展现了2011年9月29日21时16分03秒，我国在甘肃酒泉卫星发射中心完成“天宫1号”发射任务。在发射站场巨大的白色箭体直立高耸，剑指苍穹，主控站房内的工作人员却井然有序地忙碌着。发射时刻，箭体腾空而起，烟雾、热浪蒸腾，巨大的轰鸣声震耳欲聋，此情此景，蔚为壮观，飞行的火箭画面来自地面多个不同观测点，甚至是箭体上的摄像装置。发射任务圆满成功，首长和同事们的现场喜悦、家人的期盼，以及任务参与者的感怀在该段落中被多时空、多视角地呈现出来（见图3-3）。主题只有一个：“天宫1号，发射飞天！”

图3-3　电视纪录片《天宫出征2》“火箭升空”段落

二、相关知识

在电视节目的剪辑中，电视空间展示了有限的空间范围，打破了人眼正常的视域范围限制；与此同时，整个画面创作则根据编导的意图，把现实拍摄空间分割为不同视点和景别的局部，通过这种对局部空间画面的重新组合，与整体的现实空间联系起来，表现无限的现实空间：“缩万里于咫尺”“展毫厘成宏幅”。

马尔丹在《电影语言》中指出：“电影在处理空间时，有两种方式：一是限于再现空间，并通过移动摄影使我们去感受，或者是去构成空间，创造一个综合的整体空间，这种空间在观众眼里是统一的，但实际上却是许多空间段落的并列、连接，这些空间段落彼此之间完全可以毫无具体联系。”

（一）再现空间

再现空间是通过摄像机的记录特性和运动特性再现事物的直观行为空间——有形的形态造型、有形的环境背景、有形的主题运动，从而使观众产生真实的空间感。再现空间通过摄像机的多种运动形式不断变换视点并且改变画面的空间格局，以连续的、不中断的记录方式展现完整的统一空间，观众在连续时间的流动空间结构中得到画面空间的再现知觉。这尽管不是真实的现实，但却最大限度地消除了假定空间与现实空间的隔阂。正如巴拉兹在《电影美学》一书中谈到的："随着摄影机去搜索整个空间，并利用我们对时间的感受测出各个拍摄对象之间的距离，我们在这里感受到的是空间本身，而不是有纵深度的空间画面。"因此这种手法已经成为纪实类电视节目经常使用的创作方法。长镜头可以使特定的事件或动作在一段连续不断的时间进程中在完整的空间平面上延伸发展；而景深镜头则能够让观众看到现实空间和事物的实际联系。在这些以长镜头为主的纪录片或者新闻中，传统意义上的剪辑的最大作用就是用来减少多余的部分，而不再是决定性的因素。纪录片《深山船家》和《半个世纪的爱》的段落内容就是通过再现空间的方式真实记录深山船工以及两位相濡以沫的老夫妻真实的生存状态和情感世界，给人以情感上的真实与感动。

（二）构成空间

构成空间不是真实空间在屏幕上的直接反映，而是将一系列记录真实事件的空间片段经过选择、取舍、重新组合后构成新的空间形态。它利用画框将空间分割、压缩，又利用人的视觉错觉和心理机制使空间扩展、延伸，在一种独特的运动形态中提供空间表现的自由。库里肖夫的"创造的地理"的实验把在不同地点和不同时间拍摄的原本不相干的几个镜头组接起来后，不同的空间便组成了一个统一的空间，这就是构成空间。构成空间是电视叙事中最基础又最具活力的表现方式。构成空间的基本作用主要有五个：

1. 通过局部空间组合表现事物的全貌

单个镜头记录的是片段的空间，这个空间表现的内容受到景别、视角以及画框的限制。但是在一组镜头中，将不同景别、不同角度的相关镜头有序地组接在一起，便可以在屏幕上呈现出这个事物存在的相对完整的空间。例如:

镜头1：远景　一条车辆拥堵的大马路

镜头2：全景　停在路中间的汽车

镜头3：近景　倒在汽车车轮下的摩托车

镜头4：特写　一摊血迹

这几个镜头的组接首先在整体上呈现出马路上交通堵塞的状况，然后从接下来的三个不同景别、内容的镜头组接中显露出造成交通堵塞的原因及事故引发的后果。

在这样的镜头组接中，每个镜头都有其具体、明确的代表意义，它反映了同一空间的性质，是展现事物面貌的一部分。此外，在镜头组接中还可以增加一些其他细节，比如表现地域特征的建筑、环境等，以此说明交通事故的地点以及发生事故的其他可能原因。

2. 利用直接的空间跳跃，简化叙事过程

构成空间是对现实空间的选择和取舍，保留实质的内容，而省略删除烦琐多余的部分。在《西藏一年》第一集，次旦法师到德吉家作法的段落中（见图3-4），选择了马车奔跑、次旦法师在路上念经作法、德吉家、法师走进德吉家、开始准备器具几个镜头。这样的组接既可以简化过程，节省时间，突出重点，又能够强调具有表现力的细节。通过跳跃性的时空组接，不仅保证了观众连续的空间幻觉，也给观众留下了想象的空间。

《西藏一年》第一集片段

图3-4　电视纪录片《西藏一年》次旦法师在去德吉家作法的路上

3. 引导观众注意力，激发观众联想

由于每个镜头只能表现一定的内容，而且又是依据创作者的意图进行镜头的挑选并完成有序的画面组接，因此，可以通过构成空间引导观众的注意力。在《西藏一年》第一集，次旦法师在德吉家准备法具的过程中（见图3–5），选择了一系列镜头表现法具制作的细节，以此吸引观众对内容的关注，激发他们强烈的好奇心和联想，引导他们饶有兴趣地看下去。

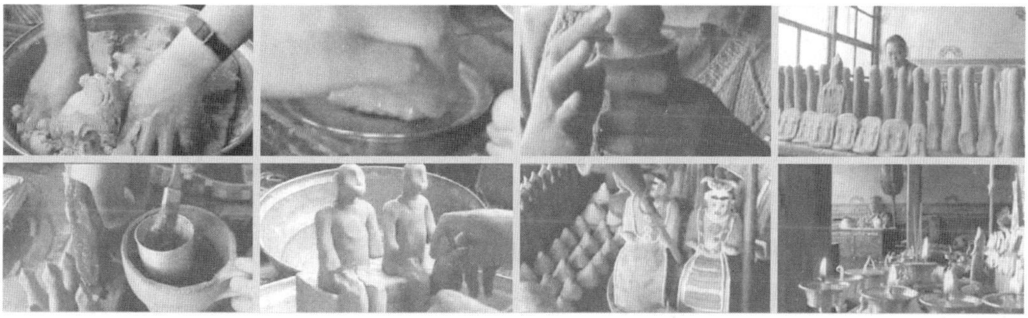

图3-5　《西藏一年》次旦法师在德吉家作法

4. 丰富叙述方法和结构形式

构成空间可以对现实空间进行裁剪、加工、组织、改造，使之成为独特的元素。这不仅使电视在空间的表现领域更加广阔，而且由于在裁剪取舍上的灵活、转换上的自由、组合上的多样化，电视在叙述方式和结构形式上更加丰富多彩了。比如在纪录片《我们赢了——留住北京申奥成功那一天》中有一个重要段落，记录了从国际奥委会第101次全会进行第二轮投票直到北京获得2008年奥运会主办权全过程的历史时刻，会议现场空间与场外中国各地各种人员焦急等待的镜头交叉组接，将事件的多个侧面展示给观众。在中央电视台《东方之子》栏目中，演播厅采访空间和被采访对象的工作、生活空间不断切换，镜头交叉叙述，时空结构富于变化，叙述更具真实感。

5. 利用空间对列，创造情绪性或戏剧性效果

利用空间的对列，把两个或两个以上不同空间同时或不同时发生的事件平行组接，使它们之间产生关系、有机组合、相互作用，从而产生强烈的情绪效果、戏剧效果和丰富的寓意，其含义远比单幅画面、单个镜头要丰富和深远。在纪录片《我们赢了——留住北京申奥成功那一天》中，人们等待的三组镜头和欢庆的镜头组都是利用空间的对列，镜头中表现的人物之间存在着共性——都关注申奥这件事，他们或焦急等待或纵情欢呼。镜头便在这样的空间对列中表现出紧张的情绪气氛和欢乐同庆的情绪氛围。

电视空间的重要性已为越来越多的人所认知，目前电视空间这一概念已不仅仅等同于屏幕空间，它还是现场空间、观众观看空间等多个空间的复合体。从这个意义上来看，由于其具有大众传媒的特性，电视空间要比电影空间更复杂多样。同时，由于电视具有远距离即时传播信息的特性，不像电影那样只能向同一场观众播映，它可以使分散于各自独立观看空间的观众聚集在同一现场空间，形成一个共同的审美感知空间。比如在观看《全运会开幕式》《世界杯足球赛》等直播节目时，各种空间就交叉在一起。当然，电视信号覆盖的空间以及观众的空间等各种形式最终都影响着电视内在的屏幕空间。

单元总结

高度自由的时空结构是影视艺术的表现基础，电视时空结构是无限与有限的结合，即利用有限的时间与空间去表现无限的时间长河和广阔的空间色彩；电视时空是主观与客观的交织，电视编辑通过自己的主观意愿选择客观时空来表现；影视时空是不连续的，却能够给观众带来连续的感觉；人们对电视时间的感知是不稳定的，同样的时间长度可能带给观众不同的时间感受；电视屏幕空间的最大特点是运动性；电视时空是相互

影响的。

影视时间存在着三种不同性质的形式：播映时间、叙述时间和观众的心理时间；节目叙述时间的表现形式既可以是实时的，也可以是压缩的、延伸的，甚至可以冻结、倒转、变速；而时间的叙述方式大致分为：事后叙述（过去时态）、事前叙述（将来时态）、与事件同时叙述（进行时态）、交错进行的叙述（混合时态）四种情况。

电影在处理空间时有两种方式：一是再现空间——通过移动摄影使我们去感受，二是构成空间——将一系列记录真实事件的空间片段，经过选择、取舍、重新组合后构成新的空间形态。构成空间的基本作用有：通过局部空间组合表现事物的全貌；利用直接的空间跳跃简化叙事过程；引导观众注意力，激发观众联想；丰富叙述方法和结构形式；利用空间对列，创造情绪性或戏剧性效果。

任务一　考核参照表

任务	观看电视片片段，分析影视时空的特征表现		
完成形式	小组	**小组成员**	
完成时间			
任务内容	1. 观看电视片片段，记录该片段描述的时间长度、空间跨度及片段时长 2. 把片段整理成段落脚本，分析其对时空的表现与现实时空的差别		
成果形式	分析说明一份、段落脚本一份		
完成步骤	1. 明确任务 2. 反复观看片段 3. 记录片段时长，分析其描述的实际时间和空间跨度 4. 完成段落脚本 5. 分析说明如何创造影视时空 6. 检查		
过程评价（40%）	1. 分析问题与解决问题的能力 2. 团结协作的意识 3. 任务完成过程中的态度	**评分**	
成果评价（60%）	1. 段落脚本要素齐全，描述清楚准确 2. 能够根据对片段的记录分析影视时空的思维特征，并说明如何创造影视时空	**评分**	
指导教师评语			

任务二　考核参照表

任务	分析时间的表现形式				
完成形式	个人独立完成	姓名			
完成时间					
任务内容	观摩影片《鸟人》“第一次飞翔”的片段，分析其时间的表现形式				
成果形式	分析说明一份				
完成步骤	1. 明确任务 2. 认真观看影片《鸟人》“第一次飞翔”的片段 3. 分析该片段有哪些时间表现形式				
过程评价（40%）	1.自主学习的能力 2.任务完成过程中的态度，是否按时上交成果			评 分	
成果评价（60%）	能够准确分析片段所应用的时间表现形式，进一步理解时间的三种表现形式			评 分	
指导教师评语					

任务三　考核参照表

任务	模仿“创造的地理”，尝试从现有的素材中挑选镜头，编辑成为一个简单的故事或事件				
完成形式	小组	小组成员			
完成时间	课堂练习	时间			
任务内容	选择并组合素材，编辑完成视频片段，重构空间				
成果形式	视频片段				
完成步骤	1. 明确任务 2. 把选定素材上载到非线性编辑系统 3. 认真分析给定素材 4. 剪辑，重构空间 5. 检查，合成下载				
过程评价（40%）	1. 任务完成过程中的态度，按时上交成果 2. 以小组为单位对作品进行充分的分析讨论，个人能提出独到的见解			评分	
成果评价（60%）	1. 镜头选择合理，空间构成合理 2. 画面连接流畅，能够表达一定的意义			评分	
指导教师评语					

模块二　电视节目编辑构思

从我们对电视编辑流程的了解，我们知道，电视节目编辑的第一个阶段是进行编辑构思。编辑构思是对整个节目的总体考虑，包括内容（主题、材料、作者观点等）和形式（结构、风格、节奏等）两个主要方面，通过对题材性质和素材情况的分析，对节目整体框架、叙述方式、叙事节奏等进行构思。在构思时，要确定作品的主题，考虑选择什么内容来表现主题，并根据内容的性质考虑具体的结构形式，形成作品的雏形。这个雏形是后期编辑的依据。因此，第二个模块的内容，就是围绕编辑构思所需掌握的知识来展开，分为二个学习单元。

学习单元四
电视作品的结构

电视作品的结构有两个层次：一是整体布局，即电视节目系统构成对整体形式的把握，使作品层次分明、结构完整；二是内部构造，即对影视片系统内各局部、各要素的构成和转换的把握，使作品上下贯通、过渡自然。这个单元主要讨论的是第一个层次。

叙事就是对事件进行排列，以说明一个事实，表达一个观点；而结构则是对素材进行排列组合的方式。不同的结构会产生不同的叙事效果，确立结构也就是确立展开和完成叙事的方式。影视作品的结构是多种多样的，正如文章、小说、戏剧等都有结构的问题。因此，在编辑制作电视节目时，我们首先要考虑以一种什么样的结构方式来表现人物和叙述内容，这就涉及电视作品主题的体现、材料的选取以及结构的整体安排。

学习目标

（一）知识目标

1. 知道什么是电视作品的主题；
2. 知道电视作品结构的基本要求；
3. 熟悉电视作品结构的基本形式。

（二）能力目标

1. 能够确定作品的主题，并围绕主题选择材料；
2. 能够初步学会安排电视作品的基本结构。

任务描述

任务一：请观摩纪录片《贝聿铭与一座古城》，分析该片的主题与结构方式。通过举例详细表述该片在内容选择与结构呈现方面存在的关系。分析该片片头、片尾分别采用何种表达方式，并详细整理出分镜头脚本。

《贝聿铭与一座古城》是一部五十多分钟的人物纪录片，以主人公主持设计、建造苏州博物馆新馆的艰辛历程为线索，采用人物自述、他述交叉呈现的方式生动展现了贝聿铭先生对祖国、对故乡、对中华文化的拳拳赤子之心。

任务二：解读给定的影视作品，梳理其内容，选择合理的结构方式将该片压缩到5—10分钟，并与原作进行对比。

教师可提供几部影视作品的影像资料，让同学们自行选择一部作品进行练习。要求先认真观看作品数遍，然后分析作品的结构，最后根据自己对作品的理解重构作品，进行缩编，以提高同学们结构电视作品的能力。

第一节　电视作品的主题与材料的选择

一、案例分析

案例4.1

央视纪录片《第三极》，2013年年初立项，9月投拍。四个摄制组行程万里，足迹遍及川、滇、藏、青等50多个高原秘境。导演曾海若试图寻求新的创作路径，他不想重复过去西藏题材陈旧的文化符号：珠穆朗玛峰的高耸，布达拉宫的雄浑、壮美……在这部片子里，他希望呈现普通人的生活，以及人与自然的关系。高原之上，雪山、草地、湖泊构成了画面内容的“标配”，而更为重要的是人们日常生活中“流淌”着的文化特质、精神力量和美感。生命，才是导演真正观照的创作方向。《第三极》向观众阐述的主题就是生命，以及生命的交流与相互依存。在选材方面，全片选择了近40个人物故事，从小处着眼来凸显“中国故事，国际表达”的创作理念。按照曾海若自己的话说：“在拍摄过程中，我们目睹的故事让我们感动，仿佛回到了我们小时候人与人那种单纯美好的关系一样。在拍摄中，我们不仅展现了西藏神秘的一面，更多地想讲述人类心灵共性相同的美好品质，找到人类善良乐观、追求理想的共性！”

《第三极》第一集《生命之伴》片段

我们选取该片第一集《生命之伴》中“达娃与她的鹤”片段，谈一谈故事化剪辑对材料处理的基本要求。故事的开头始于一段航拍方式完成的环境镜头，字幕交代了叙事元素中有关时间、地点等关键内容信息：西藏周林，海拔3,660m。简单、明了的画面表达，直观、朴素地把观众带入一个将要讲述的故事情境中。接下来，应该是故事的核心人物——达娃出场，但剪辑师并没有这样做，一道鸟类头部的光影映射在主人公院落的土墙上，接着是黑颈鹤的头部动作以及反应镜头，最后才涉及主人公达娃及其与鹤的关系镜头。为什么要这样处理呢？在非虚构的前提下，剪辑者可以通过主动控制画面信息的方式来充分调动观众的认知心理。上述悬念的剪辑处理虽然延迟了主人公达娃的出场时间，但客观上却优化了故事结构的方式，延长了观众的认知心理时间。再与解说“去年边交林乡的达娃，在放牛的时候，捡到了这只受伤的黑颈鹤”结合，建构了达娃与鹤之间完整的叙事线，使材料间的信息链条更加流畅、通顺。

接下来，围绕着达娃照顾好黑颈鹤所做的一切展开材料的组织。材料处理图谱是这样安排的：

黑颈鹤	达娃	阻力	动机
孤单	找伴	找不到	坚持
受伤	治病	治不好	坚持
安假腿	没法想象	办不到	坚持
生命安全	痛哭、不舍	保不了	放弃

达娃为了能够照顾好受伤的黑颈鹤，竭尽所能地付出了一切。黑颈鹤所面临的生存困境是农妇达娃无法解除的，在该片段的材料处理上，剪辑师不断地增加主人公为达成愿望所承受的现实阻力。这种故事化的材料结构方式，可以让主人公行动的一次次失败（消极情绪）不断积累起观众的同情心和认同感（正面情绪），主人公达娃的人物形象、精神内涵由此得到升华。

当然，农妇达娃的性格朴实而执着，她会在一次次照顾黑颈鹤的行动中陷入被动，这种循环的失败结局不是故事所需要的。故事动机需要主人公达娃在照顾黑颈鹤问题上由以往的坚持最终转变为放弃，而决定整个内容走向转机的关键便是她的鹤在生命安全上受到来自野狗的威胁，她无能为力。这样的处理，既符合现实的真实情况，又贴合故事的需要。更为重要的是，本片的主题就是关于生命价值的探寻，达娃的放弃缘于这方面的因素，既能凸显人物形象，又能扣合主题。

该片段的结局，是一个既在情理之中，又在意料之外的开放式结尾。首先，解说内容前置：不久，达娃又遇见了一位新朋友。画面是主人公进入牛圈的动作内容，以此造成悬念效应，调动观众的认知心理。接下来的画面，达娃在自家土坯房的角落里，正在试图接近一只受伤的黑颈鹤雏鸟。这些设计的象征意义远大于内容本身，引发观影者长时间的深度思考。

案例4.2

2002年，15位来自不同国家的著名导演共同以“时间”为题，以十分钟的长度展现主题，组成了一套名为《十分钟年华老去》（*Ten Minutes Older*）的短片集锦。并且作为2002年戛纳电影节的开幕影片播出，得到了不少媒体的赞誉。时间，也许是电影的一个永恒命题，就像无论光影如何书写，总也避不开每秒24格胶片的真理。影片中的短片虽然受到“十分钟”时间的限制，却在故事的结构上进行了最大限度的尝试。整部电影虽然是一部短片集锦，但是主题却围绕着“人，生命，时间和记忆”去展开。观看这类电影，就好像欣赏一种汇集了不同风格的大杂烩，看导演们在这个命题作文下能各自演绎出什么个性的东西来。

短片导演中，资格最老的法国导演让-吕克·戈尔达（Jean-Luc Godard）的短片《在时间的黑暗之中》向我们讲述了不同人面对生命的最后时刻所绽放出的光辉，这种光辉虽柔和却让人震撼，闪烁却使人同情。

青春的最后几分钟，勇气的最后几分钟，思想的最后几分钟，记忆的最后几分钟，爱情的最后几分钟，沉默的最后几分钟，故事的最后几分钟，恐惧的最后几分钟，永恒的最后几分钟，短片最后的几分钟。最后的最后几分钟，多个声音在说："他说，黑夜；她说，黑夜；他们说，黑夜。"在时间的黑暗之中，似乎在回忆和生命无法碰触的地方，人们却用各自的方式来证明自己的意义，无论是面对分别还是死亡，无论是面对爱情还是战争，有所追求的人们总会做出他们自己的选择，无论何时何地，哪怕是在时间的最后几分钟，哪怕是在一切的尽头。

中国导演陈凯歌的短片《百花深处》讲述的是因为胡同拆迁而变成疯子的冯先生搬家的故事。这是一部以寓言展现的富含感情的好片。冯先生（确切地说是个疯子）是个老北京，在胡同里住了大半辈子，看过花开花落。房子早已拆了，但他的心还留在过去，埋藏在那棵家族的大树下。搬家工人装模作样地搬着只存在于老先生视野里的家具，再加上那一口北平土话/京片子，突然又有了那种传统相声的喜感。而藏在传统段子里的那种深沉哀痛却也一点一滴地表露无遗：那种昨日琼楼玉宇、明日黄花的辛酸。短片中有一句极具讽刺的台词，当疯了的冯先生认不出隔一条马路的繁华街道时，那个搬家公司的司机说："这年头，只有老北京才迷路呢！"一句嘲讽，却打开了我们对于生活尘封已久的记忆。

西班牙导演维克多·埃里斯（Victor Erice）拍摄的《生命线》记录了西班牙小镇中一个宁静辽远的午后：老挂钟悠悠地摆动，墙壁斑驳陆离，圣母像供奉在堂，婴儿在酣睡，少年在画自己的手表，大人们在劳动，猫在自己的家园，蛇和鸟各自相安、一派安然。然而新生儿的脐带破裂，深黑色的血带来一阵匆忙，暂时中止了安然。稍后，一首《安睡曲》平息了一切，人们各自回到自己的事情中。节目最后，定格打在特写"1940年6月28日"上。通过分析这一作品，我们可以感受到编导是如何运用素材并通过素材的组织来表达渴望和平的主题的。

二、相关知识

主题的确立和提炼是由感性认识上升到理性认识的飞跃，创作者要善于从大量的客观现实和历史资料中选择组成作品的材料，通过具体事件或生活现象揭示主题思想。

主题是电视作品的灵魂和统帅，不论什么类型的电视节目，总是要说明某个问题，达到一定的目的。一般认为，主题是创作者对客观事实材料的认识、判断或评价，表现在节目中就是内容表达出来的基本意思和中心思想。电视节目的创作总是围绕着对主题的呈现而展开的，确立了主题，也就有了电视作品的支撑点。它通常有两种方法：一种是"意在笔先"，即在创作之初先设定主题，然后根据这个主题来选材和结构。我们国家的许多专题节目、政论片、电视公益广告等多采用这种方法；另一种是主题在创作中不断丰满、逐渐成形，到剪辑台才最终形成，这种创作方式大多在构思阶段有一个开放的，甚至虚化的思路和主旨，然后在创作过程中逐渐实在化和具体化，创作者有更大的自由度和思维空间，纪录片的创作经常按照这一方法操作。那么，我们如何体现作品的主题呢？

1. 围绕主题选择素材

选择材料的标准是材料能够有力地说明、烘托和突出主题，也就是要选择能够揭示事物本质特征、具有广泛代表性和较大说服力、能够支撑主题的材料。许多初学者在选材时常犯的毛病就是不忍割爱。通过采访，材料占了一大堆，什么都觉得好，什么都舍不得丢，都用到片子中，结果就成了大杂烩。或者衡量材料的优劣不是根据主题的需要，而是孤立地看它是否有意思或只根据自己的偏爱，这样就很有可能把不是很有用的材料留下而把有用的材料漏掉了。“大理石上刻出人脸来，无非是把这块石头上不是脸的地方都剔除掉了。”有所失才能有所得，如果留恋于某些生动的材料而不忍割爱，结果往往是材料淹没了主题，反而适得其反。

纪录片《第三极》第一集《生命之伴》讲述了藏地的人们与动物之间和谐共生之道。该片围绕这一主题选择了六个完整的事件分别加以阐释：家住林周的农妇达娃悉心救助伤残黑颈鹤；工布江达村民为了藏猕猴更好的生存，主动让出世居的村庄与土地；藏北高原上的牧民常为野狼袭扰他们的羊群而忧虑，但他们依然善待暴风雪中失散的狼崽；乔治·夏勒博士的藏地雪豹研究，以及他眼中的民众对毛毛虫的自发保护行动；阿尼玛玛和他的藏獒；次旺与放生羊……六个故事彼此间构成相互独立、各自发展的情节走向，但呈现的主题是共同的——人与动物之间相互依存、彼此共生的生命法则。

在短片集锦《十分钟年华老去》中，不同的导演选择了不同的材料来阐释他们对时间的理解。《在时间的黑暗之中》向我们讲述的是不同人面对生命的最后时刻所绽放出的光彩，以此说明在时间的黑暗之中，人们用各自的方式来证明自己的意义；《生命线》的作者以婴儿脐带流血来表现时间的流逝，而时间的流逝只是作品表达观念的载体，传达的是一个渴望和平的主题。

2. 素材选择时要注意突出细节运用

在一部作品中，细节是十分重要的，细节像血肉，是构成艺术整体的基本要素。真实生动的细节是丰富情节、塑造人物性格、增强艺术感染力的重要手段，也是作者用来表情达意的重要方法。

在陈凯歌的《百花深处》中，搬家公司开车前往百花深处——一个冯先生记忆中的家。路上，冯先生的眼神逐渐变得茫然，左看右看全都是他不熟悉的现代化建筑，于是他将头探出车窗，向天空看去，依然还是那片蔚蓝的天，但是四周的景物完全改变，原本应是物是人非，但在冯先生这里却变成了人是物非。随后车内搬家工人的对话更是从侧面表达了这层意思："这年头，只有老北京才迷路呢！"现代化带给人们的不仅是进步，还有某种尴尬和无奈的意味，而这些是通过细节表达出来的。

在西班牙导演埃里斯拍摄的《生命线》中，儿童画手表、老年妇人和面时水杯放在报纸上、编绳青年后面放着拐杖等细节画面让我们发现，在庄园中活动的只有婴儿、儿童、老人、妇女，唯一一个青年却是残疾的。青年在哪里？作者通过细节表现出来了，他们在报纸上、在相框里，他们成了纳粹军人。一个完整的社会缺少青年，导演的意图不言自明。

3. 抓住第一感觉选择素材

不能打动你自己的材料，也不可能打动观众。同样，最能打动你的材料，也往往能够打动观众。许多成熟的作者都很重视第一次打动自己的材料，这种材料经常成为作品的主题或主要内容。第一感觉很重要，但它经常又是一闪而过的，不及时抓住它，就可能忘记或被其他大量的素材淹没。因此，我们在进行素材整理时，一定要把那些让你第一感觉很好、能够打动你的素材标记下来，并在后期编辑中恰当运用。

第二节　电视作品结构的基本要求

一、案例分析

案例4.3

《西藏的诱惑》要表现的主题是：人人心中有真神，不是真神不显圣，只怕是半心半意的人。根据作品思想内容表达的需要，该片安排了六个段落：开头—摄影家—画家—女作家—日本画家—结尾。出于这一主题表现的需要，创作者在开头和结尾中设计了跋涉在朝圣之途的四位宗教信徒的朝圣情状；在发展阶段安排了四位艺术家跋涉在艺术的朝圣道路上。正是这种独特的结构形态艺术地揭示了作品的主题，更是这一主题的本身奠定了这一结构的基础。

二、相关知识

赫伯特 · H. 霍华德（Herbert H. Howard）认为："节目良好效果的取得是由于节目各构成部分的合乎逻辑的安排和由于包含了适度的感染力因素。"[①]他认为，一个好的作品在结构方面必须符合五项要求：

① 霍华德，基夫曼，穆尔. 广播电视节目编排与制作［M］. 戴增义，译. 北京：新华出版社，2000：180.

有一个有吸引力的开头和一个有吸引力的结尾；

有一个良好的开头部分；

节目完整统一；

有效地处理进度，内容多姿多彩，每个单元都有变化；

有效地处理情节发展和高潮。

这是一个值得认真对待和参考的观点。①

文学和戏剧作品在讲结构时历来都爱用一个比喻："凤头、猪肚、豹尾"。意思是说，开头，要像凤头那样美丽、精彩；主体，要像猪肚子那样有充实、丰富的内容；结尾，要像豹尾一样有力。电视节目制作实际上也应该遵循这个创作原则。

电视节目的开篇各式各样，文无定法，作为大众文化的载体，首先就是要尽可能地吸引观众。因为电视节目的选择权在观众手上，遥控器轻轻一按，频道随意转换，所以，电视节目务必要一上来就尽可能地吸引人，抓住观众的兴趣点。"凤头"就是说开篇要注意表现手法，寻找恰当的切入点，比如一上来就设置一些悬念，尽可能吊起观众的胃口。纪录片《第三极》第一集《生命之伴》"救助黑颈鹤"的段落中，第二个镜头是一个映在土墙墙面上的鸟的头部阴影，这样的悬念设置可以主动引发观众的观看兴趣："它是一只什么鸟？""它在干什么？""它为什么会在这里？"这些疑问没有解开之前，可以充分吸引、调动观众的情绪，控制好作品呈现的节奏。

也有的电视节目开篇就点出节目主题，一上来就告诉观众这个节目要说什么，要讨论什么问题，自然也可以吸引那些对这些问题感兴趣的观众。

通常，我们评判一个节目的好坏，往往更多地从对中间的节目主体的感受来出发，节目内容是否充实、丰富、饶有兴趣无疑是决定节目胜败的关键因素，比如中央电视台《纪实十分》栏目播出的纪录片《巡逻奇遇》之所以吸引观众，就是因为在十分钟片子里，观众看到了丰富而又有趣味的内容，从武警战士巡逻时发现一摊血迹，到巡逻队抓到因为盗猎而误伤同伴阿二的村民周幺，在寻找和救治被误伤的阿二的过程中，大家先后遇到野象、蟒蛇和挡路的熊瞎子……情节内容跌宕起伏，充满趣味性，观众从中还能学到不少知识。

中国人对结尾是否能给人留下美好的印象似乎格外在意，有许多词汇是形容好的结尾的："余音缭绕""绕梁三日""言有尽而意无穷"……中国的折子戏也总是将最为精彩的好戏放在最后，称为压轴戏。所以，一个节目是否能给观众留下深刻的印象，是否能引起观众的思索，就看它的结尾是否精彩。

一般来说，结尾要根据主题的需要和内容发展的趋势来决定。草草收场，显得仓促唐突；而该收不收，附加许多其他内容，则显得多余累赘。比如《巡逻奇遇》的结尾就很简

① 张晓锋. 当代电视编辑教程［M］. 上海：复旦大学出版社，2007：284.

洁有力：经过抢救，受伤的阿二脱离了危险，恢复了健康；伤好后，阿二与周幺被拘留，将依法受到处罚。片子既说明了阿二的生命被挽救过来，让观众终于松了一口气，又交代他们因为盗猎必须受到处罚的事实。

第三节　电视作品的结构形式

一、案例分析

案例4.4

1990年中央电视台与日本东京广播公司（TBS）合作拍摄了一部以长城为对象的纪录片，中方命名为《望长城》，日方命名为《万里长城》。经过后期加工完成的两部纪录片在时空整体结构上差异很大。《望长城》是以时间顺序来结构的，主持人采访活动是贯穿全片的中心线索，带领观众边走边看长城。而日本的《万里长城》则以空间顺序来结构全片，在空间顺序中加入时间顺序的叙述。《万里长城》共分三集：第一集是《长城十万公里，漫漫遥途的开始》，主要介绍北京以北的八达岭长城；第二集是《见到过长城的日本人》，以叙述长城东段为主；第三集是《消失在沙漠中的长城》，以叙述长城西段为主。另外在每集片子中还加入了演播厅空间，在演播间用年表、长城断面图、地图、实物模型演示说明长城的历史、规模等，并简短地介绍了英国、德国、土耳其的"长城"。同样的素材，不同的编辑选择了不同的结构形式，获得了不同的效果。

二、相关知识

电视的整体时空结构，可以有以下多种类型。

1. 线性时空结构

线性时空结构是以情节发生、发展的时间顺序为依据来组接空间的，它符合生活自身的逻辑和因果关系，是影视结构的最基本形式。其主要特征是：

（1）有明显的事件线索贯穿始终，有头有尾，段落层次分明，强调事件发展要有明显的因果关系。

（2）整体结构布局严谨规整，注意头尾照应和高潮的处理，段落之间的转换过渡要求自然，时空一般较为封闭。比较适合于事件性较强的题材。

（3）线索比较单一，枝蔓不宜过多，内容安排上以时间为序，环环相扣、层层递进。

线性时空结构既可以采用顺叙，也可以采用倒叙。

线性时空结构可以以时间的发展为线索，随着事态发展中时间的进程，将事实内容逐渐展示给观众，也可以以认识事物的逻辑顺序作为线索来展开叙事内容，还可以以空间位置、视点、视距的改变来安排叙事，如电视纪录片《话说长江》《美丽中国》。

电视纪录片大多采用这种结构。这样的结构具有与事件发展同步的特征，也容易在结构过程中加以把握，但它很难对客观世界的复杂形态做多侧面、全方位的反映，其包容性较差，时序性的自然形态容易形成流水账式的结构弱点。

2. 串联式时空结构（板块式结构）

影片中有两个或两个以上故事的叙事时空，各个叙事时空相互完整和独立，它们在叙事过程中没有互相穿插地呈现，一个叙事时空呈现完后再接着另一个叙事时空的结构，这种形式的结构就称为板块式结构。

电影《爱情麻辣烫》由五个小故事外加一条名为“结婚”的线索组成。这些小故事全都是封闭的，每个故事里的人物都在各自固定的时空环境和关系中独立生存，彼此没有时间、人物、事件上的关联，其共同的主题是现代都市人的爱情生活。

纪录片《第三极》第一集《生命之伴》由五个独立发展的故事构成，故事间的内容互不关联，分别讲述了藏地居民在适应生存环境中所形成的人与其他生命个体的和谐共生之道，每个故事发生的时空、人物不同，事件发展的方向各异，主题意义却高度契合。

多数电视系列片采用这样的结构。用板块式结构叙事时，要保持各个板块内容的相对完整和线索上的单一清晰，时空跳跃不宜太大，要注意各个板块之间的转换，既要给观众一个提示，又不能让观众感到一种意义上的中断，在维持各板块间的相互独立的同时，又必须让各板块处于某个意义或主题的统领之下，使它们在意义的整合结构上形成一个整体。

串联式时空结构的一种特别形式是重复式时空结构：叙事时空只有一个，但却多次重复呈现。如《罗拉快跑》中三段重复的叙事时空被分成三个相对独立的板块，描述罗拉三次奔跑的过程及结果。

3. 并联式时空结构

并联式结构又叫“套层结构”，是指影视节目中一般有两个或三个故事的叙事时空，而这些故事都具有很强的关联性，有时各个叙事时空中的场景交织出现。

比如我国台湾电影《好男好女》采用的就是并联式结构。这部影片共有三个不同时空：主人公梁静的私人生活（现实时空）；她主演的电影的戏剧生活（虚拟时空）；她同死去的男友阿威曾经的生活（过去时空）。电影通过画外音实现交叉衔接，使三个时空得到巧妙缝合，时空转换游刃有余。

这样的结构在表现同一事物所造成的影响或者得到的不同的反应时常常被采用。比如跨越2000年的那一刻，世界各地不同的庆祝方式；艺考生在专业考试前后的种种行为、心态……可将这些同时发生在不同空间的情况加以组接。这种结构更强调事件之间的内在联系，拓展观众认识事物的深度和广度。

4. 交错式时空结构

交错式结构也称为“网状结构”，它的核心是不同时空中片段的有机交错，把两条以上有着内在联系的线索按照因果、对比等一定的逻辑关系组合安排，以此来推动事件的发展和主题的表达。交错式时空结构不同于线性叙述那样按时空顺序来交代事件，而是使用逻辑叙述，根据逻辑的需要对时空的顺序加以调整。这种结构可以细分为：

（1）多时态交错结构。依据内容、主题、风格或编导意念的需要，将过去、现在、未来三种时态错杂交叉，形成一种独特的结构形态。这种结构在电影中始于默片，格里菲斯在1914年拍摄的《党同伐异》就创造性地把不同地点、不同时代发生的四个历史事件并列、穿插、交织在一起，以表达他的艺术构思和主题。

（2）多空间交错结构。精巧地设计、安排不同空间的并列，穿插、转换、渗透的结构形式造成强烈的艺术效果，这种结构在电视中最为常见。比如，获奖纪录片《蒋兆和的流民图和丹尼亚的日记》通过一幅画家画的画和一本儿童写的日记，让我们回忆起二战期间在中国和苏联这两个不同的国家发生的两件看似互不关联的事：在当时中国的陪都重庆，日寇的狂轰滥炸造成无数平民百姓流离失所，遍地哀鸿，血气方刚的年轻画家毅然投笔从戎；而在苏联的斯大林格勒（现俄罗斯伏尔加格勒），被德国鬼子团团包围的军民正在进行绝地反击，一位叫丹尼亚的孩子用日记记录了这场战争的惨烈，从而引发人们对那场战争进行深刻的思考。

（3）多视点的结构。现代影视往往采用多视点、多角度的结构。各种不同的人物从各个侧面（立场）观察同一个人物或同一个事件。美国影片《公民凯恩》和日本影片《罗生门》之所以屡屡被列入“世界十佳影片”，就因为它们采用了独特的多视角结构反映现代的复杂形象和复杂事件。

单元总结

一般认为，主题是创造者对客观事实材料的认识、判断或评价，表现在节目中就是内容表达出来的基本意思和中心思想。为体现作品的主题，要围绕主题选择素材，要注意突出细节运用，抓住第一感觉选择素材。

电视作品的基本要求是做到完整统一、真实自然、新颖独特、严谨缜密。

电视作品的整体结构形式很多，主要有线性时空结构、串联式时空结构、并联式时空结构和交错式时空结构。任何一部电视片都没用固定划一的结构模式，因而应当依据节目内容、创作构思来灵活运用。

任务一　考核参照表

任务	分析电视纪录片《雕塑家刘焕章》的主题、结构形式以及开头结尾方式		
完成形式	小组	**小组成员**	
完成时间			
任务内容	1. 分析电视作品的主题以及其结构形式 2. 将开头和结尾部分拉片，解析成镜头序列，完成分镜头脚本的写作		
成果形式	文字形式，作品分析和分镜头脚本		
完成步骤	1. 明确任务 2. 观看《雕塑家刘焕章》 3. 解析电视作品的主题 4. 分析作品的结构形式 5. 反复观看开头和结尾片段，并将其解析成镜头序列，完成分镜头脚本 6. 检查		
过程评价（40%）	1. 任务完成过程中的态度，按时上交成果 2. 以小组为单位对作品进行充分的分析讨论，个人能提出独到的见解	**评分**	
成果评价（60%）	1. 作品分析中能正确理解作品主题，并能就作品的结构形式解析各部分内容 2. 按格式完成分镜头脚本，描述准确	**评分**	
指导教师评语			

任务二　考核参照表

任务	影视作品缩编		
完成形式	小组	**小组成员**	
完成时间			
任务内容	1. 解读给定的影视作品，梳理其内容，分析该作品的结构 2. 把选定作品重新结构，缩编为一部5分钟—10分钟的作品		
成果形式	缩编完成的作品一部		
完成步骤	1. 明确任务 2. 认真观看并分析给定的影视作品 3. 分析该作品的结构 4. 重构作品并进行缩编 5. 检查，下载		
过程评价（40%）	1. 团队协作意识 2. 语言表达与沟通能力 3. 按时上交成果 4. 以小组为单位对作品进行充分的分析讨论，个人能提出独到见解	**评分**	
成果评价（60%）	作品主题明确，情节流畅，结构合理	**评分**	
指导教师评语			

学习单元五
段落和场面的安排

段落在影视作品中相当于文章的章节，是影视作品中一个相对完整的叙事层次。段落由不同时空的若干场面组成，有时一个场面就是一个段落。如果说结构是骨架，那么段落就是血肉，各个段落的组合填满了骨架。段落有大有小，有的是为了叙事，有的是为了表达情绪。一般我们认为，影视节目中的段落有两种类型：一种是蒙太奇段落，另一种是长镜头段落。蒙太奇段落是利用镜头的组接来完成段落的结构；长镜头段落则是利用摄影机运动、景深镜头和镜头内部的场面调度在单个镜头中完成段落的结构。从段落剪辑形式上看，蒙太奇段落基本上都可以纳入叙事和表现这两个大框架中，即叙事的剪辑（或称叙事蒙太奇）与表现的剪辑（或称表现蒙太奇）。当然，在具体的创作中，叙事和表现并不是泾渭分明、相互分离的；相反，它们常常是交织在一起的，叙事中有表现，表现是为了更好地叙事。这个单元我们将要讨论的，就是通过何种方式完成一个段落和场面的叙事和表意。

学习目标

（一）知识目标

1. 知道蒙太奇段落的叙事方式，熟悉蒙太奇的基本句型；
2. 知道什么是表现蒙太奇，熟悉对比、积累、重复、隐喻等蒙太奇概念；
3. 知道什么是长镜头、什么是镜头内部的蒙太奇。

（二）能力目标

1. 能够恰当地运用蒙太奇基本句型编辑叙事段落；
2. 能够灵活运用表现蒙太奇手法进行画面编辑。

任务描述

任务一：日常生活中我们常常遇到许多小事情，请同学们选择一个场景中发生的小故事用画面进行描述，要求场景设计不少于15个镜头，整理成分镜头脚本。

这个任务要求同学们在进行镜头设计时注意叙事蒙太奇的运用，恰当地运用蒙太奇句型；如果学习条件允许，可以尝试把这个场景按照分镜头脚本拍摄下来，剪辑完成视频片段，让同学们彼此交流学习。

任务二：大学生活中有很多美好的片段，这些曾经的片段或许令我们欣喜，或许令我们心酸。请同学们从这些片段中选出一个场景，自行确定场景的主题，要求设计不少于15个镜头，整理成分镜头脚本。

这个任务要求同学们在进行镜头设计时注意表现蒙太奇的运用，以加深对不同表现形式的理解。如果学习条件允许，可以尝试把这个场景按照分镜头脚本拍摄下来，剪辑完成视频片段，让同学们彼此交流学习。

任务三：观摩影片《大事件》，将开头段落的长镜头截取下来，进行分切和重新编辑，并与长镜头所拍摄的效果进行比较。

香港电影《大事件》是一部经典的警匪片：电视摄制队无意中拍摄到警队于街头被陈一元率领的悍匪重创，令全港市民哗然，警方威信顿时荡然无存。为了重振士气，全港3万名警察发誓要捉拿重犯归案。重案组督察张志恒追踪陈一元至一幢大厦，正欲行动之际，副指挥官瑞贝卡却打算将整个行动进行现场直播，试图利用传媒一洗警队颓风。市民全都屏息静气，观看这场电视史上前所未有的“大事件”……这部电影开头是一段长达8分钟的枪战爆炸戏，最后一段则是长达10分钟的大场面。这些长镜头的运用增强了《大事件》的真实感和现场感。

第一节　叙事蒙太奇

一、案例分析

案例5.1

电影《杀死比尔》的片段如图5-1所示。

《杀死比尔》片段

看到打开门的薇妮，女主角“复仇的新娘”眼前立即闪现出当年薇妮和其他杀手一起伤害自己的情形。

图5-1　电影《杀死比尔》

案例5.2

《感谢不平凡的自己》片段

央视公益广告《感谢不平凡的自己》（如图5-2所示）是一部有温度的作品。一百多人的创作团队，两个多月的万里行程，600多名群众演员的真情付出……成就了一部属于亿万华人的新春礼赞。片子对准的是一个个我们可以触及的平凡个体，及属于他们的人生百味……按照导演的话说，每个人，都用平凡的点滴努力谱写自己波澜壮阔生活的不平凡旋律。

在中国“北极”漠河，零零后孙阳在零下39度的极寒之地守护着祖国的边疆，激昂热血与晶莹冰花的撞击擦碰出美妙动感的青春之歌。

练功房的张天娇，一位来自哈尔滨的失聪舞者，勤奋而执着。一个动作的完美呈现需要这个女孩一遍遍超出常人的付出。但艰辛的背后是妈妈的爱，是任何语言都无法替代的……

来自上海的应届大学生刘丁穿梭于各类人才市场，分发出一份份个人简历，在熙熙攘攘的都市人流中执着而坚毅地向前迈进。

王大同，广州一家咨询公司的年轻主管。在老父亲身患绝症、内心绝望的关头，他始终不离不弃，用亲情、孝敬之心真诚地慰藉着垂暮的父亲。

徐涛夫妇，北川震后重建的家庭。身后是痛失亲人、妻离子散的惨痛往事，他们擦干眼泪，抚平伤痛，勇敢地拥抱生活、创造未来。

图5-2　央视公益广告《感谢不平凡的自己》

这两个案例运用了两种不同的叙述方式。案例5.1打破了事件发展的正常时间顺序，是一种结构上的插叙；而案例5.2在段落叙事中把不同个体、不同地域、不同生活内容的人和事，以及多条线索并列组合在一起，形成了一个完整的、统一的主题。

二、相关知识

关于叙事蒙太奇，马尔丹在《电影语言》一书中有比较详细的论述："所谓叙事蒙太奇，那是蒙太奇最简单、最直接的表现，意味着将许多镜头按逻辑或时间的顺序分段聚集在一起，这些镜头中的每一个镜头自身都含有一种事态性的内容，其作用是从戏剧角度（即戏剧元素在一种因果关系下展示）和心理角度（观众对剧情的理解）去推动剧情发展。"可见，叙事蒙太奇是以交代情节、展示事件为主要目的的一种蒙太奇形式，它按照情节发展的时间流程、逻辑顺序和因果关系来分切、组合镜头、场面以及段落，来表现连贯的动作和剧情。他还说，"叙事蒙太奇的作用便在于叙述一段剧情，展示一系列事件"[1]。当然这里要说明的是，叙事蒙太奇并不只是针对段落的叙事，也有可能是整部片子的叙事方式，我们在这里一并进行讨论。

（一）叙事蒙太奇的表现方式

1. 连续蒙太奇

连续蒙太奇按一条单一的情节线索、事件发展的逻辑顺序和时间的先后顺序，有节奏地组接镜头，进行连续的叙述，从头至尾，由因而果，依次连贯，是一种结构上的顺叙。

顺叙的剪辑在节目中非常普遍，它的优点是脉络清楚、层次分明，符合观众的认知习惯和理解方式，是一种基本的叙述方法，比如在电影《阳光灿烂的日子》中，"教室风波"这个段落完全按照事件发生的先后顺序，连续地表现了胡老师上课时发生的两个事件。然而，连续蒙太奇缺乏时间和场面的变化，无法处理多线索同时发展的情节，不利于省略多余的过程，容易造成平铺直叙的感觉，缺乏艺术表现力，因而在实际运用中常常和其他方法交替使用。

2. 颠倒蒙太奇

颠倒蒙太奇打破事件发展和动作开展的时间顺序和因果关系，颠倒混用时态，是一种结构上的倒叙或插叙。大量影视作品均采用这种思维方式结构全片，如我们熟悉的电影《泰坦尼克号》、电视连续剧《还珠格格》等，都采用了倒叙的方式先交代故事的结局、事件的结果或者某些关键性的情节，再倒回去叙述故事的始末、事件的发展过程，表现为

---

① 马尔丹. 电影语言［M］. 北京：中国电影出版社，1980：13.

时间概念上过去与现在的重新排列组合，影视作品的某些段落也常常运用这种手段表现回忆、幻想等内容。案例5.1就是运用颠倒蒙太奇的手法，在正常的时间顺序中插入对过去事件的回忆，类似的例子还有该片女主角“复仇的新娘”在靠着意志力移动退化的四肢的同时，恍惚看见了对她开枪的杀手……颠倒蒙太奇可以产生叙述上的变化，造成悬念，引人入胜地展开故事情节。它常常借助叠化、画外音、旁白、内心独白等转入倒叙。需要注意的是，运用颠倒式蒙太奇，打乱的是事件顺序，但时空关系仍需交代清楚，叙事仍应符合逻辑关系，事件的回顾和推理都以这种方式结构。

3. 平行蒙太奇

平行蒙太奇指在一个蒙太奇段落里出现两条或两条以上的线索，这几条线索平行发展、相辅相成。即话分两头，分别叙述，并行发展。有三种平行方式：

（1）同时同地，在一个场面内句子与句子的平行开展。例如：表现某慈善宴会上不同人物或者群体的态度。

句子一：拍卖的情形；

句子二：三人在聊天的情况；

句子三：某主角在大吃大喝。

三个句子三条线，在拍卖宴会大厅这同一时空场面中平行展开。

（2）同时异地，在一个段落中场面与场面的平行开展。案例5.2在叙事结构中把五个不同个体、地域空间、事件内容，以及多条线索并列组合在一起，形成了完整、统一的主题方向。

（3）异时异地，段落与段落的平行开展。在电视纪录片《西藏一年》中，每一集都有几条线索，这些线索平行展开，比如第一集就是围绕“十一世班禅视察白居寺”“建藏饭店”“怀孕七个月的德吉”三个事件和人物来平行叙述的。

平行蒙太奇应用广泛，首先是因为用它处理剧情可以删节过程，利于集中概括、节省篇幅、扩大影片的信息量，并加强影片的节奏；其次，由于这种手法是几条线索平行表现，相互烘托，形成对比，因而易于产生强烈的艺术感染力。

4. 交叉蒙太奇

交叉蒙太奇是平行蒙太奇的发展。它将同一时间不同地域发生的两条或数条情节线迅速而频繁地交替剪接在一起，强调这些线索具有严格的同时性、密切的因果关系和频繁的交替切换；线索与线索之间互为依存、彼此推进，从各自的角度接近一个共同的目标。这种剪辑技巧极易引起悬念，造成紧张激烈的气氛，加强矛盾冲突的尖锐性，是掌握观众情绪的有力手法。惊险片、恐怖片和战争片常用此法造成追逐和惊险的场面，格里菲斯的“最后一分钟营救”片段就是其中最典型的案例。

台湾大众银行文宣片《梦骑士》以故事方式讲述了五位平均年龄超过81岁的台湾老人驾驶摩托车环岛骑行13天的不凡事迹。老人们为了这次活动前后准备了半年时间，他们中间一位罹患癌症，一位有重度听力障碍，三位患有心脏病，五位均有退化性关节炎……就是这样一个“特殊”群体创造出令人动容的非凡事迹。不向命运低头，老人们勇敢地告别过去，他们拔掉针管、扔掉药丸，积极锻炼，开启车库，拍拍尘封已久的摩托车，从容驶向未知的旅途。这个段落采用了交叉蒙太奇的剪辑手法。电影《建党伟业》的“行刺陶成章”片段中，一方面是刺客假扮护士潜入医院行刺，遭保镖拦阻；而另一方面是陶成章躺在病床上看书，未及时逃逸，中弹身亡。短短一组镜头的组接采用的是交叉蒙太奇的剪辑技巧（如图5-3所示）。

《梦骑士》片段

图5-3　电影《建党伟业》“行刺陶成章”片段

（二）段落叙述的基本方式——蒙太奇基本句型

一组内容关联、逻辑连贯、富于节奏、语义相对完整的镜头组合片段称为“蒙太奇句子”。由于用来造句的若干镜头之间存在着景别大小的差异，因而可以带来视距不同的远近变化，当不同的景别有序组合时，便形成了相对规整的句子模式。

1. 前进式句子

前进式句子指叙述由远到近，镜头景别由大到小的叙述方式，它根据人的视觉特点，把观众的注意力从环境逐渐引向兴趣点，按顺序展示某一动作或者事件过程：

远 → 全 → 中 → 近 → 特

（环境、概貌 → 行为、关系 → 局部、细节）

有一个流传了很久的故事：从前有座山，山里有座庙，庙里有两个和尚——一个老和尚、一个小和尚，老和尚给小和尚讲故事……如果我们把这个人们熟知的故事用画面进行描述，就是一个典型的“前进式”句型：

大山（远景）→寺庙（全景）→两个坐着的和尚（全景）→老和尚（近景）→讲述的嘴（特写）。

可见，前进式句子体现一种前行、进入、逼近的视觉趋势，这种由远到近的组接符合人们了解事物的心理特点和观察事物的视觉特点，能够有层次地表现事实和事件的发展，使人们的视觉感受不断加强。由此，这种句子通常用在故事的开端或者一个新时空段落的开始，从而让观众逐渐走入规定的戏剧氛围中。电视纪录片《西藏一年》的开头就运用了前进式句子，先用远景、全景交代事件发生的背景环境，再介绍第一集中将要出现的几个主要人物，如图5-4所示。

图5-4　电视纪录片《西藏一年》开头片段

在运用前进式句子时，对于连续动作，剪辑时一般先用全景建立动作的总体形态，再用中、近景来强调动作的细节和它实际的价值；对于事件，先用全景或远景交代事件发生的背景环境，建立总体的环境概貌，再用中、近景说明事件的各种结构因素和关系，把注意力引向具体事物，突出细节。

要注意的是，不能简单地把前进式句子理解为景别由大到小的镜头组接，而应把它看作一种叙述的思路，一种从大环境逐渐深入事件的叙事方法。因为在多数情况下，对现实生活的描述不可能简单地用几个镜头就全面表述，常常会有相对复杂的发展过程。老和尚讲故事的内容在实际情况中也许要复杂得多：从前有座山，山上有青松翠柏，一条小路通向山顶；山里有座庙，红墙绿瓦，庙门上的漆皮已经脱落；庙里有个老和尚讲故事，庙堂里烛光昏暗，小和尚在聚精会神地听故事。这样，它就不再是几个镜头的简单组合，而是循序渐进中的多种镜头组合；它不仅讲述了一件事情，而且造成了一定的情绪效果。

2. 后退式句子

后退式句子指叙述由近到远，景别由小到大的叙述方式，它把最精彩、最富有戏剧性的部分突出出来，造成先声夺人的效果：

特 → 近 → 中 → 全 → 远

（局部、细节 → 行为、关系 → 环境、概貌）

后退式句子从细部引向全体，从点指向面。往往强调重点，引起注意，随着视域的扩展，可以形成期待和悬念，唤起兴趣。

例：烛光（特写）→女人（近景）→男人喝酒（中景）→男人与女人坐在一张桌子的两边（全景）→酒吧（大全景）

后退式句子从近观到冷静，体现了一种后退、远离的视觉趋势，从而使一组画面有一种情节终了的结束感，常常用在段落或者节目的结尾。

例：近景　唐僧师徒四人一个一个地从画右入画，又从画左出画

中景　师徒四人边走边说笑

全景　黄昏，晚霞满天，师徒四人向着遥远的西天走去，越走越远……

这是电视连续剧《西游记》片尾的画面，叙述了唐僧师徒在渡过一场劫难后，又向新的目标前进，去迎接新的战斗。

3. 循环式句子

循环式句子是两种句型的结合，或前进式+后退式，以近距离景别为中心，先进再退；或后退式+前进式，以远距离景别为中心，先退再进，以形成一种循环对应的视觉表达效果。

例：特写　地上的一个钱包

近景　一人弯腰捡起钱包

中景　他迅速把钱包放进口袋，然后四处张望

全景　周围的环境

中景　他从口袋里拿出的钱包

近景　一双手打开钱包

特写　一双惊喜的眼睛

这一组镜头就是采用循环式句子，以地上的一个钱包开始，继而描述捡包者捡到钱包后的场景：他快速观察周围，发现没有人注意自己，又立即忍不住打开钱包，最后以一双惊喜的眼睛结束，表现了主角捡到钱包后想据为己有的贪婪心态。

4. 片段集合式句子

片段集合式句子指将几个完整动作过程中的几个主要片段组接在一起的叙述方式，

片段集合式叙述并不侧重景别表现的意义，而是强调突出必备内容，省略不必要的中间过程，是一种简洁的叙事方式。

电影《阳光灿烂的日子》有个段落写男主角马小军在家中玩耍，自己学着配制钥匙，然后打开了父亲的抽屉。通过马小军锉钥匙、开锁、打开锁后开心的笑容……一系列片段画面展现马小军学会开锁并打开父亲抽屉的过程，表现了马小军特殊的生活爱好和由此获得的快乐。而特写景别的运用，一方面压缩了时间过程，另一方面也强调了马小军沉浸、快乐的程度，如图5-5所示。

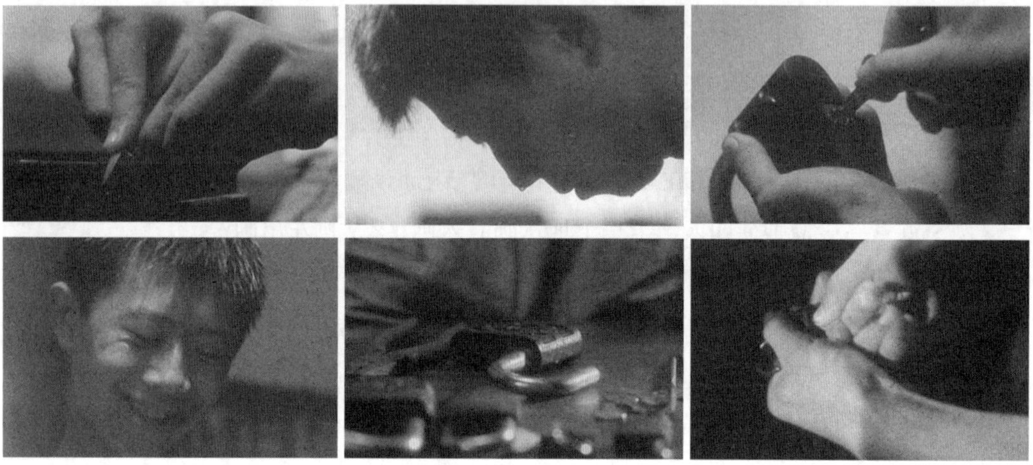

图5-5　电影《阳光灿烂的日子》片段

5. 跳跃式句子

跳跃式句子又称跳切，即大小两极景别的直接组合，没有中间景别的过渡，如远景接近景、特写接全景，也可视作前进式或后退式的变格句型。这种句子视域转换突兀、跳跃，视觉感受强烈、极端。

例：远景　演唱会现场成千上万疯狂的观众

　　近景　演员激情地歌唱

例：特写　猛踩油门的脚

　　大全景　红色轿车在公路上急驶而去

跳跃式句子常常用来表现情绪上的突然变化、注意力突然集中，以及空间距离的变化。

例如在影片《巴山夜雨》中，我们就可以看到这样的例子：

（1）秋石与刘文英的谈话——情绪上的变化

全景　秋石对刘文英说：“你没感觉到吗？在人群中……”

特景　刘文英吃惊的脸。（画外音“……谁都对你存有戒心。”）

（2）大娘与小娟子的谈话——注意力的变化

中景　大娘走近小娟子：“是你吗？你在哪个舱？”

特景　小娟子的脸（“是跟妈妈在一起吗？”）眼睛陡然黯淡下来。

（3）船离开码头——空间距离的变化

近景　秋石走出……看着杏花，看着码头，神情黯然

远景　秋石身影已经很小，只是围巾仍在挥舞着：“杏花。”

特景　杏花泪如泉涌（画外音：“杏花……”）

介绍了常见的基本叙事句型之后，我们要强调的是，句型是为叙事服务的。作为叙事，表达清晰是最起码的要求，应当服从剧情的需要来确定使用什么样的句型；句型只是基本套路，它的核心是叙事思路，因此，不要迷信句型，生搬硬套句型，在剪辑中要根据素材（尤其是电视）的实际情况，灵活剪辑。非常标准的台阶式的景别过渡在电视中是可遇而不可求的，在很多纪实类节目中，这种过于戏剧化的句型并不实用。总之，在叙事剪辑中要十分注意景别的变化，但是也不能只考虑景别而忽视其他因素，这是一条原则。

第二节　表现蒙太奇

一、案例分析

案例5.3

在美国电影《巴顿将军》的开场戏中，在巴顿演讲前，导演用了一组特写镜头造句：花白的眉毛，四星上将，各国的勋章，象牙柄手枪……如图5 6所示。这组镜头具有相似的景别，画面内容有着共同的特点：表现巴顿身体的局部细节。看了这样一组画面，我们脑海里是不是树立起了一个美国式英雄的人物形象？

图5-6　电影《巴顿将军》

案例5.4

纪录电影《厉害了，我的国》由CCTV、中影联合出品，以纪录片形式在银幕上生动展现了伟大祖国在党“十八”大以来五年间所取得的辉煌成就。这部片子满怀豪情地讲述了五年间我们在中国桥、中国路、中国车、中国

《厉害了，我的国》片段1

《厉害了，我的国》片段2

港、中国网等方面创造的骄人成绩。一个个超级工程的实现托举起中华民族走向伟大复兴的历史征程……片子开头，一组具有积累效应的画面并置组接，国旗飘扬、一组红旗的迎风飘展、庄严的国徽、充满历史感的华表、雄浑庄重的大理石柱、耀眼的党徽……这样的并行组接给人一种崇高、伟大、大气磅礴的豪迈之情，具有强大的精神聚合力与感染力，确立了本片的感情基调和主题定位。主题歌《新的天地》段落，是一段音乐加画面的抒情段落，画面间通过并置方式把“总书记心系群众”“辉煌成就”“自然景观”等相关画面有机组合，既凸显了主题意义，又调动了观众情绪，见图5-7。

图5-7　纪录电影《厉害了，我的国》主题歌《新的天地》

二、相关知识

马尔丹在《电影语言》中说：“表现蒙太奇是以镜头的并列为基础的，目的在于通过两个画面的冲击来产生一种直接而明确的效果，在这种情况下，蒙太奇致力于让自身表达一种感情或思想。因此，它此时已非手段而是目的了。它已不将尽量利用镜头之间的灵活连接来消除自身的存在作为目的，相反，它是致力于在观众思想中不断产生割裂效果，使观众在理性上失去平衡，以使导演通过镜头的对称予以表达的思想在观众身上产生更活跃的影响。”因此，表现蒙太奇是以加强艺术表现力和情绪感染力为主要目的的一种蒙太奇类型，它以镜头对列为基础，通过前后镜头在形式上和内容上的相互对照、冲撞，产生一种单一镜头本身不具有的、更为丰富的含义，并用它表达某种感情、情绪、心理或思想，给观众造成强烈的印象，它的目的不是为了叙事，而是表达情绪，表现寓意，揭示含义。

与叙事蒙太奇相比，表现蒙太奇有以下特点：

◎ 不是为了叙事，而是为了表达某种思想和主题；

◎ 不以时空逻辑顺序为镜头组合的逻辑依据，而通常以意义为依据；

◎ 镜头的对列可以产生暗示、比喻等效果；

◎ 这是一种作用于视觉的象征性情绪表意方法。

表现蒙太奇常用的方法主要有对比、积累、重复、隐喻等。

（一）对比蒙太奇

对比蒙太奇即对比的剪辑，是把两种截然相反的内容并列在一起，利用它们之间的冲突因素造成强烈的对比，起到彼此强调、相互映衬的作用，即所谓“朱门酒肉臭，路有冻死骨”的对比效应。可以是内容上的对比——贫与富、苦与乐、美与丑、高尚与卑下、胜利与失败等；也可以是形式上的对比——景别大与小、角度仰与俯、光线明与暗、色调冷与暖等。

电视连续剧《红楼梦》末集：王熙凤死后，草席裹身，被拖至荒野，冬日里的天灰蒙蒙、白茫茫的，一片惨淡景象……其间穿插昔日凤姐富贵华丽、骄横威风的若干近距离镜头，色彩艳丽饱和。这段内容既有人物命运起落的对比，也有景别大小的对比，还有色调冷暖的对比。这些对比很好地表现了王熙凤“机关算尽太聪明，反误了卿卿性命”的宿命。

在电视创作中，对比剪辑是经常采用的，因为对比形象的直观对照可以使观众自己得出鲜明结论。大反差的两极化形象的参照对比，会激发人们的解读活动，使之从一个静止渐进的状态跃进到新的质的环境中，从而理解对列之中的深层含义。

曾经有一则新闻报道反映全国城市卫生检查走“形式”的内容。记者于检查前一天、检查当天、检查团离开次日三次在同一地点拍摄，然后将检查当日焕然一新与次日脏乱如故的镜头对比，其主题不言而喻。

电视片《百年中国》中，有一集在表现八国联军侵略北京、屠杀义和团的内容时，烘托背景的不是悲愤的音乐，而是教堂里的赞美歌声，声画的强烈反差反而衬托了侵略者的道貌岸然。

对比剪辑的效果还体现为利用画面结构的对比造成视觉震撼，尤其是在为突出某个形象或烘托场面气氛、加强动态效果的段落剪辑中。比如，观众台上的如潮人海与场上运动员（多与少），比赛中近景、观众特写与运动场的大全景（大与小），关键时刻的紧张与成功时的欢呼（动与静），这些内容交叉对比，可以很好地渲染比赛场面。

对比使双方明显地展示各自的特性，形式上的对比可以增强视觉上的张力，内容上对比性形象的组合更是一种有力的揭示手段。而能够敏锐地发现对比形象，巧妙地借用形象对列深化主题,则反映了编辑者的思维功力。

对比剪辑主要有以下作用:

◎ 把现实生活中存在的对立差异集中,通过镜头的组接加以强调,以表达一种情感和思想;

◎ 利用两种形象的对列,使某一形象更加鲜明、突出;

◎ 通过两种对立因素的对列,使两者的差别更加明显,从而造成观众的视觉震撼。

(二)积累蒙太奇

积累蒙太奇即积累的剪辑,是将一些性质相同或大致相似的镜头组接在一起,通过形象的积累,造成具有特定表意指向的烘托和强调效果。也就是说,用一连串具有某种关联性的视像来表明同一个内容含义。

乌云滚滚,狂风呼啸,电闪雷鸣——暴风雨来了!

冰雪消融,春枝发芽,花蕾绽开——春天到了!

枯藤、老树、昏鸦,小桥、流水、人家,古道、西风、瘦马。夕阳西下,断肠人在天涯!

可见,通过积累突出的不是一种画面结构上的或情节上的连贯,而是画面的外在形象及内涵上存在的某种相似因素。这种相似主要是画面形象表达的内容意义属于同一类,通过不断叠加的效果树立起一个主题或者渲染出一种情绪。这里的主题不是通过思维活动总结出来的概念,不是某些具体画面的原意,而是通过一系列画面形成的只有单一内容的主观印象。

积累的剪辑采用同类镜头的组接。这里的同类主要是内容意义属同一类型,每个镜头都具有统一内涵的外延限度,即都具有表现主题的共同因素,这个因素可以是情绪、物体、动作、思想。同时,这些镜头的景别、运动方式等形式因素也是相似的,这样才能造成不断积累、不断加强的效果。

比如,《新北京新奥运》(张艺谋版申奥片)完全通过镜头语言来构建中国人乐观向上的精神风貌和迎接奥运的热烈情绪,其主要手段就是运用积累剪辑。其中,一段关于现代北京人温馨、和睦的生活写照令人印象深刻。这段25秒长的段落中有16个镜头,几乎每个镜头反映的都是中国人各种各样的笑容:荡秋千的母子在盈盈地笑,热情拥抱的恋人在奔放地笑,学生、老者在开怀地笑,跳绳女孩在快乐地笑……尽管每个镜头平均才1.5秒,但是,整个段落通过这些镜头在内容、景别、连接方式、切换速度等方面的相似性,积累了笑容的感染力,造就了整体的和谐。因为这一段是表现普通中国人洋溢着欢笑的生活,如果其中插入表现国人工作、现代化街景等镜头,则显然不合适,因为它不是主题的外延,"微笑着生活"的主题就会被削弱。

在电视新闻和专题中,这种句型使用得更多,经常配合解说用一组相似的景别来反映某一个主题,镜头内容的积累和形式上的统一,给人的感觉就像文字中的排比句,从形式到内容都得到配合，更具有说服力。

积累的剪辑主要有以下作用：

◎ 把表现同一事物不同方面的内容画面组接在一起，用来表现一个整体意思，能使人对一个事物的整体面貌有一个全面的了解；

◎ 把具有某一特点的不同画面组接在一起，能使人对这一特点有一个更清晰、更完整的认识；

◎ 把许多静物组接在一起，可以表现一个主题；

◎ 纪录片结尾若把全片关键镜头剪辑在一起，不仅可以起到一种回叙作用，而且也可以起到概括和深化主体形象的作用。

（三）重复蒙太奇

重复蒙太奇又称为复现蒙太奇，指某一特定的镜头、句子和场面重复出现，通过视觉或听觉上的重现，以突出重点，创造出强调、渲染、对比等艺术效果，从而深化主题，充分表达思想意义。量的重复往往带来质的升华，正所谓量变引起质变。比如在美国20世纪40年代的影片《魂断蓝桥》中，导演巧妙地构思了一个道具——吉祥符，它的六次重复出现，赋予影片以浓烈的情感色彩。吉祥符既是女主人公玛拉和罗依爱情的信物，又是玛拉命运的见证，既形象，又深刻。可是吉祥符的保佑，并没能改变战争对男女主人公爱情和命运的摧残，从而深化了影片的主题。

除了道具外，其他的一切视听元素，诸如人物、景物、光影、动作、角度、场面、语言、音乐、音响，只要经过艺术提炼便可以成为重复剪辑的构成元素。重复剪辑可以是内容与形式的完全式重复，也可以是非完全式重复——或形式重复而内容变，或内容重复而形式变。

完全式重复剪辑，是指关系镜头内容和形式都近于重复，也就是说不仅镜头内容前后相同或相近，并且镜头表现形式或组接形式乃至音画组合形式也相近或者完全相同。比如浙江电视台拍摄的纪录片《龙父》，该片讲述了一位身处异国他乡的美籍华裔，在花甲之年得知其生父于20世纪30年代在抗日前线失踪，于是回国开始了漫长的寻找这位属龙的父亲的道路……在片中有一个展现一轮硕大无比的满月的镜头在这30分钟的短片中被反复使用了7次。此情此景，使人不由得想起了苏轼的名句“人有悲欢离合，月有阴晴圆缺”，亲情、乡情与悲情，希望与惆怅，所有这一切都通过月亮这一形象的反复重现表达得淋漓尽致。被重复使用的镜头（或场面）一般都是经过精心挑选的，多为点睛之笔，其内容和形象常常有较强的抒情性或者特殊的寓意，镜头的时空特性比较弱化，叙事成分较少，一些空镜头常被选用。由于该镜头在前面的片中已经出现过了，因此已在观众的心中留下了深浅不一的印迹，经过再次或多次的原样重现，对人的视听感官又反复强化刺激，不仅强化了形象，并且诱使人们咀嚼其画面之外深刻的思想意义，可达到突出重点、强调主观思想情感表达的作用。

非完全式重复剪辑则反映事物发展的螺旋形式，在事物发展的过程中，虽然有某些特征或者元素重复出现，但这种重复是在发展变化的基础上的，是更高层次上的重复。

在陈凯歌导演的电影《黄土地》中，有一个“迎亲”场面重复了两次：

黄土高坡，迎亲的队伍行进在羊肠小道上。唢呐、铜锣、白羊肚手巾拥着红轿；红轿里不满14岁的小女子，被吹吹打打地迎往夫家，来采风的八路军“公家人”目睹了这一场面。

还是这山坡，还是这条道，还是那迎亲的队伍，红轿里是翠巧——受“公家人”影响而开始觉悟的女子。

两次迎亲的场面如出一辙，前面十余个镜头是完全的重复。那不知名的小女子是那番迎来，翠巧也是这番迎去，黄土地上的女子重复着同样的命运，连有所觉悟的翠巧也得认命。迎亲场面如果只出现一次，那或许只是一种民俗的展示，而再一次出现，则是一种内涵的揭示。重复带来一种递进，形成一种变奏；递进产生新的性质，变奏比原型更动人。

影片《罗拉快跑》则以罗拉男友曼尼弄丢了10万马克这一事实为引子，进行了三次看似相关却又完全独立的奔跑，而每一次奔跑的过程，都经历了许多重复的事件，又发生了许多变数。这些细小的变化彼此影响、连接，交织出主人公不同的命运。第一次奔跑：罗拉没借到钱，罗拉和曼尼抢超市，罗拉被警方击毙；第二次奔跑：罗拉在银行抢到钱，曼尼被急救车撞死；第三次奔跑：罗拉在赌场赢钱，曼尼找回丢失的钱，罗拉、曼尼成为富人。而罗拉奔跑时遇到的人的命运也相应地改变了。比如，某个家庭主妇出现了三种不同的人生：其一，家庭不幸，穷困潦倒，进救济院；其二，彩票中奖，一步登天；其三，精神升华，普济天下，进修道院。这部影片实际上是通过时间的重现，阐述了命中注定和偶然机遇这两个主题，阐述了它们是如何相互交叉着支配人的一生的，一件小事可能会将你导向完全不同的方向。

（四）隐喻蒙太奇

隐喻蒙太奇是通过镜头或场面的对列构成进行类比，以甲比乙，以此喻彼，用喻体形象来丰富和深化主体形象的内涵。主体和喻体是分别具有某种类似特征的不同事物，通过类比联系而凸显潜在的隐喻含义，从而含蓄、形象地表达出作者的主观思想和情感。

这种手法往往将不同事物之间某种相似的特征凸显出来，以引起观众的联想，进而领会导演的寓意和领略事件的情绪色彩。如普多夫金在《母亲》一片中将工人示威游行的镜头与春天冰河解冻的镜头组接在一起，用以比喻革命运动势不可当。又如，在电影史上的经典作品《战舰波将金号》中，爱森斯坦在全剧的高潮点闪电般迅速把三个不同姿势的石狮镜头组接在一起，构成“石狮怒吼”的形象，使影片的情绪感染力达到高潮点。先是躺着的石狮，然后是抬着头的石狮，最后是前脚跃起吼叫着的石狮，这个隐喻式蒙太奇中蕴含着人民对冷酷残暴的沙皇制度的愤怒已达到忍无可忍的地步。隐喻蒙太奇将巨大的概括力和极度简洁的表现手法相结合，往往具有强烈的情绪感染力。

影视中的象征，就是以其镜头影像造型来隐喻这一影像造型之外的意义的方式，如《大红灯笼高高挂》中那沉寂冷清、井然有序的陈家大院的一系列镜头，不单表示这是中国封建时代的某个地主宅院，更主要的是隐喻，也就是象征封闭、压抑的整个封建社会。

隐喻剪辑的关键是本体和喻体镜头的选择，首先要考虑这两者之间应该存在被人广泛理解和接受的相连性。对于视觉形象引申意义的理解通常源于共通的文化语境，比如，用黄河来象征中国的古老文明，用黄土高坡来象征中国农民，用皇冠象征权力，用初升的太阳象征希望，用劲风中的小草象征坚韧的品格。此外，还有许多几乎已成为公式的隐喻镜头，如红旗象征革命，青松象征不屈不挠，冰河解冻象征春天或新生，鲜花象征美好幸福，等等。一旦这些象征性镜头在画面组合形成的相应语境中出现，人们很快便能根据前后镜头的内容，结合视觉形象的象征意义加以解读。隐喻如果过于隐晦，观众便只能猜测，甚至不知所云。爱森斯坦在影片《十月》中试图用交叉剪辑把一整套怪状的基督像和欢乐女神与修女蛋形面具镜头连接在一起，希望获得像炸弹或炮弹在瞬间爆炸的那种效果，并以此来隐喻沙皇军队的穷兵黩武，但是呈现出来的画面却令人费解。如果隐喻完全成了一种“私人语言”或者某个小圈子中的“语言”，恐怕就很难实现所追求的表意效果。电视作为大众传媒，尤其要注意隐喻的可理解性，过于生硬的比喻只会给人以一种故弄玄虚的感觉。

不过，在电视片中，象征意义更主要的是通过叙事铺垫和形象的强调与积累来产生的。纪录片《谁杀了陈果仁》借一件杀人案的审判从更大的层面上反映了美国社会的种种问题，包括司法不公。纪录片结尾，被害人之母在得知案犯胜诉后，在记者会上痛不欲生地陈述，随之，曾几度出现的酒吧民谣响起，它在歌颂美国的美好，镜头切换到夜景（陈果仁就是于新婚前夜在一个酒吧外被棒打而死的）。最后的画面是夜色中，加油站上的美国国旗高高飘扬，它象征着美国标榜的形象——自由公正，也象征着无数人的美国梦。这是编导精心选择的画面，但是，对于画面象征意义的联想是建立在前面所有的叙事铺垫基础上的，陈母的痛诉与轻松的民谣、高高飘扬的美国国旗形成强烈的反差，也激发了人们的联想。在这里，结尾画面是简约的，但是蕴含的意义却是丰富的，这是象征剪辑的突出功能。

值得注意的是，隐喻的剪辑关键不在于处理镜头的技巧，而在于编辑者的思想深度和选择典型象征形象的能力，因为牵强附会的象征只能产生适得其反的效果。

在制作纪实作品时，人们常常会被如何讲述“已经发生过的故事”这样的问题所困扰。如何“重述”过去、“重塑”历史？如何用观众可以接受的画面语言来讲述这些事物？目前，电视创作者常常采用模拟法：通过意象性镜头的组合和声画组合，结合模拟拍摄的镜头来生动地表现难以拍摄的形象，这也是激发观众心理联想的一种形式。例如，在历史文献片《刘少奇》中，为表现共和国主席刘少奇蒙冤而逝的最后一段时空，该片没有仅仅用遗址、照片和当事人的回忆这些声画元素简单地“重述”历史，而是设计了这样几段画面：

其一，镜头在仓促的摇晃中穿过小院的地面→移上台阶→进入房间，画外音是当年亲手用担架把刘少奇抬进小院的军人的口述……这个镜头被赋予了口述者的主观视角，并在音效和光线上模拟了当时的现场气氛（只是画面里没有出现担架和人）。

其二，镜头是输液架、胶管和洁白的枕头，同样洁白的墙壁上，院外的光线把窗棂的黑影投映其上，墙上依次叠现出早、中、晚的光线变化。画外音是解说：深受国人爱戴的刘少奇在几乎无人知晓的秘密小楼里，沉默无语地度过了他辉煌生命的最后一刻。这个镜头被赋予了躺在病床上的刘少奇的主观视角，伴随着沉重的主旋律。

这两段内容都试图用模拟法“再现”历史的镜头和场景。当年的时空在这里仿佛得到了重新构建，通过这种手法启发观众联想，让观众仿佛看到了当年的场景。

表现蒙太奇是创作者艺术地表达思想情绪的方式，它着重于激发观众的联想，具有较大的灵活性和丰富的创造性。同任何剪辑技巧一样，表现蒙太奇的合理使用也是建立在为内容表现服务的基础上的。

第三节　镜头内部蒙太奇

蒙太奇是贯穿影视创作始终的独特的艺术思维方式，是影视艺术的基础。分切式的镜头段落可以形成完整的叙述，这一点毋庸置疑。但还有另外一种镜头，这种镜头不间断地表现一个事件的过程，这是对静态构图和分切镜头的一种革新。它通过连续的时空运动把真实的自然呈现在屏幕上，形成一种独特的纪实风格。我们又怎么来理解这样的镜头呢？

一、案例分析

我们先来分析下面两个案例中的镜头是如何完成叙事的，这样的叙事方式有什么特点？给我们什么样的视觉感受？

案例5.5

经典电影《小兵张嘎》中，罗金宝带着小嘎子找游击队那一段落是这样呈现的：两人进院子，上房、下房，又进另一所院子，又从房上爬上爬下，最后进到最深的院子里面找到了游击队。当时没有拍摄长镜头的先进设备，剧组人员土法上马，自己动手制作了木轮滑车，镜头随人物时上时下，不停地前进。观众看到游击队员隐蔽在深深的院落中，电影用精彩的细节描写反衬出抗日战争的艰苦卓绝。

案例5.6

金球奖最佳影片《赎罪》中敦刻尔克海滩大撤退一场戏中，镜头语言十分流畅。这个长达4分52秒的镜头随着主人公罗比的行踪游走，虽未正面描写战争，但通过战场的支离破碎已显现出战争的残酷无情，同时也预示着罗比在这场战争中悲惨的结局。35岁的好莱坞导演乔·怀特（Joe Wright）用这个完美无缺的长镜头展示了他非凡的场面调度能力，场景内共出现了2,000余名群众演员，摄影机的移位距离更是长达数千米。

二、相关知识

（一）长镜头理论

在电影美学史上，与画面蒙太奇相对应，一直存在着写实主义电影美学流派，它是法国电影理论家安德烈·巴赞（André Bazin）在20世纪50年代提出的电影制作理论。它主张电影形象的真实性，主张时空连续的电影观念，又称为场面调度观念，即从电影的照相性出发，要求电影真实地记录客观现实，认为电影的本性是物质世界的复原。

场面调度观念出自法文，初始用于舞台剧，指导演对一个场景内演员的行动路线、地位和演员之间的交流等活动进行艺术性处理。后被借用到电影艺术中来，指导演对画框内事物的安排，即导演引导观众从不同角度、不同距离去观察银幕上的活动。它包含演员调度和镜头调度两个层次：演员调度指导演通过演员的运动方向、所处位置变动以及演员之间发生交流的动态与静态的变化等，造成画面的不同造型，不同景别，揭示人物关系及情绪的变化，以获得银幕效果。镜头调度则指导演运用摄影机位的变化，如运动方式、视角、景别的变换，获得不同角度和不同视距的镜头画面，展示人物关系、环境气氛的变化及事件的进展。

长镜头是与短镜头相对而言的，是在一个较长的不间断镜头里，通过推、拉、摇、移、跟等综合运动摄影（摄像）这种空间连续的场面调度，完整地记录人和事物在一段时间内的运动状态，记录一个事件段落的全过程，目的是为了遵守空间的统一，从而保证时空的完整性和真实性。

例如，在中央电视台和日本NHK摄制的《龟兹幻想曲》中就用了一系列长镜头拍摄，主要是给观众以目击式临场感。在介绍佛窟中壁画上的舞神、乐神、菩萨时，采用了平面的横移或纵深的推拉技巧。这种在漫长的镜头延伸中逐一展现壁画形象的方法，给了观众一种目不暇接的感觉和完整的形象感觉。采访新疆社会科学院副院长、历史学家谷包的场面，是用一个长达4分钟的后跟摄镜头一口气拍下的。

由于这种长镜头中包含了被摄主体、摄像角度、景别、镜头外部运动方式等方面的变化，并且能完整地表现一段内容，相当于运用蒙太奇组接技巧形成了一个完整的蒙太奇段落。所以，从剪辑角度，我们又把长镜头技巧称为镜头内部蒙太奇，也称机内剪辑。

苏联导演把长镜头称为镜头内部蒙太奇，把长镜头看作表现思想感情、达到电影造型目的的手段，注重的是用一个镜头内的景别、构图、光景、场面、人物动作等造型因素的变化，来强调、突出导演为此镜头所规定的思想含义，通过机内剪辑来明确规定观众应该往哪里看和怎样看，使观众没有选择余地，使观众所注意到的人物、细节正是他这时必须注意到的东西。因此，从剪辑的角度看，长镜头是蒙太奇的特殊表现，是镜头内部的蒙太奇运动。

（二）镜头内部蒙太奇时空结构优势

1. 长镜头的时间结构特征

首先，镜头内部蒙太奇由于不间断地表现一段相对完整的事件，因此，它具有屏幕时间和实际时间的共时性，从而具有传达信息的完整性，在表现事实真实性方面更具有说服力。

用蒙太奇组接出来的屏幕时间往往对事情发生的进程进行了很大的修改，它可以大大压缩实际的时间进程，也可以把完全不同时间的事件组合在一起。虽然这在许多情况下是为观众所接受的，但这毕竟会让人们对它的可信性提出怀疑。镜头内部蒙太奇保持了时间进程的不间断，事件过程的实际时间连续地、完整地反映在屏幕上，可信程度大大提高。

如英国纪录片《斯里兰卡宗教节》表现斯里兰卡一土著部落举行宗教仪式，巫师为了表示虔诚并证明他得神之助且有超人的力量，让人用铁钩钩住自己背上的皮，然后悬空挂起来。这一段之所以令人触目惊心，是因为整个段落用一个长镜头忠实地记录下来，其中表现人们紧张、惊恐神情的反应镜头又通过摇摄完成，一气呵成，没有做任何编辑，从而保证了观众心目中的真实感。

其次，镜头内部蒙太奇能表现事态进展的连续性，在叙事上具有一气呵成的感染力。

镜头内部蒙太奇无论是在变换景别还是在变换拍摄角度时，都不打断时间的自然过程，保持事件流程的正常展开。时间本身并无节奏，然而时间依附于空间里的事件活动时，时间就自然随着人物的情绪、情节的起伏而有了节奏，而时间正好是描绘事物活动节奏的刻度。时间的连续保证了节奏的完整，而节奏的完整则表明了真实事件的真实过程。相对于前面提到的那种外观上的还原真实，这里用连续时间记录完整的时间节奏变化所带给人的真实，是一种内在心理真实。

2. 长镜头的空间结构特征

在影视艺术中，时间与空间总是相互依附的，时间构成了影视运动的延续性，而空间则构成了它们的广延性。因此，长镜头中的空间结构特征与其时间特征也是相依而生的。

长镜头是在运动过程中展示现实全貌的。镜头内部蒙太奇的一个最显著特点，就是空间的连续性。摄影机的运动使有限的视域逐渐拓展延伸，展现出事实的全貌。如《雕塑家刘焕章》开头有这样一个镜头：床上摆着、挂着各种各样的雕塑品，镜头往上摇是没有拆掉的防震架，架上摆满各式各样的雕塑品。在这种情况下，靠摄影机运动展现空间全貌所产生的魅力是蒙太奇剪辑难以达到的。

长镜头能在运动过程中实现自然转换，而这种转换是对人眼视觉的一种模拟，符合人的视觉感受。镜头的运动只有参考眼睛的视觉习惯，才会令人感到舒服、舒畅，同时也给人一种自然的真实感受。

3. 长镜头的时间和空间的结构特征在叙事上有其独特优势

一是镜头内部蒙太奇由于不间断地表现一段相对完整的事件，因此它能传达信息的完整性。电视节目的完整信息由声和像两方面组成，如果用分解的方法拍摄，用分切镜头的方法编辑，很多时候就不能保证完整地传达信息，不是声音的连续性被破坏，就是画面的连续性被破坏。机内编辑则由于声画保持了连续和同步，从而保证了叙事结构的完整性和信息的完整性。

二是它能表现事态进展的连续性。机内编辑能把事件的发展过程和真实的现场气氛表现在屏幕上。如《大学第一课》中离别的一个场面，在行进的过程中拍摄，随着镜头的运动，观众看到学生落泪的恋恋不舍的表情，同时听到她们的哭泣声。一个长达3分钟的镜头，通过镜头运动把观众带入其中，使之感受到身临其境的气氛。

三是它有不容置疑的真实性。由于机内编辑不靠动作的分解和组合来表现运动过程，而是把连续的动作完整地展现在屏幕上，所以排除了一切造假的可能，使影片所表现的事实具有不容置疑的真实性。如舞台上的魔术表演就用长镜头通过运动摄影呈现在观众面前，具有较强的说服力，使观众叹服于魔术师的精彩表演，从而收到了真实的表现效果。

长镜头通过场面调度，在连续变化的空间结构中，用多种元素综合的手法来完成叙事的任务，其效果是利用时空运动的连续把真实的现实面貌自然呈现在屏幕上，具有独特的纪实魅力。也正是因为具有无可比拟的纪实性，长镜头被广泛运用到纪实性的影片中，更被广泛地运用到电视的各种节目形态中。

纪实性电视纪录片创作中，长镜头所记录的生活流程毕竟只是一个完整的段落，除特殊情况以外，不可能构成一部电视作品中事件发展的全过程，长镜头最终也需与蒙太奇组接相结合，所以蒙太奇与长镜头都是影视不可缺少的表现手段，应根据内容的需要恰当地运用两者，不能肯定一个，否定另一个。

小贴士

分切式蒙太奇与长镜头在叙事和剪辑方面的区别

	蒙太奇	长镜头
叙事角度	主观性强	客观性强
叙事内容	紧凑凝练	丰富全面
造型处理	人工手段	自然
叙事方式	编辑的叙事	摄影的叙事
叙事形态	强制性封闭	开放型

单元总结

叙事的剪辑以展示事件、说明事实为目的，其表现方式主要有连续蒙太奇、颠倒蒙太奇、平行蒙太奇、交叉蒙太奇等形式；段落叙述的基本方式即蒙太奇基本句型主要有前进式句子、后退式句子、循环式句子、片段集合式句子和跳跃式句子。

表现蒙太奇以镜头的并列为基础，力求让自身表达一种感情或思想；表现剪辑的形式多种多样，主要有对比蒙太奇、积累蒙太奇、重复蒙太奇、隐喻蒙太奇等。

镜头内部蒙太奇由于不间断地表现一段相对完整的事件，因此具有屏幕时间和实际时间的共时性，从而能传达完整的信息，表现连续的事态进展，在表现事实真实性方面更具有说服力。

任务一　考核参照表

任务	用分镜头脚本描述某个场景中发生的小事情，加深对不同蒙太奇句型的理解		
完成形式	小组	**小组成员**	
完成时间	课余完成		
任务内容	1. 选择场景，围绕故事内容设计镜头，镜头数量不少于15个 2. 镜头设计中运用蒙太奇基本句型表达主题内容		
成果形式	分镜头脚本		
完成步骤	1. 明确任务 2. 选择场景 3. 解析场景镜头 4. 设计蒙太奇句型 5. 完成分镜头脚本 6. 检查		

续表

过程评价（40%）	1. 团队协作意识 2. 人际沟通能力 3. 任务完成过程中的态度，是否按时上交成果 4. 能否对分镜头脚本设计进行充分的讨论，个人能否提出独到的见解	评分	
成果评价（60%）	1. 分镜头脚本中是否运用了蒙太奇的基本句型 2. 镜头设计的合理性和可实施性	评分	
指导教师评语			

任务二　考核参照表

任务	用分镜头脚本表现一个片段，镜头设计中运用表现蒙太奇的某种手法		
完成形式	小组	小组成员	
完成时间			
任务内容	1. 选择场景，围绕故事内容设计镜头，镜头数量不少于15个 2. 镜头设计中运用表现蒙太奇表达主题内容		
成果形式	分镜头脚本		
完成步骤	1. 明确任务 2. 选择场景 3. 解析场景镜头 4. 设计表现手法 5. 完成分镜头脚本 6. 检查		
过程评价（40%）	1. 团队协作能力 2. 人际沟通能力 3. 任务完成过程中的态度，是否按时上交成果 4. 能否对分镜头脚本设计进行充分的讨论，个人能否提出独到的见解	评分	
成果评价（60%）	1. 分镜头脚本中是否运用了某种表现蒙太奇实现表意 2. 镜头设计的合理性和可实施性	评分	
指导教师评语			

任务三　考核参照表

任务	将长镜头进行分切并重新编辑			
完成形式	个人独立完成	姓名		
完成时间				
任务内容	将影片《大事件》开头段落的长镜头进行分切并重新编辑，并与长镜头所拍摄的效果进行比较			
成果形式	视频片段			
完成步骤	1. 明确任务 2. 认真观看并分析影视作品 3. 把开头的长镜头上载到非线性编辑系统 4. 反复观看，重构，剪辑 5. 检查，下载			
过程评价（40%）	1. 自主学习的能力 2. 解决问题的能力 3. 任务完成过程中的工作态度，是否按时上交成果		评分	
成果评价（60%）	1. 能够准确表达长镜头里所展示的内容 2. 画面基本流畅		评分	
指导教师评语				

学习单元六
电视节奏处理

节奏是电视领域最为常见的审美元素，它是节目中的客观存在，它能为观众带来审美愉悦。但即便对不少直接从事电视节目制作的电视人而言，疑问仍然是普遍存在的：节奏为什么具有这样的魅力？节奏通常都有哪些表现形式？在电视领域，哪些因素可以成为处理节奏的手段？怎样才能在电视节目中创造理想的节奏？在这个学习单元中，我们主要讨论如何处理与节奏有关的具体问题。

学习目标

（一）知识目标

1. 了解节奏的有关概念；
2. 掌握什么是电视节奏，它与哪些因素有关；
3. 知道电视节奏的处理方式。

（二）能力目标

1. 能够对节奏有一定的理解和感悟；
2. 在理解和感悟的基础上，培养感知节奏和创造节奏的能力。

任务描述

任务一：将影片《阳光灿烂的日子》开头的“送父出征”“窥视跳舞”两个段落解析成分镜头序列，比较两个段落的镜头长度，分析两个段落的剪辑节奏，结合影片主题分析并说明这样处理节奏的理由。

《阳光灿烂的日子》全片共有31个段落、77个场景。故事发生在3个时空：幼年时空、少年时空和中年时空。影片开头始于幼年时空：“段落1——送父出征”“段落2——窥视跳舞”“段落3——扔书包”，从“段落4——街道游荡”进入少年时空。幼年时空中的“送父出征”和“窥视跳舞”运用不同的节奏来表现段落内容，也从不同的角度交代了主人公幼年马小军的不同心理状态。

任务二：从所提供的素材中选择镜头，剪辑完成4个节奏段落，分别为：1个慢节奏段落、1个快节奏段落、1个由慢渐快的段落、1个由快渐慢的段落，每个段落的镜头数量为10—15个。体会哪些因素对节奏有影响，理解镜头的节奏感是多种因素共同作用的结果。

第一节　影视节奏分析

影视节目要想吸引观众的眼球，一个很重要的因素就是要掌握好节目的节奏。要实现节目整体节奏的和谐统一，必须在创作节目时对影响电视节目视觉与听觉效果的各种因素进行综合把握。

一、案例分析

案例6.1

《中国成都》(彭辉编导，1999年摄)是展现美丽成都的一部电视片，在编辑《中国成都》的时候，编导以音乐为基础，为全片进行了节奏规划。这种规划保证了个别镜头或段落的处理被精确地组织在一个总的节奏整体之中。全片以音乐为基础节奏线索，画面的编辑节奏与音乐的情绪起伏相配合：当音乐深沉舒缓时，画面是城市缓缓移摄的全景或大远景；而当音乐激越时，画面表现都市的喧嚣和忙碌的人群；当音乐进入欢快跳跃的木管声部，画面转入电脑装配线的机械手运动以及饮料罐装线的节律运行。不仅如此，在一个声部行将结束的当口，一辆游乐园的翻滚列车呼啸而来，夹杂着巨大的隆隆声，这隆隆声刚好在一个音乐小节的气口上终结了乐曲。然后，是三个不同摄像机位的独木舟沿斜槽向下俯冲的镜头，最后一次俯冲突然被处理成慢放：独木舟冲下，溅起巨大的水花，舟上的少女们发出欢快的尖叫声并伴着巨大的击水声。所有的声响倏地结束，休止两拍之后，另一乐章的旋律响起，镜头以大远景面对长街通衢，猛然抬升。一会儿，高昂的小号吹出一串振奋的、向上爬升的单音，而暖色调子的画面上、经过特技处理的一轮朝阳正衬着高高的路灯杆向上跃升。音乐渐渐加快，渐趋强烈，画面上同步流动着经过加速处理的穿梭的车流、人流，以及体育场在瞬间由黄昏转到黑夜继而又突然灯火通明的场景。最后，在本乐章结束的时候，画面回到演奏中的交响乐团，当乐曲完全结束的那个点出现后两拍，一位小号手对着号嘴轻轻吹了一口气“呼”，作为乐章的结束。另一段乐章采用了非常乡土的曲艺——四川清音婉转清丽的拖腔，然后接深情的间奏，而画面却是若干十分现代的都市高楼大厦的远景叠化，这又酝酿了一种韵味十足的声画分离的效果，这种效果令人心中涌起莫名的感动。全片的剪辑点常常精确地与乐曲的节点相配：女孩子在试衣镜前的一回眸，慢放的舞蹈者的一个跳跃，时装模特造型停留之际的一次镜头急推。这些，都可以成为音乐转换的节点。总之，全片充满了类似的节奏处理，这种处理把一部本来可能枯燥乏味的城市概况片转化为充满意趣甚或震撼人心的印象片，淋漓酣畅地传达了编导者对这座生机勃勃的现代城市的感受和热爱。

二、相关知识

（一）影响节奏的基本造型因素

1. 运动主体对节奏的影响

摄像机所记录的主体，其运动本身是有节奏的，比如，游乐园里翻滚列车呼啸而来的强烈震撼，广阔湖面上群鸟翱翔的舒展，都可以成为整个节目的节奏构成元素。一些优秀的演员能把剧情所规定的人物内心所体验的各种手势、表情和形体动作节奏体现出来。英国影片《红菱艳》中有两个镜头，长度都在61米左右，但节奏感却完全相反。一个镜头是在舞剧《红舞鞋》第一次演出，蓓姬从教堂的广场一直跳到五光十色的世界中；另一个镜头是蓓姬跟随克拉斯特离开莱蒙托夫舞剧团之后，一天深夜，克拉斯特悄悄起床到邻室弹琴，随后，蓓姬也起来，她在柔和的月光照耀下，拉开抽屉，拿出心爱的舞鞋……前一个镜头是近于疯狂的快节奏，而后一个镜头则是抒情的沉重节奏。造成这种不同节奏感的，不是镜头长度，不是拍摄方法，而是镜头内人物动作的强度和速度。除主体之外，陪体或环境运动也是表现影像节奏的一种重要手段，比如纪录片《龙脊》中烟雾缭绕的大山、错落有致的梯田，使景物介入叙事之中，形成了完整统一的影像运动节奏。

镜头内主体运动的速度、方向、幅度会对视觉节奏产生明显的影响。主体运动快，则节奏快；主体运动慢，则节奏感慢；在主体动作中动接动，则节奏加快；在动作暂停处静接静，则节奏放慢；同向主体动作顺势而接，则节奏相对流畅、平稳；反向主体动作交错连接，则节奏变得活跃、视觉跳动。

2. 摄影（像）机运动对节奏的影响

摄像机在进行推、拉、移、升、降和改变焦距的物理运动时，可以使被摄物像产生各种各样的运动节奏变化。因此，在当代一些电影作品中，摄影机的运动是创造节奏最常用的方法。例如，在惊险片中，我们经常可以见到由直升机航拍的主观镜头：在险峻的峭壁峡谷或迷宫式的高大建筑之间穿梭飞行，左弯右拐，速度越来越快，最后，从险境中猛然脱出，镜头以大广角随着飞机急剧提升，倏地，眼前呈现一马平川或辽阔城区。这里，镜头或许只有一个，但摄影机本身的运动构成了从急促、紧张到舒展、寥廓的变化。这种动态摄像还是MTV创作的常用手段，比如一些摇滚类型的电视音乐作品就常会使用快速推拉镜头来表现音乐强烈的节拍和感情色彩。

而且，运动摄影能够给予静态物体以运动的效果，产生节奏的变化。比如，有这么一段镜头，拍摄的对象是一条路、几块路牌，但是在摄像机和剪辑的作用下，这些静止的物体具有了运动的变化：

镜头1：中远景　镜头顺公路向前移动（衬坦克履带声）；

镜头2：中景　移动摄影拍摄路旁的树、电线杆（运动速度加快）；

镜头3：近景　顺着前进方向，向一组路标推进，最后速度放慢；

镜头4：大全景　镜头突然急推，路标充满画面（衬枪声大作）。

在这里，通过摄像机运动和剪辑的作用模拟了战争中的一个场景：部队向前挺进，在即将到达某地时，挺进速度放慢，但是突然遭遇激战，气氛陡然紧张，摄像机的速度很好地体现出叙事节奏快、慢、快的内在变化。

3. 镜头景别与角度变化对节奏的影响

我们观看远景时比较松和舒缓，观看近景和特写时就容易紧张起来。在一般情况下如此，特殊情况，如近景中的主体位置一直不变或没有动作，紧张的状态会削弱，节奏变慢。如果远景镜头切换较快，也可能使观看活动变得紧张、节奏加快。

一般地说，把远景—近景、大全景—特写包括快速变焦的镜头组接在一起的片段，以及将不同角度，如俯拍、仰拍、摇拍、移动拍摄而成的镜头较快地组接起来的影片段落，对观众的视觉冲击较强，观众的视觉节奏就加快；相反，以长镜头或相似景别组接起来的片段，观众的视觉节奏相对减缓。

在爱森斯坦的《战舰波将金号》里，起义水手与军官的搏斗一场戏是说明这一类情况的经典例子。爱森斯坦从上方、下方和各种稀奇古怪的角度来拍摄打斗场面，并将镜头交错剪辑，从而成功地在未增加事件本身力度的情况下，增强了画面狂暴的力量，加大了节奏的力度。

4. 色彩和光影变化对节奏的影响

光、色、构图等都是影视画面中的重要视觉因素，而且是流动的视觉因素，这种流动所带来的各种变化对比形成了视觉的节奏。

比如，在暗色调中突然出现光亮，高调画面就改变了原有的视觉节奏，而有规律的变化就可能形成一张一弛的节奏感，色彩的节奏原理也是同样的。BBC音乐频道的一部形象推广片以若干著名歌星演唱同一首歌为主线，音乐的旋律是其节奏基调，由于画面均以歌星演唱的中近景形式出现，虽然风格统一，但是视觉节奏不免单调。于是，编导非常巧妙地借用了幻灯机，以推拉幻灯片的动作作为调节视觉节奏的点，同时，幻灯片推拉所形成的光影变化就像音乐的节拍，打破了主导画面的单调感，使由视觉节奏、音乐节奏和内在的内容节奏共同构成的整体节奏在统一中有变化，在变化中见统一。

5. 声音对节奏的影响

由于声音本身具有长短强弱的变化，因此，声音造型是形成节奏的重要手段。

（1）各种不同性质的声音组合可以形成节奏的变化

首先，一段音乐本身的强弱变化就是节奏上的起承转合。在一些无解说词、以音乐为主的电视片中，镜头转换的节奏往往依据音乐节拍形成的节奏，而且听觉节奏一般会比视觉节奏更有力地作用于人们的情绪。张艺谋执导的申奥片《新北京 新奥运》中选用了三段总体节奏完全不同的音乐，这三种性质的音乐交替贯穿，给人们以或热烈、或激越、或舒缓的感受，在紧张的快节奏后有舒缓的旋律作为节奏的调剂，而一旦节奏松弛到恰当的程度，又立刻跟进新的视听变化。所以，跌宕起伏的音乐可以带给观众强力的节奏刺激。

其次，几种不同性质的声音之间的对比也可以形成节奏的变化。在一些以音乐旋律为基础的电视片中，可以适时地加入某些同期声或音响效果，以反差来吸引关注或衬托情绪、调节节奏。在实践中，这样的技巧已得到越来越巧妙的运用。在一个关于迈克尔·杰克逊的访谈节目中，编导利用各种资料编辑了一部介绍杰克逊童年的短片，童年时的杰克逊已是深受人们欢迎的童星。全片以回忆性的抒情旋律为节奏基调，其间穿插了杰克逊所演唱的快歌片段、动画效果的拟声、采访人物的只言片语，整个节目就像一件多声部的作品，视听形象丰富但统一，毫无单纯旋律衬托所可能导致的单调感。

在这样的声音处理上，要注意主次关系的把握，平均用力反而会削弱声音的表现力，所以，要选择最有表现力的声音部分，比如，同期声应该非常简洁，音响效果要突出或者典型，如欢快的笑声、纯洁的童声等。

（2）声音与画面的配合可以增加叙事的内在节奏感

声音具有强烈的情绪感染力，它和画面有机配合而形成的声画蒙太奇是影视艺术的重要构成，相对于画面的静，声音的动在调节节奏方面具有承上启下的意义。比如，一个人站在铁路上的静止画面，此时，节奏是平静的，但是突然，画面外传来火车长鸣轰然离站的声音，这个声音会打破原有的平静，使内在叙事节奏发生变化，而火车声的节奏快慢也将直接影响到观众对画面的感受和理解。

对于电视来说，声音不仅是蒙太奇效果的重要表现，而且也是电视叙事中最基本的构成因素。解说词、人物采访、现场声各自具有不同的节奏因素。通常，现场具有较强的动感；而解说虽然可以有各种语速、情绪，但是，总体上仍然会显得比较单调；人物同期声又各具性格特征。所以在电视节目的编辑中，一般需要考虑这几种声音的搭配运用，以避免单调。

6. 蒙太奇节奏——剪辑节奏

通过镜头长度变化、镜头转换速度、镜头结构方式等剪辑手段来形成节奏是影视节奏控制中最基础也是最重要的部分。镜头长度及转换速度的关系体现为剪辑率的变化：剪辑率高，节奏快；剪辑率低，节奏慢。镜头结构方式既体现为镜头连接顺序，又可以指镜头连接的技术方式，比如叠化、渐隐渐显、变焦、划像等，它们都包含有节奏因素，这需要根据具体作品的要求来考虑这些技巧的节奏功能。我们在镜头连接技巧中已经涉及这些技巧的视觉特点及节奏效果，在此不再赘言，这里着重想谈镜头序列、剪辑率与节奏的关系。

不同的剪辑速度展现不同的感情色彩：匀速剪辑（即匀速的镜头转换）显得从容稳定；慢速剪辑（包括采用慢动作处理）多用于情绪的抒发，节奏舒缓；快速剪辑则易激发强烈的情绪。

以交替快切为例：交替快切是指平行交替地剪接两组甚至两组以上的镜头，往往用于表现矛盾、冲突、悬念、对比等情绪状态。在这样的剪辑中，第一个镜头和最后一个镜头都应该保证有相当的长度，因为第一个镜头起到交代的作用，让观众明白发生了什么；最后一个镜头代表结束，由中间快速剪辑所积累起来的情绪在这里得到充分释放，在内容上也是对叙述结尾的交代；而中间段落的加速快切，节奏上呈不断递进态势，可以形成不断加剧的紧张感，从而吸引观众。

值得注意的是，在这种剪辑方式中，由于视觉暂留作用，采用后一镜头比前一镜头稍短的方式，较之同样长度的匀速剪辑会更有感染力。尤其是在一组相同景别的镜头组接中，如果匀速剪辑，则越往后，镜头的剪辑节奏反而会越慢。如果想保持匀速效果，后一镜头应该相应地减少两帧，以此类推，这就是剪辑中的加速度规律。

镜头转换速度的快慢是与这一段落的节奏基调、镜头构成方式联系在一起的。作为编辑，要善于判断每一个镜头内以及各种镜头组合所蕴含的节奏因素，结合叙述内容，有机地安排镜头序列，从而结构出最适宜的镜头转换节奏。

我们可以来看下面这个关于伐木的例子：一个人在锯树，他紧握钻锯，木屑四溅，大树倒了；另一个人也在锯树，他汗流浃背，油锯在颤动，这棵树也倒了；第三个人在砍树，他脸部肌肉震动，非常严肃，最后树也倒了。

显然，这样的镜头连接很啰唆。在这里，油锯震动、木屑四溅等特写镜头动感效果较强，但是，与大树倒下的镜头相比，动作幅度差别甚大，如果像现在这样分割处理，各类动作的节奏感都无法得到加强。

如果改为：人们在锯树，有的人紧握钻锯，油锯在树缝中震动；有的人汗流浃背；有的人肌肉抖动，油锯仍在颤动，木屑四溅。这些镜头一个比一个剪得更短一些，然后，再接上一棵树开始倒了，另一棵树接着倒下了，又一棵树倒在了地面。后三个镜头中第一个镜头在树倒在半空中即切断，接第二棵树正在倒的镜头，最后一个镜头也是从树已经开始倒直至倒在地面，稍留一些长度再切换，意味着结束。

新的结构序列利用了画面相似动作在动势上的积累和加速剪辑，强化了锯树时的紧张气氛以及树不断被砍倒的意义，节奏感增强。

以上简略分析了一些基本的造型因素对于节奏的影响。事实上，还有一些营造节奏的方式，比如，利用字幕的变化、利用构图变化等，都可以形成节奏。

（二）电视媒体在实践中对节奏的理解和运用

电视媒体及电视艺术从电影中继承了节奏领域的几乎全部理论遗产。而随着电视媒介表现手段的发展，当代电视在实践的深度、广度上，在对大众生活施加影响的范围和力度上，都发展到了电影所无法企及的程度。与此相伴，电视媒体在实践中对节奏的理解和运用，也出现了新的格局。

1. 多语境电视语言的使用使节奏处理手法更为丰富

过去对电影语言节奏的研究，一般仅局限于故事片的对白；而在电视节目中，解说词、主持人言语、各种访谈节目（脱口秀）、电视剧对白等，语言使用数量大、品类多，其间的节奏状况也丰富多彩。系列片中常常采用解说词男女对播，主要就是基于节奏调适的考虑；而主持人在主持节目的时候，时而慷慨激昂，时而悲戚沉郁，也显现了对节奏的处理；访谈节目更复杂一些：嘉宾的发言、现场观众的提问或发言，经主持人组合调度，常常形成一个节奏变化丰富的话语系统。电视片中，画面及解说被同期声采访突然打断，其后又继之以画面解说，也是惯常的节奏处理手法。

2. 各种不同类型节目元素的组合具有创造节奏的意义

现场、演播室、记者、主持人、嘉宾……多种元素的组合已成为电视节目的常态。在电视栏目里，“主持人+若干单条电视片+片头片尾”是最基本的组合，这中间的变化就不仅仅是内容上的，而具有节奏上的意义了：从片头短暂而强烈的视听觉刺激，过渡到演播室里主持人温文尔雅、略加雕琢的主持，再到外景短片的自然和嘈杂，再到一首旋律优美的串场MTV，再到……还可以再列举下去，观众完全能感觉到那种起伏的节奏脉络。且不说大型电视文艺晚会中各种节目、串场、主持、灯光、舞美在导演安排的节奏线索的支配下所创造的节奏现实，就是在纯新闻性的考古发掘电视直播中，如果只是一味地发掘现场的实况或一律的演播室专家访谈，也是不可思议的。通常情况是：现场+演播室+背景插片+提示性短片，等等。这种不同节目元素的组合变化，构成了跌宕起伏的节奏。

3. 特技手段的运用可以创造节奏

在一些写意色彩浓厚的节目中常常运用特技手段来调整节奏：在正常速率的一组镜头之后突然接慢放镜头，节奏感觉是时空突然“凝滞”；在一望无际的枯黄草原突然由此及彼铺开鲜花，那是一种绽放的惬意；甲画面从右向左卷成轴，乙画面从天外悄然而至，丙画面像钢化玻璃般碎裂，颓然崩解成丁画面……尤其是电脑合成技术的日益精进，使电视节目的特技手段拥有了无限可能。现实中存在而又看得见的，现实中存在却为肉眼所看不见的，现实中不存在而仅仅在意识中存在的，所有的一切，电脑特技都能创造出来。这同时也为创造节奏提供了无限的可能。

上面只是分别从不同的类型简述了影响电影电视节目节奏的主要因素。但是，节奏是一种复杂得多的存在，在实际情形中，其中的各构成因素实际上是综合在一起的，是密不可分的。因此，必须把影响节奏的各类因素综合起来，才能获取关于节奏创造的全部信息。

如果我们把节奏作为一个整体结构来对待，那么，对其中单个镜头与单个镜头的处理，对段与段、章节与章节的处理，对其中各式各样节奏因素的处理，就可以在编辑构思阶段予以规划，这种规划把上述因素分别作为一个整体的有机组成部分来看待和安排，并以最终将其组织成能够为观众提供整体节奏审美感受的总体结构为目标。

还要指出的是，对电视从业人员而言，对节奏的种种理性分析和归纳，其最后的目标都是导向对节奏的理解和感悟，导向培养在此基础上感知节奏和创造节奏的能力。

（三）电视节奏的主要功能表现

1. 协调和统一整部作品

一部影视作品中，在情节线索发展之中，事件之间、段落之间、主要场面和交代性过渡场面安排在什么位置、分量占多少，都要靠节奏来表现；人物的上下场、动作连接、其与其他人物的关系要靠节奏协调，剧情情节线和情绪线的控制，也要靠节奏上的处理。爱森斯坦的《战舰波将金号》就是严格按照“黄金分割”法来结构的，影片共分五幕，其中低潮——把死者运上岸，放在第二幕结尾与第三幕开头处（三分之二的位置），他认为这样安排符合观众情绪起伏的节奏。单个段落的处理也是这样，如“敖德萨阶梯”一场戏中，前面联欢到后面镇压的转折点，也放在了黄金分割点上，即该场戏的三分之二处。

2. 表现情调

虽然节奏并不是引起情感体验的唯一因素，但它的确是一个重要的因素。一般来说，短拍子表现激动、慌乱、活泼、快乐；长拍子表现稳重、消沉、呆板、镇定。不同的节奏可以引起不同的情感反应，表达不同的情调。

3. 表现环境气氛和人物性格心理

鸟语花香的环境必然需要舒缓、轻快的节奏；紧张、激烈、恐怖的场面必然需要急促、强烈而不和谐的节奏；充满青春活力、洋溢着蓬勃生命力的角色必然需要跳跃、明朗的节奏予以表现；而老态龙钟、神情黯然的角色，必然需要缓慢、沉重的节奏。

第二节　电视节奏处理

一、案例分析

案例6.2

有一个很早以前的故事：有一次，有一位剪辑师和他的助手接到一堆《天鹅湖》中王子和奥杰塔双人舞的素材，助手初编，把素材中的全、中、近、特镜头都用上了，景别变化很大，导演看后直摇头。剪辑师再编，舍弃了绝大部分素材，只选中了一个长镜头，这个镜头内部结构有远近的变化，有上下左右的跟摇，导演满意了。又一次，他们接到一堆京剧武打的素材，助手初编时吸取了上次的教训，选用了一个全景，镜头内部跌宕有致、一贯到底，导演看后又摇头。剪辑师再编，几乎利用了全部的素材，全、中、近、特各种镜头都有，有一个镜头一剪三用，导演看了高兴极了。

从节奏角度来考虑，这个故事说明了什么？说明节奏效果来自内在与外在的统一，形式上的变化受制于内在发展的基调。

在《天鹅湖》中，整个情绪基调应该是抒情、恬静的，适合于慢节奏，过多的分切、大幅度的景别变化会破坏内容原来的情绪和流畅的运动感；而武打场面的剪辑恰恰要求体现出激烈热闹的情绪气氛，是快节奏的，快速多变的切换才能符合这种节奏的效果，也才能满足观众观看武打场面时的情绪和心理需求。

这个故事是想告诉初学者：镜头剪辑是要考虑叙述内容的情绪基调的，不能为内容服务的剪辑，即使镜头剪接得再流畅，也是无意义的。

这个故事也反映了一个比较普遍的问题：很多时候，制作者往往关注镜头切换所创造的可感知的节奏效果，而忽略了内在叙述性节奏的存在。

二、相关知识

（一）叙述性节奏——内部节奏

如果把由镜头切换等电视表现手段所形成的节奏视为造型性外部节奏，那么在电视片中，还存在着由作品内容所决定的内部节奏，也就是叙述性节奏。

所谓“叙述性节奏”，是以客观世界为依据的节奏，指片中事件、情节或者人物情绪发展的强度和速度，它展示着整个节目的快慢缓急的进展过程。这种强度和速度的变化，使观众的情绪随之紧张或松弛、激动或平静，它是隐藏于可感受的外部运动之中的内在运动的节奏因素。内部节奏是一种以客观世界的固有节奏为依据，同时又根据一定的情绪要求而做出的足以感染观众的节奏安排。

叙述性节奏的安排首先是基于人们对现实生活的体验，是以客观事物本身发展变化的速度为依据的。在日常生活中，人们对于周围事物和自身运动的节奏是有着深切体会的。如葬礼永远带给人们沉重、忧伤的感觉，人们的动作是迟缓的；哀乐的旋律是低缓的，在影视节奏上也应是缓慢的；如果表现成强动态性的快节奏，则显然是令人难以想象的。相反，婚礼既可以是庄重神圣的慢节奏，也可以是轻快热闹的快节奏、强动态，因为现实中人们在婚礼上的情绪体验也是多样化的。

但是，叙述性节奏并不是简单地记录事物本身的节奏速度，因为客观事物的节奏是不变的，而人们观察事物的心理节奏则会依据不同情境而改变。比如说，忙碌的时候，我们会羡慕简单生活的宁静和谐；而清闲的时候，生活的简单又会令人感到乏味无聊，日复一日，因心境的不同而感受不同，生活的节奏就在这两种状态中摇摆。

影视叙述性节奏的安排正是以人们的这种心理可变性为存在基础的，一方面力求通过事件发展和内容陈述上详略轻重的变化，创造张弛相生的节奏；另一方面，在节奏的确立上又融合了创作者结合现实生活体验所赋予的情绪。

比如，关于清晨，既可以通过空无一人的草坪、清亮的鸟鸣、远景中的日出、晨曦中的湖水等镜头，来表现清晨的清新，确立轻松的节奏；也可以用晨曦中已经走出家门的上班族、汽车的声音、大街上花花绿绿的招牌等，来反映清晨的忙碌，节奏也是逐渐紧张的。所以，同一内容可能有不同的节奏效果，不同的节奏效果又会对观众产生不同的情绪影响。编辑的任务之一就是根据节目内在的表达规律，做出最足以感染观众、引发观众情绪共鸣的节奏安排。

电视节目大多是通过不完整的事件片段的组合，向人们展现一个主题，即使讲述的是一个相对完整的故事，这个故事的发生发展也是和生活同步的，所有的变化、情节都隐藏于日复一日的真实的时间流程里，隐藏于跟踪拍摄的大量素材中，把这个主题或者这个故事的各个部分连接成一个紧凑有力的整体贯穿线，就是叙述性节奏因素。因此，对叙述性节奏的把握实质上就是对作品总体叙述的快慢缓急的安排，它包括两方面内容：节奏基调的把握和节奏曲线的设计。

（二）叙述性节奏的统一性——节奏基调的把握

在剪辑一部作品之前，首先应该确立这部作品的节奏基调。所谓“节奏基调”，就是影视作品主线节奏的叙述情绪。一般来说，任何一部作品都应该有一个节奏基调，主线节奏统一于基调上，这是构建统一的作品风格的重要方面。在一个节目或者一个大的主题段落编辑中，剪辑者应该考虑：它的节奏基调是什么？

主线节奏可以是舒缓的节奏，也可以是紧张的节奏；可以是深沉的节奏，也可以是欢快的节奏。这种不同的节奏效果作用于观众的身心，便会产生不同的情绪影响。例如，《百年中国》是历史性文献纪录片，需要反映历史的厚重感和文献的科学性，作品的基础素材是珍贵的影像资料和历史照片，因此，整部系列片365集的总体节奏基调都是深沉的、舒缓的，表现出对历史的追忆和思考，即使是在现实时空拍摄的历史场景，也是以静态的空镜为主。而反映现实中国变化的同样具有文献价值的纪录片，诸如《广东行》，其节奏基调则是明快的、动态的，通过大量现场纪实段落和大信息量的镜头组合，既契合了改革开放后广东日新月异的变化节奏，也反映了创作者记录当代生活的热情。

节奏基调的把握，需要基于两方面的因素：内容因素和情绪因素。

作品本身的内容性质决定了节奏基调的基础。例如，葬礼永远带给人们沉重、忧伤的感觉，人们的动作是缓慢的，音乐旋律是低沉的，在影视剪辑中的总体基调也应该是缓慢的。相反，婚礼带给人们喜悦、热闹、轻松的感觉，在剪辑中的节奏基调应该是一种快节奏、强动感。

创作者所赋予的情绪性质则是影响节奏的主观因素，它使内容的性质以一定的风格和意境表现出来。例如，同样是以童年回忆为主题的影片，《城南旧事》和《阳光灿烂的日子》由于创作者赋予的情绪性质不同，两部作品的节奏基调完全不同。《城南旧事》是改编自著名作家林海音的作品，作者在离开家乡几十年后写下了这部回忆童年、思念家乡的小说，整个作品充满了“淡淡的哀愁，沉沉的相思”。第四代导演吴贻弓在1982年拍摄这部影片时，为了再现原作那种充满“回忆感”“往事感”的神韵，摒弃了戏剧化的处理效果，并没有设置跌宕起伏的剧情和激烈的大喜大悲，而是以一种散文化的、抒情的格调作为整个影片的基调。《阳光灿烂的日子》中的故事发生在“文革”时期，但是这并不是一部表现“文革”那个灰色时代的影片，就像影片的片名一样，影片表现的是青春的觉醒、生命的觉醒，讴歌我们生命中最“阳光灿烂的日子”，是阳光下一群少年的成长经历。当青春遭遇“文革”这一动荡的年代时，就像骏马驰骋于草原一样，变得如此肆无忌惮，更像黑暗中的阳光，更明亮，更火热，更浪漫。而“文革”只是作为一个场景、一个环境，一切的一切与这火热的青春相比都不值一提。《阳光灿烂的日子》完全抓住了这个基调，全片以一种快速的、冲击力强的节奏进行，一气呵成，让人几乎目不转睛。

确立恰当的节奏基调是非常必要的，因为它是节目风格得以体现的重要方面。比如，纪录片《阴阳》平静地记录了宁夏缺水山村里一位风水先生的生活状态及环境，编导以最冷静地记录、最贴近地还原生活面貌为审美追求。在前期拍摄中，创作者用了将近一年半的时间跟拍，而且，为了表现与当地农民生活环境相吻合的不动感，90%以上的镜头是在三脚架上拍摄的。在后期剪辑时，编导为全片确立的剪辑基调是：完全遵循对当地生活节奏的感觉——不动，因为他感到在那里没有车辆，树也不动，牲口也老趴在原地，这样的剪辑基调与他所追求的纪录风格相一致，也是实现这种风格的基础。所以，在全片的剪辑过程中，编导没有刻意寻找长短相间的节奏感，所选用的镜头基本都比较长，最长的镜头用在了开场，有两分多钟。同样，另一部纪录片《英和白》也几乎都是以固定镜头的冷静观看的方式展现内容的，但是，与前片所不同的是，该片在记录真实生活的同时也力求体现对生活哲理的思考，全片的剪辑基调从容而紧凑，景别、角度变化相对比较丰富。

（三）叙述性节奏的变换性——节奏曲线的设计

节奏基调的统一性并不等同于没有变化的单一性。没有变化的节奏会使视觉效果变得沉闷，长时间持续的相同内容会让人感到乏味，而变化起伏的节奏可以带动观众的情绪变化，使之保持有效的关注度。

有研究表明，在一般情况下，在叙述性的表现中，表现时刻流的持续时间长度是2—3分钟，超出这个长度，观众就会渴望屏幕做出反应。所谓"表现时刻流"，是指屏幕上一系列具有流动感和表现力的瞬间。因此，有效利用内容提供的节奏因素，巧妙安排好节奏的发展变化，是满足观众欣赏心理的必然要求。

这种变化是通过代表节奏基调的主线节奏和代表变化的副线节奏的穿插搭配来实现的。即有吸引力的节奏线不是毫无变化的直线，而是上下起伏的曲线。一部影视剧中，代表节奏基调的主线节奏无论是紧张的、欢快的，还是平静的、缓慢的，都会有与之不同的副线节奏穿插其中，形成一个上下起伏的节奏曲线。节奏曲线的设计要考虑两个方面：一是剧情中内容表现的需要，二是影片结构安排的需要。

事实本身的因素是指构成事实发展的不同内容具有不同的情绪性质，因而也就具有不同的节奏感受。比如，草原牧场风景优美，是抒情的慢节奏；草原的夜景悄无一人，是宁静的慢节奏；草原夜晚载歌载舞，是欢快的快节奏；在草原上悠闲地放马，是慢节奏；你追我逐的套马比赛，是紧张的快节奏。电影《黄土地》整体节奏基调缓慢，多运用固定的远景镜头、全景镜头，但是在三分之二处，表现解放区延安的画面时，则呈现了快节奏。因为，节奏变化体现了影片内容的变化，影片展现了黄河南北两岸分别代表着不同文化形态的地区的人们：生活在黄河南岸的翠巧一家，处在愚昧无知、受传统思想严重禁锢的状态之中；而黄河对岸的延安是八路军领导下的解放区，一些新思想、新观念已经产生，那里的人民生活在一个自由、祥和的环境之中。两种完全不同的内容在节奏上也呈现出缓慢与欢快两种强烈对比的状态。电影《罗拉快跑》的剪辑风格总体上呈快节奏倾向。影片中以罗拉奔跑的运动镜头为主，主体运动速度快，主体动作多采用"动接动"的方式。许多段落的剪辑，如时空隧道等，甚至采用了叫人几乎无法分辨拍摄对象的电视广告和MTV的剪辑风格。影片的节奏变化是在每一次奔跑结束后的几分钟静止的画面，罗拉和男朋友曼尼赤身裸体，在交谈中得到爱情的求证，他们不甘心这样的结局，于是时光倒流，让他们重新奔跑，没有这短暂的静止和反思，就不会有新的奔跑，就不会有新的生活和新的结局。

在编辑这些素材的时候，要考虑其不同的节奏性质，然后在结构节目和安排镜头次序时做出快慢缓急、动静相宜的合理配置，因为单一节奏持续时间过长会造成观众的疲劳感，通过节奏结构的变化可以起到调节作用。

以表现风光优美、人迹稀少的草原见闻为例。这样的电视片一般是以抒情的节奏进行的，但如果长时间持续这样的节奏则会令人疲劳。因此，需要有意在其中安排一些小高潮造成跌宕，这些小高潮既可以是有矛盾冲突的情节或事件，也可以是动作性强的段落，或者是利用人物的同期声，等等。比如，开场是草原牧场优美的风光（宁静的慢节奏）；蛇突然出现，向马进攻，两者相斗（紧张的高潮）；马终于踩死了蛇，草原又归于宁静，牧民在悠闲地放马（舒缓的慢节奏）；此时，草原另一角的牧民却开始了套马游戏，你追我逐，欢笑声洋溢在草原上（激烈的快节奏）；入夜，草原夜色静谧（抒情的慢节奏）。显然，蛇马相斗、套马游戏不仅展示了草原生活的实景，而且，从结构安排上也造成了张弛有致的节奏效果，不时地调节着观众的心理情绪。

而影片《阳光灿烂的日子》则根据每一个事件内容性质的快慢缓急安排结构，调整节奏，使整个影片节奏曲线的设计更加复杂、更加波澜起伏，极大地调动了观众的情绪。影片选择了许多有趣的事件，例如："胡同斗殴""遭遇米兰""桥下打架""送米兰""跳烟筒""雨中求爱"，等等。如果把这些事件进行归类，无非是两大类：一是爱情，一是暴力。对于爱情和暴力这两个相互对立的内容采用交叉剪辑，表现暴力的快节奏和表现爱情的慢节奏交替呈现，使整体节奏由紧到松再到紧，一张一弛，变化有致。

影视剪辑中对节奏的把握是至关重要的，正如摩西纳克所言，"最后确定影片本身价值的那种特殊价值还是节奏"，"是节奏，不然就是死亡"。

（四）节奏与动静的关系

节奏的本质是运动的变化，无论是内在叙事性节奏的发展变化还是外在造型性节奏各元素的对比作用，其节奏实质上都是在运动和相对静止的更替中形成的，诸如叙事内容的紧张与松弛是动与静，镜头切换的快与慢是动与静，声音的强与弱也是动与静。

从这个意义上看，我们可以用动静相生来作为把握节奏的一个原则。这种动静节奏既可以由叙事内容的丰富与简约、内容性质的紧张与舒缓等对比来安排，也可以利用声画关系、景别、动势等形式元素的巧妙组合来调节，其变化的基本方式有两种：

一是渐变式，强调节奏的自然变化，也就是镜头动静关系的转换是建立在镜头逐步推进、内容不断铺垫的基础上的，节奏变化的界限不是很明显。比如，从清晨的空寂到逐渐出现各种忙碌的身影，镜头节奏逐步递进。

二是突变式，强调前后节奏的对比，以加大动静反差的方式造成视觉心理的震惊感，节奏变化强烈。比如，前一组是摩天大楼的全景镜头，节奏相对舒缓，突然镜头切换到人声鼎沸的交易所，近景镜头中动感更为强烈，这比镜头逐步过渡到交易所在节奏上显得更加紧凑。

无论是渐变还是突变，外在节奏都应该与内在节奏保持一致，比如，内在节奏慢，外在造型手段上也多采用能够体现慢节奏的方式；反之亦然。但是，也有些时候，为了取得更好的叙事效果，内在的动静变化与外在的动静变化可以暂时分离，这是一种更为深刻的意义上的内外融合与统一。

比如，纪录片《小宇宙》中就有这么一个非常精彩的结尾：月光弥漫的夜色下，通体透明的幼蚊从泥塘里挣扎出世，孑然而立，纤细修长的前肢拢于胸前，在空灵的主题音乐衬托下，蚊子就像一位优雅的歌者，此时画面内的情绪节奏以及画面外的镜头转换节奏都是相当舒缓的。突然，镜头切换，歌声骤停，随着嗡的一声，画面内的蚊子一下子飞走了，镜头内部节奏由静转动，空荡荡的画面延续了几秒，微弱的虫鸣声时隐时现，一切似乎恢复了宁静。但是，动态之后的宁静令人感受到宇宙万物无时无刻不在的勃勃生机。在段落的最后，影片利用镜头形态的相似关系，顺畅地切换出两个远山、田野的大全景，伴着曙光渐现，鸡鸣狗叫、人声鼎沸的新的一天又开始了，画面内的动感逐步加强。

在这一段中，动静关系不再是镜头结构形式或画面形象方面可见的运动或静止，而是通过不可见但却支配着观众心理情绪的内在节奏来作用的。《小宇宙》的创作者很好地把握了叙事中动静相生的技巧，从静到动，由动转静，静中生动，虚实相生，使此片产生了出人意料的表现力，同时也丰富了画面内涵。试想，如果随着蚊子飞走，镜头也随即切换为夜晚田野的镜头，那么，那种由动静反差而形成的对于自然节奏的深刻感受也会随着镜头的切换而消失。在这里，娴熟的剪辑技巧中已融入了创作者对于小宇宙这一选题的哲学思考，也融进了创作者对于现实生活敏锐而细微的体验，也在最大限度上激发了观众的体验感。这一不同寻常的高度，也是剪辑中的难点。

需要再次提醒大家注意的是，电视编辑在考虑节奏处理的问题时，必须考虑到电视收看方式和传播目的的影响，也就是说，大部分电视作品的节奏和镜头长度必须首先保证观众能够获得必要信息，看得清楚明白，在这个前提下，才考虑节奏处理上的各种艺术表现。

知识补充　关于节奏的基本认识

一、节奏的概念

说到节奏，我们常常陷入这样一个境地：生活中我们无时无刻不在感受着各种各样的节奏：冬去春来、潮起潮落、日月交替、花开花谢、有规律的心跳、均匀的呼吸，等等，但是我们却很难用语言准确地定义什么是节奏。

意大利电影导演罗西里尼说：“至为重要的是节奏，而它又偏偏是无法言传的，只是人们身上固有的禀性。”

节奏之如艺术品，有如经络之于人体，人们只能凭着对作品的理解感觉到它的存在。

节奏是运动的产物，它存在于运动与变化之中。

生命的运动变化，给人们生理造成变化，使人们去适应新的规律，从而带来了人们心理感受的起伏，节奏应运而生。

在美学研究里，节奏是构成形式美的法则之一，是可以带来美感的方式之一。所谓“节奏”，“指运动过程中有秩序的连续。构成节奏有两个重要的关系：一是时间关系，指运动过程；一是力的关系，指强弱的变化。把运动中这种强弱变化有规律地组合起来加以反复便形成节奏”①。

1. 节奏是运动的产物

节奏是各种视听元素和内容元素运动变化的产物，它作用于人的情绪，是保持观众注意力、激发情感共鸣的重要环节。

“节奏”一词早在几千年前就已为古希腊人所使用，有“程度”“程序”“匀称活动”之意。我们古代哲人这样解释：“节奏，谓或作或止，作则奏之，止则节之。”（《礼记·乐记》）也就是说，静止、停顿就是“节”，行进动作就是“奏”。这揭示了节奏源于运动的特性，这种运动既可以在时间维度上线性展开，也可以在空间维度上延续。

2. 节奏是一种形式因素

以音乐为例。音乐的基础是七声音阶连同其中的半音构成乐音体系。但如果构成音乐的不同乐音只是毫无规则的鸣响，那么，就像汽笛或喇叭在鸣叫，它并不构成悦耳动听的音乐。只有当这些乐音按照一定的强弱、快慢的规则构成乐句，乐句按照一定的高亢、低回、热烈、沉静等对比状态组合成乐段，再由乐段按照一定的欢乐、忧伤等对比情绪组合成乐章，音乐才能让人感到愉悦，才能感染人的情绪。在音乐里，各个乐音是可以用声学仪器检测到的，是一种以声波为形态的实际存在；而节奏只是乐音的过程状态，是一种离开乐音就不复存在的状态。音乐中的乐音可以看成是一种介质、一种基础，而节奏是依附它存在的因素。所以说，节奏是一种非实体的形式因素。

3. 节奏是一种审美因素

假如一个人漫不经心地散步，我们并不会认为他的动作优美；但当他踩着鼓点有规律地抬手踏脚（比如跳舞），我们就认为这样好看。散漫地踱步与有规律地做肢体动作，都是人的动作，二者并没有实体意义上的不同，但前者却无法使观看者获得审美愉悦（好看），而后者则可以。导致后者好看的那个因素就是“节奏”。所以我们又说，节奏是一种

---

① 杨辛，甘霖. 美学原理［M］. 北京：北京大学出版社，1993：166.

导致美感产生的“审美因素”。

4. 客观节奏与主观节奏

物质有规律的运动形成节奏，这是客观节奏。正像昼夜交替、日月星辰不由人的意志为转移一样，客观节奏是一种自然的、社会的客观存在，包括张弛、长短、冷热、高低、快慢、动静、轻重、强弱等状态。尽管客观节奏变化万千，但是由于存在着规律性的内核，因此理解和把握它却并不是很难。节奏的复杂性在于除了客观节奏层面外还存在着主观节奏，这是人对客观存在的一切节奏的主观反映，带有强烈的主观倾向性。比如有些MTV作品节奏强烈，剪辑率高，在音乐的配合下，画面令人目不暇接。一部分观众对这类作品推崇备至，而另一些观众则无法接受，认为画面还没看清就没了，太快，太乱，看了心慌。这种差异主要是由于每个个体的个性、年龄、经历、文化背景等不同所造成的。我国著名的美学家朱光潜认为，“节奏是主观与客观的统一，也是心理和生理的统一，它是内心生活（思想和情感）的传达媒介”①。

二、不同艺术门类节奏的表现形式

节奏与“强弱变化”密不可分，同时与“有规律地组合”紧紧相连。

由于节奏是一个涵盖若干艺术和媒体门类的概念，所以，在不同的门类里，节奏的“强弱变化”具有不同的内涵。分别了解一下这些不同的内涵，有助于我们更加深刻地理解电视节目的节奏。

音乐里的节奏是最鲜明而最容易被感觉到的。在音乐的节奏里，最基础的因素是力度的变化，节拍的强弱或乐句的强弱构成音乐的基础。此外，情绪的起伏也是非常重要的，一首简单的乐曲往往包含了若干富于情感变化的乐句，并将情绪在起伏中向上发展，最后促使高潮到来。至于复杂的乐章，那就包含了更为丰富的情绪变化，包括情绪强弱的变化和情绪性质（喜悦—悲哀、躁狂—宁静，等等）的变化。

在诗歌中，节奏的强弱变化则以语言文字为载体，通过语言文字的要素表现出来。最普遍的是韵脚的一致与转韵、间隔之间的变化；（汉语诗）诗句内声调的变化，如平仄的交错；以及长句和短句的交替使用；还有诗歌内意象意境的对比和变化。比如：“朱门酒肉臭，路有冻死骨”（杜甫《自京赴奉先县咏怀五百字》）、“山重水复疑无路，柳暗花明又一村”（陆游《游山西村》），等等。

在舞蹈里，除了音乐本身的节奏外，舞蹈动作的快慢、力度的强弱、舞蹈者队形和人数的变换等，都是节奏强弱变化的构成要素。甚至舞台美术、灯光的变换（比如置景中的高山变为平湖，灯光的暖色变为冷色），道具中的大红绸换成蓝丝带，乃至于男演员的健美挺拔与女演员的柔和娇美交替，都可以成为节奏的要素。

---

① 朱光潜. 朱光潜美学文集［M］. 上海：上海文艺出版社，1982：110.

至于话剧演出，除了舞台美术、灯光、置景、道具可以成为节奏因素外，台词更是一个重要的方面。大段直抒胸臆的内心独白与唇枪舌剑的短语交锋，是台词在节奏意义上的常见状态。此外，情节本身的安排通常也要考虑节奏因素：激烈的冲突之后，或许是缠绵的爱情场面；扣人心弦的情节之中，又时而设置插科打诨的喜剧因子；悲怆的气氛延续一定时间后，适度的希望之光就必现熹微……在具体的过程中，还有无数的操作方式，这里就不一一罗列了。

三、节奏的运用原则

节奏运用的最高原则是“多样统一”原则。“多样统一是形式美法则的高级形式，也叫和谐。”[①]因为，多样统一是宇宙间万事万物的基本特性，是人们知觉系统所感受到的最为普遍、深沉的一种状态。单纯的多样是混乱，单纯的统一是单调，这二者都不能给人以美感。只有当多样以恰当的方式结合在一起，构成多样中的统一、统一下的多样，才能给人以和谐的感觉。而在具体操作中，多样统一是手段，而和谐是目标。在节奏的处理中，人们正在努力把各种强弱因素变换安排，使其统一在一种韵律和完整的段落之中。这其间，强弱的变换不是随意的，而必须遵循统一的原则；统一更不是僵化的，它在不断的变化中实现。以乐曲为例，任何乐曲都必须有强弱拍的交替，但这种交替有其规定的速率（每分钟多少拍）；任何戏剧都有剧情的起伏，但情节解决的高潮必须安排在结尾；诗歌可以有各式各样的语言变化，但诗句的安排必须节奏鲜明，句末一字一般需要押韵，句中声调必须交替（格律诗有着极为严格的平仄规定，但即便是非格律诗，也不可能一个声调用到底，如“东方汪刚装钢枪”之类）……具体的情况还可以罗列很多很多。所有这一切归结到一点，最后的判别标准是：是否实现了和谐。实现了和谐，也就实现了多样统一。

单元总结

影视节奏需要通过外在的造型手段来体现。主体的运动、摄像机的运动、镜头景别与角度的变化、色彩和光影的变化、声音变化、镜头蒙太奇（剪辑率）是影响节奏的基本造型因素。

叙述性节奏是以客观世界为依据的节奏，叙述性节奏的安排首先基于人们对现实生活的体验，是以客观事物本身的发展变化速度为依据的。

节奏基调，就是影视作品主线节奏的叙述情绪。在剪辑一部作品之前，首先应该确立这部作品的节奏基调。节奏基调的统一性并不等同于没有变化的单一性，这种变化是通过代表节奏基调的主线节奏和代表变化的副线节奏的穿插搭配来实现的。

动静相生是把握节奏的一个原则，变化的基本方式有两种：一是渐变式，二是突变式。

---

① 杨辛，甘霖. 美学原理［M］. 北京：北京大学出版社，1993：168.

任务一　考核参照表

任务	将《阳光灿烂的日子》的开头“送父出征”“窥视跳舞”两个段落解析成分镜头脚本，分析节奏的表现效果		
完成形式	小组	小组成员	
完成时间			
任务内容	1. 将片段拉片，解析成镜头序列，完成分镜头脚本的写作 2. 比较两个段落的镜头长度，分析两个段落的剪辑节奏，结合影片主题分析并说明这样处理节奏的理由		
成果形式	文字形式：作品分析和分镜头脚本		
完成步骤	1. 明确任务 2. 反复观看《阳光灿烂的日子》的开头两段 3. 解析成镜头序列，完成分镜头脚本 4. 比较两个段落的镜头长度，分析两个段落的剪辑节奏 5. 分析这样处理节奏的理由 6. 检查		
过程评价（40%）	1. 任务完成过程中的态度，是否按时上交成果 2. 能否以小组为单位对作品进行充分的分析讨论，个人能否提出独到的见解	评分	
成果评价（60%）	1. 分镜头脚本按格式完成，详尽精确 2. 作品分析中能合理解释影片中节奏的方式	评分	
指导教师评语			

任务二　考核参照表

任务	从素材中选择镜头，分别剪辑完成四个节奏段落		
完成形式	小组	小组成员	
完成时间			
任务内容	每个段落用10—15个镜头创造出不同的节奏，分别为：慢节奏段落，快节奏段落，节奏由慢渐快的段落，节奏由快渐慢的段落		
成果形式	四个视频片段		
完成步骤	1. 明确任务 2. 认真审看教师给定的素材 3. 选择合适的镜头组接完成四个片段 4. 加入声音元素（此步骤也可省略） 5. 检查		
过程评价（40%）	1. 任务完成过程中的态度，是否按时上交成果 2. 团队协作意识 3. 创新能力	评分	
成果评价（60%）	四个视频片段中体现出了准确的节奏感，内外节奏统一	评分	
指导教师评语			

模块三　电视镜头组接

镜头是影视节目的基本构成单元。今天的电视节目都不是开着摄像机从头到尾不间断拍完的，而是用分镜头来拍摄的，这就出现了将这些分散的镜头整理、加工后重新排序，组接成连贯、完整的电视节目的问题。所谓“镜头组接”，就是依据一定的规律和目的把单个镜头组接在一起，形成具有一定含义和内容完整的电视节目。

在第二个模块中我们谈到，电视作品结构的一个主要问题是节目的内部构造，即对电视片系统内各局部、各要素的构成和转换的把握，使作品上下贯通、过渡自然。第三个模块的学习重点是如何合理地进行镜头组接，这就要求我们掌握镜头组接的基本原则和一些组接技巧。本模块包括镜头组接的基本原则、电视镜头组接技巧、场面与段落的转换技巧三个学习单元。

学习单元七
镜头组接的基本原则

镜头组接的基本要求是连贯和流畅，即“做出一次流畅的剪接，意味着两个镜头的转换不致产生明显的跳动并使观众在看一段连续动作的幻觉不致被打断”①，流畅的剪辑或者说剪辑的连贯性是指通过剪辑在上下镜头之间建立起来的自然过渡关系。也就是说，镜头转换要保证画面的连贯性，要符合一定的原则。本章讨论的就是这些基本原则。

学习目标

（一）知识目标

1. 知道镜头组接必须符合生活的逻辑与思维规律，重点把握观众的思维规律和镜头组接的基本关系；
2. 知道镜头组接的匹配原则，重点掌握轴线规律以及越轴的处理方法；
3. 知道画面动与静的概念，掌握“动接动”“静接静”的原则。

（二）能力目标

1. 能够准确分析电视节目的镜头组接情况；
2. 对于不符合组接原则的镜头连接，能够指出其原因或提出修改办法。

---

① 波德维尔，汤普森.电影艺术：形式与风格[M].彭吉象，等译.5版.北京：北京大学出版社，2003.

任务描述

任务一：按照以下要求拍摄并剪辑完成视频片段：

1. 拍摄一组校园风光镜头，针对相同的画面内容同时拍摄运动镜头和固定镜头，然后在非线性编辑设备上进行组接。观察不同镜头连接时对视觉感官的影响，理解镜头组接“动接动”“静接静”的原则。

2. 在相同背景下拍摄一个人物的三个画面：A.全景，人物居于画面的中间偏右位置；B.中景，人物居于画面的中间偏右位置；C.中景，人物居于画面的中间偏左位置。将镜头A分别与B、C连接，看看因人物在画面中的位置变化带来了什么不同的视觉感受。理解位置的匹配原则。

3. 在不同位置拍摄同一主体的同一次运动，观察所拍摄画面，运用拍摄的素材剪辑出一段镜头，使主体的运动方向保持一致。体会轴线规律的应用。

任务二：观摩一部获奖影视作品，找出五处以上体现镜头组接原则的段落，并分析作品中落实这些原则的技巧。

第一节　符合生活逻辑与思维规律

影视节目是由一系列的镜头按照一定的排列次序组接起来的。镜头的发展和变化必须遵守一定的原则，才能使镜头流畅地延续下来，才能使观众从影片中看到它们融合为一个完整的统一体。下面，我们将对镜头组接的原则做详细的叙述。

一、案例分析

案例7.1

《疯狂的石头》片段

第十二届华表奖颁奖典礼上，《疯狂的石头》获得了优秀数字电影奖，这部影片的剧作、剪辑、台词等元素共同形成了精致、精细的影片肌理效果。影片结尾段落干净利落、诙谐幽默：饿了几天的黑皮，看到蛋糕店橱窗里那诱人的面包，手都在打战，嘴唇也打战了，无奈的他露出自己的本行，一声清脆的玻璃破碎声后，黑皮拿着抢到的面包，以60迈的速度奔跑在大街上，被面包店老板骑着摩托车追赶……如图7-1所示：

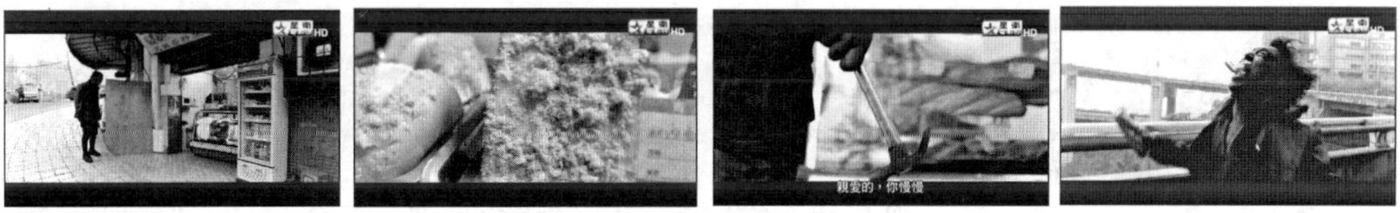

图7 1　电影《疯狂的石头》

在这个片段中，观众之所以能正确理解画面内容，是因为观众能依靠自身的生活经验去感受画面信息：饿得不行—想吃东西—看到面包—激动不已。这些经验其实就是生活中的正常逻辑思维。主人公黑皮想抢面包，一声玻璃破碎的声响之后，接下来就是面包店老板在大街上追赶黑皮的镜头，中间并没有展示黑皮砸玻璃和拿到面包的镜头，但是观众能理解黑皮的面包是怎么来的，这是因为前面的一个锤子的镜头和接下来听到的玻璃被砸碎的声音给了观众感知结果的理由，影片省略的片段被观众凭借认识事物的思维规律填补出来了，镜头前后自然串联起来了。

案例7.2

百米赛跑的起跑线上，运动员各就各位。发令枪被举起，观众紧张观看。摄像师拍摄了几组镜头：

镜头A：发令枪被举起，发令枪响

镜头B：几个观众的反应镜头

镜头C：几个运动员凝神屏气的表情

镜头D：运动员起跑

如果我们要表现运动员起跑的场面，该如何选择镜头并将这些镜头组接在一起呢？

如果镜头1是发令枪响，镜头2就应该是运动员起跑，假如在发令枪响后插入观众的反应镜头，这就明显地破坏了时间的连续感。因为枪响和运动员起跑在现实中几乎处于同一时间状态，插入镜头会使运动员起跑滞后，这显然不符合生活的逻辑。

如果镜头1是发令枪被举起，但尚未打响，其后接几个运动员、观众凝神屏气的表情，再接发令枪响，这样的组接则是合理的。因为在枪被举起和打响之间，有一定的时间间歇，插入镜头可以强化起跑前的紧张气氛。但是，一旦插入的镜头过多或过长，超出了人们感知的现实时间长度，观众就会发出疑问：发令怎么会用这么长时间啊？

我们再设想一下A—D—B的连接：发令枪响后，运动员起跑，再接几个观众的反应镜头。这样连接表面上看是符合生活的逻辑的，当运动员起跑后，观众非常紧张地观看，似乎很正常。但如果你真地这样连接了，观众一定会责骂你。为什么呢？因为这不符合观众观看电视节目时的心理活动规律，不能满足观众欣赏电视节目时的视觉心理要求。此时此刻，电视机前的观众和现场观众一样，最想看到的是运动员赛跑的情况，而且百米赛跑转瞬即逝，这种插入中断了正常的运动进程，给人不流畅之感。

因此，这里可以根据实际情况选择以下几种组接方式：

◎ A—D 发令枪响；运动员起跑。

◎ A—B—C—A—D 发令枪被举起；几个观众的反应镜头；几个运动员凝神屏气的表情；发令枪响；运动员起跑。

◎ B—A—C—A—D 几个观众的反应镜头；发令枪被举起；几个运动员凝神屏气的表情；发令枪响；运动员起跑。

但在后面两种组接时，要特别注意控制反应镜头和运动员表情镜头的长度。

以上案例分析实际上说明了镜头组接时应该符合生活的逻辑和思维规律。那么，什么是生活的逻辑？人类有哪些思维的规律呢？

二、相关知识

（一）镜头组接应该符合生活逻辑

所谓“生活逻辑”，就是指事物本身发展变化的规律，任何事物的生成与发展都有其自身的方式和规律。人们做事有动作的顺序和规律，比如先吃饭后洗碗，先洗衣后晾衣等；事件的发展有其固有的过程，比如盖房子就要经历设计、备料、施工、落成等阶段；自然界的变化也有其自身规律，太阳从东方升起，由西方落下，一年有四季等。这些都是生活本身的规律。把动作或事件发展过程通过镜头组接清楚地反映到屏幕上，是电视编辑最基础的工作。由于在电视屏幕上对现实素材进行了重新组合，时间空间关系也发生了变化，所以，编辑在剪辑每一个镜头、安排镜头顺序、考虑剪接点位置时，都应该符合现实感受，比如洗菜、切菜、做菜、装盘，是炒菜的完整动作过程，镜头的选择和连接只要按照这个过程进行即可，即使中间有省略，观众一般也能够理解。但如果把这个动作过程进行颠倒，比如先炒后洗，就不符合生活的逻辑，就会让观众迷惑。当然，只要把握事物发展的总体进程和认识过程，重视这一问题，镜头次序上的逻辑错误是可以避免的。

在现实逻辑中，事物的发展不仅在纵向上呈现出时空变化，而且在横向上也与其他事物保持着千丝万缕的联系，这种联系是我们全面认识事物的基础，也是镜头转换的逻辑依据，所以，镜头连接也必然要符合事物之间的现实关联。事实上，观众的心理联想也正是建立在这些生活认识基础之上的思维活动。

（二）镜头转换应该符合观众的思维规律

思维规律是指人们观看电视节目时的心理活动规律，所谓镜头转换符合观众的思维规律，即满足人们欣赏电视节目时的视觉心理要求。电视观众之所以能够接受电视对现实的改变，是因为这种改变是以人的基本思维规律和视觉原理为依据的，如果无视这些规律，电视制作人的劳动就不会得到观众的普遍承认——不管他的作品多么有思想和才华。在看电视时，我们可能会有这样的体验，一个重要的镜头尚未看清楚，就被另一个镜头所替代，或者想看到的画面没有出现，没有更多信息量的镜头却迟迟不结束，如此往往使观众感到不满。对于编辑来说，由于他反复观看素材镜头，甚至亲自置身于拍摄现场，对于事件、问题的来龙去脉已经非常清楚，所以在后期剪辑中，镜头稍有提示他便一目了然，并且会自然联想到与之相关的现场或背景情况，而忘记了观众是第一次看到画面，忽略了观众的理解能力，这常常导致在节目结构、镜头转换中出现省略过度、交代不清的问题。

比如，我们在屏幕上看到“紧急刹车”的镜头，马上会想到，被撞倒的是什么？因为生活经验告诉我们：事故发生了！这时，我们一定会产生想看看“事故现场”的想法。接下来的镜头中应该出现“事故现场”的画面，如“躺在地上的骑车人”。如果不这样处理，镜头中出现的是街头熙熙攘攘的人群，观众肯定不会感到满足。

再比如，跟拍一个人在马路上走，然后拐进胡同，寻找一家人的门牌，如果始终只用一个中景的跟拍镜头，那么观众就无法想象胡同的环境，镜头在长时间内又没有提供更多的信息量，便容易使人感到乏味。如果改为用全景介绍他从马路拐进胡同，再用中景跟拍他找门牌，并且插入他主观视点中所见的胡同景象，这样的叙述显然就丰富了许多，也可以使观众对事物有了较全面的了解。

（三）镜头剪辑应该符合观众的观察规律

作为电视编辑，应该牢记，了解画面内容，了解事件的环境与进程，是观众欣赏电视节目时最基本的心理要求，观众完全是通过镜头的相互关联来建立对事物的认识的。同时，剪辑是一种符合人们观察客观世界时的体验和内心视像及思维规律的表现手段。作为表现客观世界的一种方法，它基本的心理学依据是：剪辑重现了人们在环境中随注意力的转移而依次接触视像的内心过程，以及当两个或两个以上的现象在我们面前联系起来时，必然会产生的、按照一般的逻辑发生的联想活动。这种过程和活动，是有规律的。

1. 人们在观察事物时有忽略次要情节的倾向

有选择地观察和记忆，这是人类视觉、形象思维的一个重要特点。现实生活中的人不会事事细心地去观察周围的事物。通常只关注那些主要的、能够引起自己兴趣的事物，关心主要情节，关心自己感兴趣的东西。比如阳光灿烂的一天，你去一个朋友家里，然后朋友带你去他的新家。如果用镜头来表现这个过程，你会选择哪些画面呢？（我们都有这样的体会：走在大街上，街上的全部事物都展现在我们眼前，我们似乎看到了一切，但只有那些比较独特的东西才会吸引我们的注意力，才会让我们去注视它。）你离开自己家去朋友家时，走的是一条熟悉的路，一般不会注意周围的事物。在叙述这类情节时，影视常常把离开自己家和到达朋友家这两个画面组接起来，省略掉中间环节。而从朋友家去朋友新家的路上，你自然会关注路上的特征，关注新家所处的环境，于是，就多了几个有特征的片段。而当你再回忆这些景象时，脑子里出现的就是吸引你注意的几个片段，这些片段构成了你脑海里关于去朋友新家的视觉形象，这就是经过选择后的视觉空间。时间也是如此，当你回忆昨天的生活，出现在你脑海里的肯定不是每时每刻，而是几个主要片段。为了叙述这类情节，电视编辑可以把这些片段画面组接起来，而省略掉中间环节，从而使电视的语言简洁、内涵丰富。

当然，我们要注意的是，在剪辑过程中，我们舍弃的情节必须是次要的，包括观众不看就知道的带有必然性的情节、不影响叙述的无关紧要的情节。否则镜头之间就会有跳跃，轻则让人感觉交代不清，重则使人不知所云。

2. 人们观察事物时的视线运动特点

在日常生活中，对外界事物进行观察时，我们的注意力总是被好奇的内心要求和客观事物本身所吸引，常常改变视点或观察方法对事物进行仔细的观察，在观察中有这样一些特点：

◎ 人们的视线从一物转移到另一物，几乎忽略中间过程，注意力是直接从一物跳到另一物；

◎ 人们观察事物时总是先粗后细，由远及近，或反过来先了解局部，再推及整体；

◎ 人的视线运动，随心境和观察运动的速度而变化，因此变换镜头的频率将影响节奏。

当我们来到了朋友的新家，我们会对新家周边环境进行观察，有特色的建筑、雕塑，一草一木、一花一树，假山池塘……我们的注意力会直接从一个有吸引力的事物跳到另一个，而不会关注两者之间有什么，走过之后，我们脑子里留下的，就是这些有特色的事物，这就是我们画面剪辑中镜头“切”的视觉基础。在镜头连接时，可以直接从一个让观众感兴趣的画面跳到另一个，只要符合镜头连接的基本原则，就不会让观众感觉突兀和产生视觉跳动。

再看一个例子，小李在商业街闲逛，并对某商店的一件衣服产生了兴趣。要表现他对衣服的观察过程，怎样组织镜头呢？小李逛街，他可能突然被某件衣服所吸引，然后才注意到这件衣服挂在某个橱窗里，再发现这个橱窗是属于某家商场……或者，他是走入某个商场，环视一周，被某个品牌所吸引，再进去仔细挑选衣服，然后，看上了某件衣服，拿出这件衣服，仔细观察这件衣服的细节……这实际上就为我们选择镜头表现提供了依据，我们可以由远及近，也可以由近及远，这就是景别变化的视觉基础。

3. 人们观察事物在一定的时间内总带着一致的眼光

如果在同一时空中，对同一对象所作的判断、描述自相矛盾，很容易造成思维混乱。因此，在对同一场景的电视镜头进行编辑时，时空完整、背景一致、服装统一是基本的要求。我们要求同一时空中背景要一致，不可突然生出一样东西，或者突然少了一样东西。视点要相对固定，不可忽东忽西，服装要统一，等等。也就是说，符合逻辑是电视剪辑最起码的要求。

在节目录制过程中，由于某种原因——比如演员笑场了、忘记台词了而中断了节目。重新开始录制时，也许刚才演员手上拿着的道具放下了但大家并没发现。而在后期编辑时，如果你把录制中断前后的两个镜头连接在一起，就出现了演员手上的某道具瞬间消失了的现象，这就使节目出现了漏洞。编辑就要想办法弥补这个漏洞，插入一个现场观众的镜头是一种比较常见的方法。

4. 人们会因为事物的相关性而产生联想

人们总是习惯将事物进行比较从而产生定向的联想和概括，这是人们普遍存在的一种思维定式。因为事物之间本来就存在着广泛的联系，这里有外部特征上存在的明显相关之处，也有内部逻辑上的相通之处，还有社会语境带来的相互联系。比如看到冲刺的运动员，我们可能联想到飞奔的羚羊；我们会把可爱的儿童比喻为含苞待放的花朵；而乌鸦的叫声又常常带给我们不祥之感……

由于存在这种思维习惯，把这些相关的画面组接在一起，就很容易在观众脑海中建立起它们的某种联系，这是蒙太奇的基础，也是构成镜头组接的基本关系。

（四）镜头组接的基本关系

镜头的合理连接是以镜头之间的内在关联为前提的，只有这样，镜头连接才会呈现出有目的的连贯性。那么，镜头之间存在哪些逻辑关系？它们是怎么样构成的？我们先来看几组镜头：

第一组　镜头A：甲举枪射击

　　　　镜头B：乙中枪倒下

第二组　镜头A：萨马兰奇宣布“北京”

镜头B：中华世纪坛上，人们欢呼

镜头C：北京电视台导播室里，人们欢呼

镜头D：各地人们欢呼

第三组　镜头A：鲁四老爷家点灯放炮辞旧迎新

镜头B：祥林嫂孤苦伶仃走在风雨交加的荒路上

通过对这几组镜头进行分析，我们很容易就发现，在第一组镜头B中的乙之所以会倒下，是因为镜头A中的甲开枪打中了他，两个镜头之间存在着一种因果关系；在第二组镜头中，镜头B、C、D里的人之所以欢呼，是对镜头A中萨马兰奇宣布2008年奥运会在北京召开的一种反应；第三组镜头则明显体现出一种对比关系。可见，镜头之间的关系多种多样，概括起来，比较常见的有以下五种。

1. 因果关系

因果关系是事物间最常见的关系形态，由原因引起结果，或者由结果推导原因，是观众欣赏的逻辑趋向。当人们看到一个动作建立时，总是下意识地希望看到动作的结果；反过来，当人们看到一件事情的结果时，也希望了解造成这一结果的原因。比如我们把第一组镜头的意思换一种方式表现：

镜头A：乙中弹，两眼惊恐地看向某处，倒地

镜头B：甲举着枪，枪口还冒着烟

同样是叙述甲开枪击倒乙这件事情，这两种叙述方式都符合因果逻辑，都是可行的。但如果直接把第一组镜头颠倒，就会让观众不理解，会猜想怎么甲还没射击，乙就中弹了，是不是还有第三方存在？在剪辑中，满足上下镜头因果关系的剪辑由于符合观众的欣赏逻辑，观众便会感到剪辑的顺畅连贯；反之有因无果，就令人感到不完整。

有时候，有些影片剪辑从艺术表现出发，故意不剪辑含有结果性或对应性的镜头，以造成悬念，激发人们的想象。比如，两个人对话，却始终不出现另一个对话者，一开始，这样的方式会令观众因心中疑问得不到满足而感到不适，但逐渐便会产生想象，另一个说话者是什么样的？此处，剪辑的顺畅性退居次位，戏剧性表达是目的。

2. 呼应关系

在生活中，一个事件或动作往往会引起某种相应的反应。比如，采访者与被访者、场上比赛与观众等，我们常说的反应镜头实际上表现的就是这种呼应关系。利用这种关系在表现比赛、演出的过程中适当插入观众的反应镜头，既合乎逻辑，也能满足观众的欣赏需求。但反应镜头的插入并不是随意的，而要把握好时机。反应的高潮点，如最全神贯注、最感人（如流泪）、最忘情（如笑得前仰后合、摇头晃脑地跟着唱、振臂高呼等）、最紧张（双拳紧握、双目圆睁等）的时候，往往是表现呼应关系的最佳时刻。例如，场上比赛进球时，人们不仅希望看到队员的表情，也希望看到观众的欢呼，如果此时转为大场面

镜头，观众看不清有关情绪表现的内容，便会有不满足感。尽管反应镜头没有传播主要信息，但是它们能使报道更完整、更立体，使叙事更丰满。

但如果在动作连续性很强的镜头中插入反应镜头，就容易破坏动作的连续性，影响观看效果，比如场上的运动员踢得正精彩，一个运动员飞起一脚，如果编辑在这里插入现场观众紧张、期待的反应镜头，一定会被电视机前的球迷骂，因为这个插入镜头就好像人为地挡住了观众的视线一样，影响了观众观看比赛。

由谈话者的谈话内容引出的与内容相关的插入镜头，也是符合逻辑的对应转换。例如某校长介绍该学校的教学情况，在他的谈话过程中，可以用他的谈话声作为画外音，插入学校教学设施、学生上课、课外活动等镜头，或者将他谈话的镜头与教学设施等镜头交替组接在一起，以避免画面的单调、枯燥，起到证实的作用，从而增加新闻的信息量。

当然，呼应关系不仅仅停留在单一的时空范围内，它还可以超越时空的束缚，形成镜头之间的相互呼应、相互关联。比如前述第二组镜头，萨马兰奇是在莫斯科宣布，而欢呼的画面是在北京和全国各地，这是对前面内容的反应动作，借助呼应关系，使上下镜头的连接顺畅。

3. 平行关系

相互关联的两件事情或几件事情同一时间在不同地点发生，或者某一时间内，某一事件在不同范围内产生相互联系的反应，是生活中的常事。比如，抗洪救灾，全民动员；北京申奥成功，举国欢庆；引人注目的话题，八方关注的视点。利用平行交叉组接相应镜头的方式，可以揭示诸多现象之间的联系。

通过镜头组接平行表现两条或两条以上的情节线索，揭示诸多现象之间的联系，既可以省去多余的过程，节省时间和篇幅，加快节奏，渲染气氛；又有助于表现事物的广度和深度，增加信息量。前述第二组镜头中的B、C、D镜头就是一种平行关系。

4. 冲突（对比）关系

生活中本身就充满矛盾和冲突，这本身就是生活的逻辑。因此，在剪辑中，我们就可以不以叙述的顺接关联而以其对比（冲突）关系为依据，将不具有时空连续性的镜头组接在一起，通过镜头的对列把这种关系和行为形象化地突出出来。比如，大与小，强与弱，冷与热，对与错，等等。对比可以直观地强化差异，前述第三组镜头就是运用两者间的对比关系进行组接的一个例子。

5. 烘托关系

上下镜头有主次之分，主镜头是动作或事物发展的主导镜头，而次要镜头起陪衬烘托作用。虽然缺少次镜头无碍大局，但是对于烘托气氛、情绪，次要镜头则功不可没。比如，表现一个人在大街上以修鞋为生，镜头始终关注在此人身上固然可以表达主题，但是，来来去去的人流、车流，繁华的街景，匆匆的脚步，这些镜头无疑很好地烘托了修鞋人的生存境遇。烘托性镜头既可以在同一时空内，也可以不在同一时空内，比如，借景抒情，不过这样的景物镜头应该与前一镜头有着协调一致的情绪关联。

事物之间的联系是复杂的，这里只是分析了一些常见的关系及镜头运用，目的是想强调，在镜头关系的处理上，只有将所欲表现内容的发展脉络和叙述目的了然于胸，镜头说话才可能说得清楚合理，在此基础上，剪接点的准确把握、造型的艺术运用才可能有意义。

第二节 “动接动”“静接静”原则

一、案例分析

案例7.3

张艺谋导演的申奥片《新北京 新奥运》虽然只有4分钟，却出奇制胜。短片瞬间吸引和震撼了国际奥委会的众多委员，为申奥成功做出了独特贡献。短片以信息量大、以情感人为主要定位，以图像和音乐的形式展现欣欣向荣的北京和申办工作的情况。短片开头镜头如下表所示：

表7-1 北京申办2008奥运会申奥片1—15号镜头

镜头号	画面	镜头动作	被摄体动作	视觉效果
1	天安门大门缓缓打开	固定	运动	有动感
2	运动员起跑	固定	运动	有动感
3	巍峨的群山，长城	摇	静止	有动感
4	城市公共汽车驶过	摇	运动	有动感
5	京剧演员描眉	固定	运动	有动感
6	固定景物远景	固定	快速漂浮的云	有动感
7	固定建筑全景	固定	前景在动	有动感
8-15	一组快速变换的镜头	有固定、有运动	有动有静	有动感

在这一组镜头中，1—5号镜头和被摄体的运动产生了动感；6—7号镜头是固定镜头，镜头的主体也是固定的，但在镜头中运用了陪体的动势来制造动感。特别值得注意的是第8—15号镜头，8个镜头总共只有不到5秒的时间，镜头基本上是固定的，镜头的主体有动有静，但这组镜头却明显带给我们运动的感觉。15个有动感的镜头连接，产生了流畅

的视觉效果，而且连续的运动创造了强烈的动感节奏，给人以美的享受。

二、相关知识

影视画面中的动与静，是由两个因素造成的，即画面中主体的状态和摄影机的运动状态。动与静镜头的连接遵循“动接动”“静接静”的基本原则。

（一）“动接动”原则

“动”是指视觉上有明显动感的镜头。“动接动”是指视觉上有明显动感的镜头要与有同样明显动感的镜头相连接。例如：

镜头A：行进中的列车

镜头B：行驶中的汽车

镜头C：从列车车窗向外拍摄的沿途风光

镜头A是固定镜头，主体是运动的；镜头B是固定镜头，主体是运动的；镜头C是运动镜头，镜头内主体是静止的。由于三个镜头有明显动感，所以，镜头A无论是与镜头B还是与镜头C连接，画面的视觉效果都是流畅的。

在表现动感的段落中，“动接动”的运用非常普遍，北京申办2008奥运会的申奥片中，一系列富有动感的镜头组接在一起，视觉流畅，具有强烈的动感节奏，给人以热情、动力十足的感受。

在运动镜头与运动镜头相连接时，要注意运动镜头本身由起幅、运动过程、落幅三部分构成（如图7-2所示），起幅是指镜头开始时的相对静止部分，落幅则是指镜头结束时的相对静止部分。

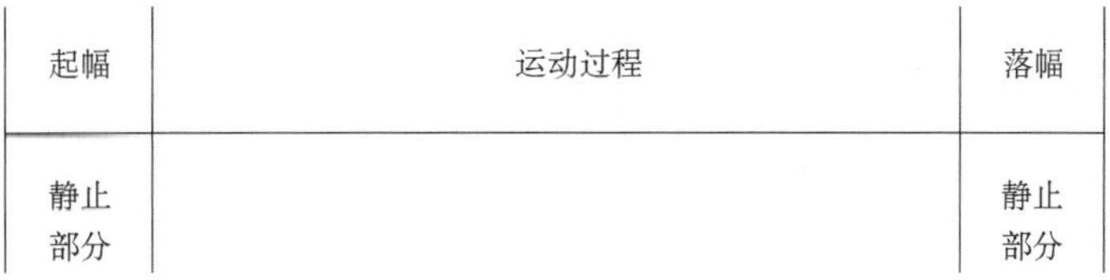

图7-2　运动镜头的构成

当一组被摄主体不同、运动形式相同、运动方向一致的镜头连接时，遵循“动接动”的原则，要去掉镜头的起幅或落幅。例如，在表现山水风光时，连续的“摇”镜头好似一幅展开的水墨画卷；表现精美的艺术品时，连续的“推”进给人层层深入、仔细揣摩的印象；表现优美的园林风光时，一次次的“拉”出则形成一步步展示的效果……

当一组被摄主体不同、运动形式（推、拉、摇、移、跟）不同的镜头要组接在一起时，除上下镜头运动方向相反的情况之外，镜头组接时应该去掉起幅和落幅。例如：

摇：辽阔的草原

推：草原上奔腾的骏马与骑在马上的人

移：跟拍骑马人

……

这些镜头组接时，要求在运动中切换，也就是除第一个镜头的起幅和最后一个镜头的落幅外，要去掉镜头衔接处的起幅与落幅，并注意上下镜头的运动速度比较接近，以保持运动节奏的和谐一致，这样才能保证视觉的顺畅和连贯，否则就会产生不和谐的感觉，使观察产生冲突感，视觉感受不连贯。就好像一个人走路，速度比较均匀会让人觉得很自然，如果走两步，停一下，再走两步，又停一下；或者走两步，又跑两步，再慢走几步，就会让人觉得怪异。

（二）"静接静"原则

"静"是指视觉上没有明显动感的镜头。"静接静"是指视觉上没有明显动感的镜头应该和同样没有明显动感的其他镜头相连。例如：

镜头A：教室全景，同学们正在听课

镜头B：中景，某同学在认真听课

镜头C：特写，该同学专注的眼睛

这里的三个镜头都是固定镜头，这样的连接不会给观众造成视觉的跳动，画面的视觉效果是流畅的。

表现静止景物的运动镜头，应该在"起幅"或者"落幅"处稍做停顿，才能与其他"静"镜头实现流畅的组接。如：

镜头A：摇　大教室

镜头B：固定　坐在位置上的某个同学

这里的镜头A要保留落幅，才能切换到镜头B。

镜头A：固定　某人站在窗前

镜头B：摇　窗外的环境

这里的镜头B要保留起幅。

在编辑时，一般要避免将被摄主体不同、运动形式相同、运动方向相反的运动镜头连接，如左摇接右摇，左移接右移，推接拉等。但有时因为场景的限制，不得不这样连接时，一般保留上下镜头相接处的起幅与落幅，遵循"静接静"的原则。特别是在一些新闻编辑中，经常遇到这样的情况，如：

左移镜头：主席台一边的与会者

右移镜头：主席台另一边的与会者

这样两个镜头组接时，如果跟前面一样遵循"动接动"的原则，去掉起幅与落幅连接，观众的头就会摇来摇去，视觉感受会很不舒服；如果保留上个镜头的落幅和下个镜头的起幅，落幅与起幅的短暂停留给观众一个适应的过程，观众就比较容易接受。

这里，我们讨论的是“动”镜头和“静”镜头连接时要遵循的原则。实际上，无论是“动接动”，还是“静接静”，其基本前提是两个：一是速度相近的画面衔接，保持运动强度的基本一致；二是同趋向的画面衔接，保持动势的基本一致。当然，镜头组接的形式是复杂多样的，不同的场合提出不同的要求，一方面，要求剪辑时尽量不要产生视觉跳动；另一方面，强烈的跳跃和对比常常又是刺激观众感官、制造情绪感染力的有效手法。因此，在影视剪辑中也不乏破坏规则，通过明显的“动”与“静”的跳切达到某种情绪效果的例子。

此外，在电视节目中，有动感的镜头与没有明显动感的镜头相连接是不可避免的，那么，我们要着重考虑的就是这样两个镜头在什么样的位置连接的问题，这个问题就是剪辑点的选择问题，我们将在下一个单元进行讨论。

第三节　匹配原则

一、案例分析

案例7.4

《太平轮·彼岸》片段

吴宇森执导的影片《太平轮·彼岸》讲述了20世纪40年代国共内战期间发生在浙江舟山外海的 次震惊世界的沉船事件。一艘名叫太平轮的商船满载伤兵、难民、工业器材等从深陷内战泥沼的上海逃亡至前途未卜的台湾，片中展现了来自不同社会阶层的三对恋人，他们在时局的急剧动荡、战争的冷酷与惨烈、生命被漠视与践踏的悲惨际遇下命运沉浮。在该片最经典的“海难”段落，于真在暮色浓重的甲板上与佟大庆不期而遇。船难发生了，两人跌入咆哮汹涌的波涛中，他们营救了房东老板的孩子，找回雷长官生前托付的笔记本……灾难的洗礼让他们的心越贴越紧。这个部分的色调运用了冷调子的剪辑处理，把一种凄凉、冷酷、幻灭的情绪传导到观众的认知心理中。而与此同时，在救孩子的搏斗中遭受重伤的严泽坤因失血过多产生了精神幻觉……他的爱人雅子向他一步步走进，深情地讲述着自己对爱人的思念之情……海天此时被渲染成一片血红，严泽坤紧随着雅子之后，带着幸福与满足一起沉入海底，导演以一种超现实的表现手法，用暖调子的剪辑样式赋予严泽坤之死以一种仪式感，间接表达导演的创作主旨——唯有爱，才能将战争中饱受摧残的灵魂泅渡到苦难的彼岸。由此，我们了解到色调的剪辑处理对作品情绪表达的作用。另外，在常规剪辑中，色调的统一处理有利于画面组接的流畅性和完整性。

二、相关知识

由上面的案例分析可知，要做到镜头剪辑的自然流畅，还得遵循剪辑中的匹配原则。所谓“匹配”，是指上下镜头在连接时具有顺畅的、一致的或对应的关系，从而保持视觉的连贯，符合人们日常的心理体验。这种一致的对应关系，通过人物的位置、视线、运动方向、动作、色彩、影调等造型因素以及剪辑点位置来体现。如果上下镜头连接缺乏形式上的和谐以及内容上的连贯，镜头造型因素之间的冲突对比就明显，视觉的跳跃感和心理的间断感就强，这说明镜头间“不匹配”。

理论上讲，所有不合理的让观众感觉不舒适的镜头连接，都可以说是不匹配的连接。这里，我们主要讨论几种比较常见的匹配。

（一）位置的匹配

位置的匹配是指上、下两个画面中主体所处的位置，从逻辑关系上讲要有一种空间的统一性，从视觉心理上讲要流畅和彼此呼应。

电视画面的划分，根据主体所处位置的可能性，一般有两种情况：或是划分为左、右两个区域，或是划分为左、中、右三个区域。两个镜头的主体处于不同画面区域内，会形成镜头之间不同的对应关系。

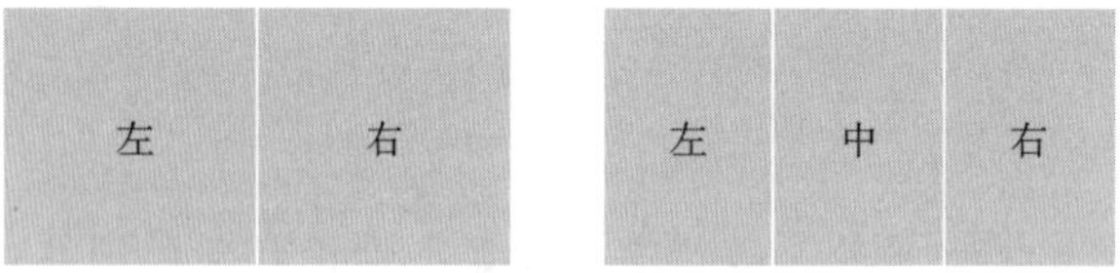

图7-3　画面区域的划分

1. 相同区域的组接

上下镜头中的同一主体，在画面中的位置一般应该保持在画面的同一侧，这是最基本的画面组接原则。从视觉效果上看，镜头转换时，如果主体位置呈重合状态，视觉注意中心就很容易从上一镜头过渡到下一镜头，这就保持了视觉转换的连贯。例如在同视轴变换景别，或同一人物的活动或者对话变换景别时，上下镜头中的同一主体在画面中的位置应该处在画面的相同区域。如：

镜头A：全景　两人向画面走来

镜头B：中景　两人边走边聊（甲在画面的左边）

镜头C：近景　甲说话（甲仍在画面的左边）

这样的连接视觉流畅，人物空间关系清楚。如果将镜头C中的甲放到了画面的右边，不仅视觉变化幅度大，视觉上有跳动感，而且会让人不明白谈话者之间的空间关系究竟是怎么样的？

从视觉连贯因素考虑，同一主体向同一个方向运动时，剪接点的位置应该选择在上下镜头主体形象重合的时候或同一区域中。2017年5月9日，央视《新闻直播间》播出了俄罗斯联邦纪念卫国战争胜利72周年的红场阅兵式，仪式开始时，萨留科夫上将率领军事音乐学院方队率先接受普京总统的检阅……该场景的分镜头组接就充分考虑到同一个运动主体在连续画面之间的位置匹配问题，如图7-4所示。

《俄罗斯联邦纪念卫国战争胜利72周年红场阅兵式》片段

图7-4　央视《新闻直播间》播出的《俄罗斯联邦纪念卫国战争胜利72周年的红场阅兵式》

2. 相反区域的连接

组接的两个画面的主体处于相反的区域，是因为上下镜头的主体之间存在着对立或对应的逻辑关系。虽然视觉重点变化了，但这种逻辑关系造成了一种心理平衡，形成一种整体上的连贯感。常常出现的情况有：两种有明显冲突的对立因素出现，如决斗的双方、枪与靶等；两个有对应关系的主体组接时，如谈话的双方，注视与被注视者等都应处于画面的相反位置。此外，从明显相反的方向去拍摄同一主体，一般也使主体处于画面的相反位置。因为上下镜头中，从相反的方向拍摄同一主体，本身就不符合正常的视觉习惯，如果我们把上下镜头中的主体摆在相反的位置，反而会在心理上给观众一种补偿，更容易让观众接受。这种情况有时是为了弥补现场拍摄时不可避免的越轴现象，有时则是为了表现一种时间的变化。在影片《赤壁》（上）“张飞领军阻敌”场景中，用三个连续的主人公人物镜头，把主体放在彼此相对的画面位置上，展现出领军者在千钧一发的战场环境下决一死战的英雄气概（如图7-5所示）。

《赤壁》（上）片段

图7-5　电影《赤壁》（上）“长坂坡拒敌”片段

3. 相邻区域的组接

当主体拍摄角度相差45度或者90度时，两个镜头的主体应该处于相邻的画面区域，如图7-6所示。

图7-6 电影《李米的猜想》片段

4. 两个大全景的组接

假如是两个大全景组接，主体位置有两种处理方法：一是尽量选择主体位置重合的镜头；二是出于画面重心均衡的考虑，也常常使主体保持在对称的位置上。

（二）方向的匹配

作为电视节目内容展开的依托，电视的“构成空间”运用得非常广泛，电视画框的存在使得剪辑时对电视空间的重构变得非常复杂，为使观众在观看电视节目时形成统一、完整的空间概念，必须保证空间组合方向的一致性。关于这部分内容，我们将在下节“轴线规律”中展开讨论。

（三）色彩影调的匹配

影视艺术根据光影与色彩的自然特性，通过现代技术再现出真实的形形色色的光影世界并赋予它们艺术的生命，因此色调和影调是电视造型和表意的主要手段。事实上，保持上下镜头色调和影调的匹配也是保障镜头连贯的基本条件。

如果上下镜头光影和色彩效果反差很大，不但在视觉上会产生跳跃感，而且，由于不同的光线效果代表了不同的时间与空间，在意义理解上也会导致误会。比如这样一组镜头：

镜头A：大全景　午后，阳光照耀下的校园（明亮）

镜头B：全景　教室里上课的学生（光线偏暗）

镜头C：全景　篮球场上打球的学生（偏蓝调的光线）

镜头D：中景　宿舍内看书的女生（剪影效果）

撇开叙事内容不谈，单从画面影调的角度看，这几个镜头的组接显然是不流畅的。影调的混乱造成了视觉上的跳跃。因此，在组接镜头时，要让色调和影调在整体上保持一致，否则将会产生视觉冲突，破坏事件描述的连贯性，打乱观众连贯的思维过程。

由于不同的色彩和影调会带给人们不同的感受。例如明亮的高调给人的视觉感受为轻盈、纯洁、明快、清秀、宁静、淡雅与舒适，低调则给人以神秘、含蓄、肃穆、庄重、粗豪、倔强以及力量的视觉感受；暖色调有助于强化热烈、兴奋、欢快、活泼、激烈等视觉感受，冷色调有助于强化恬静、安宁、深沉、神秘、寒冷等效果。因此，对于一个完整的段落，在选择镜头和连接镜头时，就要使其中各个镜头的色彩和影调与该段落的内容和情绪保持一致。电影《泰坦尼克号》的色调整体上是由暖趋冷，以暖色调为主的画面，洋溢着热情、浪漫的情绪，表现了男女主角爱情的幸福与甜蜜；而冷色调的画面进一步强化了寒冷、悲情的色彩。

在影视节目中，也常常通过色调、影调的改变来区分现实与回忆、现实与想象。例如电影《罗拉快跑》中用彩色片表现现实，黑白片表现曼尼回忆丢钱的过程。彩色片、黑白片交替出现，以达到叙事清楚、为观众区分回忆与现实的目的。

电影《阳光灿烂的日子》由幼年时空、少年时空和中年时空三部分构成，其中幼年时空和少年时空属于影片的故事层面，采用彩色胶片拍摄。作为影片结束的中年时空却是以黑白片的形式出现的，与整部影片耀人眼目、五彩缤纷的彩色相比较，黑白片的简单的黑白二色的出现，使人不禁为之一震。首先，简单的黑白二色，是影片制作者对过去了的、五彩缤纷的“阳光灿烂的日子”的赞美和怀念。其次，黑白二色不是现实生活中的真实的色彩构成。我们生活在一个彩色的世界中。所以，这里的黑白二色是影片制作者对生活的升华和提炼。或者说，这里的黑白片，使影片中的最后段落脱离了影片的叙事层面，达到了象征、哲理的高度，是影片制作者对影片、艺术、人生的思考和反省。

“在剪辑材料时，剪辑者必须防止将两个明暗基本色调迥然不同的镜头连接起来。”[①] 在纪录片创作中，由于素材来源复杂及所使用的摄像机技术的差异，在色调和影调上往往难以做到统一，在这种情况下，我们在镜头组接时通常采用以下方法：

◎ 在内容允许的情况下，尽可能将色调、影调相近的镜头相对集中地使用；

◎ 当上下镜头之间的色调、影调发生改变时，提供改变的依据或必要的暗示，如空间的转换、时间的改变，也可以通过解说词给予暗示；

◎ 选择一些具有中间影调和色调的镜头画面做过渡，起到视觉缓冲的作用；

◎ 利用特技手法，如叠化，来实现色调、影调的过渡。

---

① 赖兹，米勒. 电影剪辑技巧［M］. 北京：中国电影出版社，1982：272.

小贴士

影调是指画面上明暗关系的整体倾向，它是画面造型和构图的主要手段，也是制造气氛、形成风格的手段之一。影调主要以画面上黑、白、灰所占面积的大小来划分，大致分为亮调（高调）、中间调（明暗调）和暗调（低调）。

色调，即色彩基调，是指画面的色彩组织和配置以某一颜色为主导时呈现出来的色彩倾向。色调的形成主要包括两个因素：一是色彩在整个作品中的时间长度；二是该色彩在单一画面中的空间面积。作为色调的色彩，必须在时间长度和空间面积上都占主导地位，这两者缺一不可，否则“基调”就无从谈起。色调分为暖色调、冷色调、中间色调。一般而言，暖色调是以红、橙、黄等温暖的色彩为主要倾向的画面；冷色调是以各种蓝色（纯蓝、紫蓝、青蓝）为主要倾向的画面。

第四节　轴线规律

轴线规律是在拍摄过程中设置摄像机机位的时候所应该遵循的一般原则。在拍摄中，正确运用轴线规律，就能正确处理镜头之间的方向关系，使观众对各个镜头所要表现的空间有一个完整的、统一的感觉。同时它也是电视编辑人员要掌握的重要知识。

一、案例分析

认真观察下面在不同位置拍摄的画面，我们来分析要使主体的运动方向保持一致，应该注意什么问题。

案例7.5

在不同位置拍摄同一主体的同一次运动，从镜头上看，主体假定的运动方向各不相同，如图7-7所示。

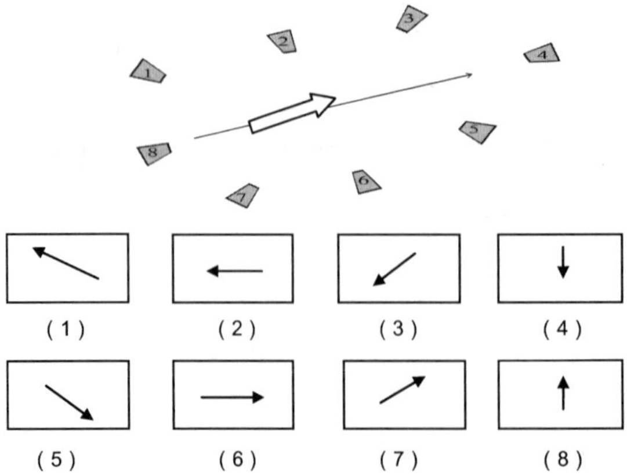

图7-7　机位与画面内主体运动方向的关系

由图7-7可见，不同位置的摄像机拍摄了同一方向的运动，在屏幕上却出现了不同的运动方向。从图中我们还发现，摄像机处在1、2、3的位置拍摄时，镜头内主体的运动趋势是一致的，都是从画面右边向画面左边运动；镜头处在5、6、7的位置拍摄时，镜头内主体的运动趋势也是一致的，都是从画面左边向画面右边运动；而在4和8的位置拍摄，镜头内的主体则在画面中做垂直运动。由此可以看出，只要我们保持摄像机在主体运动方向的同一侧，就能够保证主体运动方向的一致性。

因此，电视编辑必须根据现场人物所处的位置，处理好上下镜头之间的方向关系。这就涉及电视中的轴线及轴线规律问题。

二、相关知识

（一）轴线与轴线规律

所谓“轴线”，又称为关系线、运动线、180度线，是拍摄中为保证空间统一感而形成的一条无形的假想线，直接影响着镜头的调度。所谓“轴线规律”，指在用分切镜头拍摄同一场面的相同主体的时候，摄像机镜头的总方向须限制在同一侧（如果轴线是直线，则各拍摄点应规定在这条线同一侧的180度以内），以保证被摄对象在画面空间的位置正确和方向统一。任何越过这条轴线所拍的镜头，都将破坏空间的统一感。如果画面上的人一会儿向左走，一会儿又向右走；或是相对坐着谈话的人不是互换了位置就是背对背或冲着一个方向说话……这些都叫作“跳轴”“越轴”“离轴”现象。

根据被摄对象在画面空间中的位置或者运动状态，轴线分为动作轴线、关系轴线、方向轴线三种。

1. 动作轴线

动作轴线也叫运动轴线，是指被摄主体运动的方向、路线或轨迹。动作轴线只是一条假想线，它可以是一条直线，也可以是一条曲线。按照动作轴线规律的要求，如果要保持运动主体在屏幕上运动方向的总体一致（包括相同方向、相异方向、各个分切镜头的拍摄总方向须保持在这条轴线的同一侧），如图7-8所示。

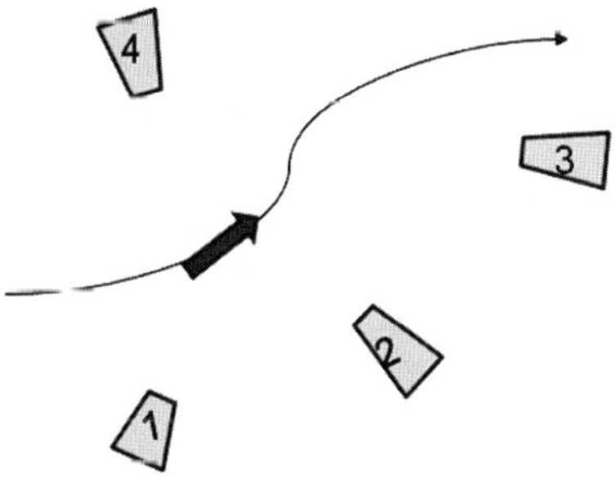

图7-8　动作轴线

在图中，1、2、3号机在动作轴线的同一侧拍摄，在同一组画面的组接中，将这3个镜头组接都不会产生越轴现象，这样就可以保证画面方向的一致性。但4号机位越过了轴线拍摄，将这个镜头与前面三个镜头相接，就会导致运动方向的改变，造成屏幕空间的混乱。

另外，画面中主体运动的速度越快，动作轴线所起的作用越明显，越轴所造成的视觉跳跃也就越强烈。这其中包括两个原因：其一，快速运动的事物很容易让观众的视觉心理产生一种视觉惯性；其二，无论是方向还是速度都是以四框为参照的，因此主体运动的速度越快，四框的参照作用越大。

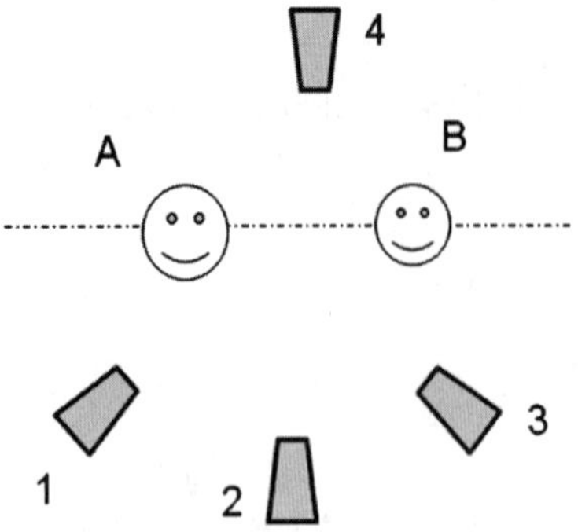

图7-9　关系轴线

2. 关系轴线

关系轴线是指两个以上静态主体每一对之间的假想连接线。这是一条直线，编辑时，一般应选用轴线一侧的镜头。如图7-9所示，在1、2、3号镜头中，画面中的人物A在画框的左侧，B在画框的右侧。4号镜头中，人物A和B的位置反过来：B在画框的左侧，A在画框的右侧。这里，4号镜头不宜与1、2、3号镜头直接连接，否则，由于A与B在画框中位置发生明显改变，就会让观众不解，产生视觉跳动。

3. 方向轴线

方向轴线是指处于相对静止状态的人物视线与能看到的物体之间构成的轴线。这里所说的"相对静止"，是指人物没有离开所处位置的较大幅度的行动，并不排除人物肢体的局部动作。方向轴线不同于动作轴线，它必须是一条直线，要求摄像机的机位处于轴线的同一侧拍摄。只有这样人物的视线方向才是连贯的。

（二）轴线的合理突破

由于屏幕画框的存在，要求我们在前期拍摄中按照轴线规律来安排摄像机的位置。但是对于电视编辑来说，更重要的是要明白如何合理地处理越轴镜头。因为电视中大部分节目都是单机拍摄的，而主体动作是一次性的，不能要求其重复，其现场是不可控制的。空间的大小、光线、时间等因素都可能成为制约因素，这就使得前期拍摄时较多地考虑拍摄的内容而忽略了机位、轴线等问题，因此经常会出现越轴镜头。后期剪辑工作的一项重要内容就是尽力使这些方向不一致甚至相反的镜头有序顺畅地连接在一起，实现合理越轴。一般采用两种基本策略。

1. 在画面内显示其方向改变的合理性

越轴拍摄的直接后果是观众对上下镜中主体在画面中的位置、视线、背景的突然改变感到不可理解。此时如果插入解释式的过渡镜头，观众自然就能明白这其中的变化。最常见的方法有三种：

（1）插入骑轴镜头

骑轴镜头也称中性方向镜头。它是指摄像机在轴线上做正面拍摄或者背面拍摄。如果主体是一个运动物体，骑轴镜头表现为由上边框向下边框或者由下边框向上边框这一总角度内的纵深运动。那么，在前期拍摄中注意拍几个骑轴镜头是解决剪辑中越轴现象的最简单的办法。

如图7-10拍摄进行中的汽车。如果第一个镜头是从左向右行驶，第二个镜头是从右向左行驶，插入中性镜头表现汽车迎面行驶，观众就会觉得可以接受。一般骑轴镜头的拍摄常用特写或者长焦，让主体充满画面，尽量排除周围的环境因素，目的是使骑轴镜头可以在任何越轴的镜头中插入而不必考虑其他视觉元素是否匹配。使用骑轴镜头有时要注意和上下镜头取得运动速度上的一致，因为纵横运动的速度感最弱。

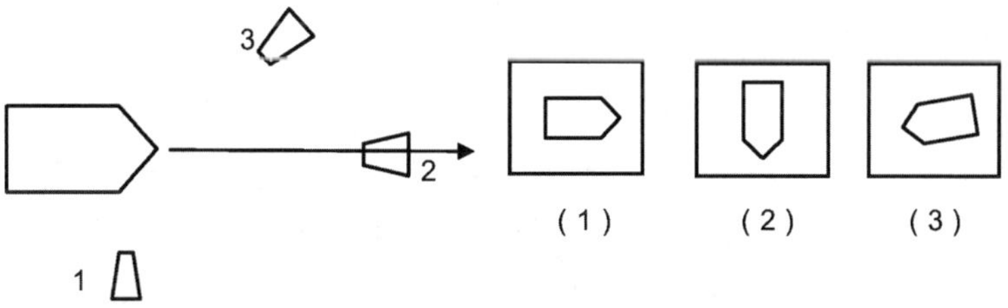

图7-10　骑轴镜头

（2）运用运动镜头或者被摄主体的运动

如果在违反轴线规律的两个镜头之间插入一个越过轴线的连续运动镜头，观众就可以在同一镜头内清楚地看到被摄对象的运动方向和位置关系的变化，形成连贯流畅的方向感。如图7–11所示，原来2号镜头是越轴的，随着3号运动镜头的介入，上下镜头的组接就顺畅了。

此外，还可以插入运动主体转弯镜头等自然改变方向的镜头。比如第一个镜头是人物从左向右走，第二个镜头是人物从右向左走，中间插入一个人物转弯的镜头，这样的连接是合理的，如图7-12所示。

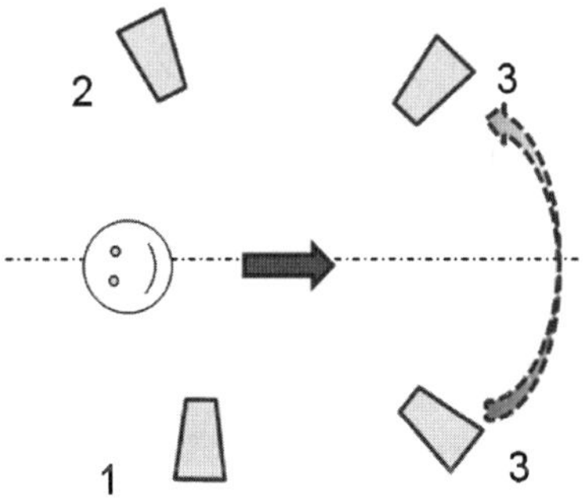

图7-11　插入移动镜头突破轴线

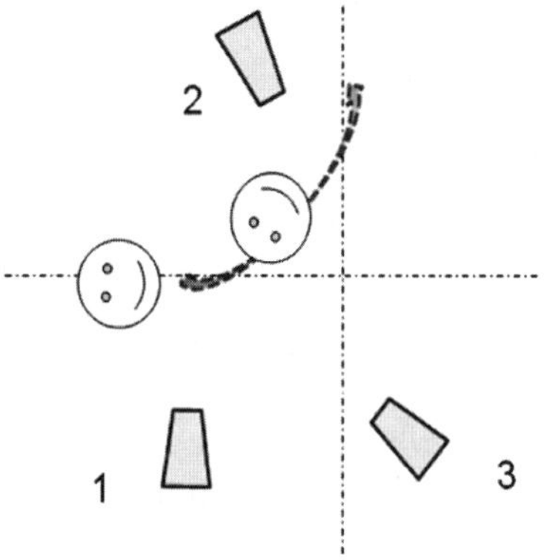

图7-12　被摄主体运动突破轴线

（3）越轴前插入交代环境的全景镜头

让观众看明白画面中主体和其他物体的相应位置关系，为轴线的突破提供了转换的契机。一般来说，这个主体应该是视觉兴趣的中心。比如在双人跳水比赛的转播中，我们就会看到这样的越轴镜头组接：先用运动员身后的摄像机拍摄两人在跳板上凝神定气做准备，然后是跳水现场全景，再接正面镜头表现运动员一起起跳的动作。

2. 利用视觉缓冲现象合理越轴

这种策略是不让两个方向相反的镜头直接发生视觉冲突而采用间隔的手段予以缓冲，以削弱观众的方向感。具体方法有四种：

（1）插入与运动主体有关的物体的局部镜头

这种镜头一般也采用近景或特写，能够很细致地表现被摄体的某一部分，从而极大地吸引观众的注意力，淡化越轴造成的视觉跳动。此外，特写不反映与其他事物的空间位置关系，属于方向性不强的镜头，组接时用它做越轴的过渡也是符合逻辑的。比如上下镜头中的汽车运动方向相反，插入一个高速旋转的车轮镜头或者后视镜头之类的镜头，就可以使视觉流畅。

（2）插入大动作来跳轴

大动作就是指画面幅度较大的动作，以此来改变观众的视觉注意力，从而使两个原本有明显视觉跳跃的镜头较为顺畅地连接在一起。比如警察追逃犯，前一个镜头中，警察在左，逃犯在右，接一个拔枪示警的动作，下一个镜头中，警察持枪站在右边，逃犯站在左边，这样剪辑就是合理流畅的。

（3）插入主观镜头

主观镜头是指摄像机模拟画中主体的视线，起到视觉缓冲过渡的作用。比如一个人手持电话脸朝着右画框打电话，接一个主观镜头——秘书小姐拿着文件走进门，接着下一个镜头中，这个人朝左画框打电话，这样的连接被认为是合理的。

（4）插入空镜头

空镜头是画面中无人物的景物镜头，如蓝天、白云、草地等。空镜头的插入能造成时空的间隔与停顿，使轴线的转换显得流畅。如拍摄行进中的车队，在编辑中插入彩旗招展、横幅标语等空镜头，可以弥补可能发生的越轴问题，还可以活跃气氛。

对电视而言，越轴最大的问题不是在于时空关系的不确定，而是在于时空混乱造成了意义表达的混乱和不可信。表面上，越轴只是一个位置问题、拍法问题，实质上是一个镜头从内容到形式的变化关系问题。今天的观众对影像有了更多的理解和想象，因此，也有一种说法认为，在现代影视节目中，轴线并不重要，越轴带给观众的空间混乱感已经不那么严重了，所以，轴线规律并不是我们非要遵守的重要原则。同时，越轴还作为一种特殊的表现手法而存在。比如，在一些MTV的剪辑中，有时会以一定的频率重复切换镜头，连接一系列的越轴镜头，以获得强烈的节奏；有的导演还利用越轴镜头造成视觉上的不和谐来暗示某些剧情。比如一对即将分手的恋人最后一次约会，越轴镜头的使用表明两人的隔膜与生疏。我们认为，轴线规律是前人在创作实践中摸索总结出来的一套规律，已经成为影视创作中的一条重要准则，但这并不意味着剪辑必须生搬硬套这个原则。艺术在于创新，电视创作同样如此，而观众的欣赏水平和对画面的感悟能力也在不断提高，我们只有充分了解轴线规律，才能更好地剪辑出让观众理解、画面流畅的电视节目。

最后需要说明的是，电视镜头的转换就是一种注意力的转换，“在任何两个镜头组接时，决定性的考虑因素是：这一转变是出于戏剧上的需要”[①]。画面形式的组织安排是机械性原则，而镜头的组接应当服从于内容的表现，符合观众的收视需要。

单元总结

镜头组接的基本要求是连贯流畅，因此，镜头组接应该符合生活的逻辑和思维规律；镜头的合理连接是以镜头之间的内在关联为前提的，因此连接镜头时可依据镜头间的因果关系、呼应关系、平行关系、冲突关系、烘托关系等进行。

影视画面中的动与静是由两个因素造成的，即画面中主体的状态和摄影机的状态。动与静镜头的连接遵循“动接动”“静接静”的基本原则。

要做到镜头剪辑的自然流畅，还应该使上下镜头在连接时具有顺畅的、一致的或对应的关系，即符合匹配原则。镜头内的位置、视线、运动方向、动作、色彩、影调等造型因素的匹配是明确叙事的基础。

轴线规律指在用分切镜头拍摄同一场面的相同主体时，摄像机镜头的总方向须限制在同一侧，以保证被拍摄对象在画面空间的位置正确和方向统一。

任务一　考核参照表

任务	按照要求拍摄并剪辑完成视频片段，体会镜头组接的原则		
完成形式	小组	**小组成员**	
完成时间			
任务内容	1. 选取相同的内容表现校园风光，分别拍摄一组运动镜头和一组固定镜头，分别剪辑完成视频片段 2. 在不同位置拍摄同一主体的同一次运动，剪辑出一段镜头，使主体的运动方向保持一致		
成果形式	镜头剪辑片段，文字总结		

① 赖兹，米勒. 电影剪辑技巧［M］. 北京：中国电影出版社，1982：273.

续表

完成步骤	1. 明确任务 2. 以小组为单位拍摄三组镜头 3. 个人独立进行剪辑练习，体会镜头组接原则 4. 小组集体讨论分析镜头组接原则 5. 完成镜头组接原则的分析总结		
过程评价（40%）	1. 任务完成过程中的态度 2. 镜头拍摄过程中的团队协作表现 3. 各小组独立完成片段剪辑 4. 能否以小组为单位对作品进行充分的分析讨论，个人能否提出独到的见解	评分	
成果评价（60%）	是否正确理解镜头组接原则	评分	
指导教师评语			

任务二　考核参照表

任务	分析电视作品是如何落实镜头组接原则的		
完成形式	课余练习	时间	
完成时间			
任务内容	1. 找出五处以上体现镜头组接原则的段落 2. 分析作品中落实这些原则的技巧		
成果形式	一篇分析说明		
完成步骤	1. 明确任务 2. 认真观看并分析电视作品 3. 找出体现镜头组接原则的段落 4. 反复观看，分析其原则的应用情况，形成分析文章		
过程评价（40%）	1.自主学习的能力 2. 任务完成过程中的态度，是否按时上交成果	评分	
成果评价（60%）	能否准确分析镜头组接原则的落实技巧	评分	
指导教师评语			

学习单元八
电视镜头组接技巧

镜头是影视语言的基本元素，是蒙太奇句子的组成部分。那么，镜头之间如何组接？在什么地方组接？每个镜头应该持续多长时间？这是我们进行电视编辑时刻要考虑的问题。镜头的组接是电视编辑中最基础的问题，完成了镜头的组接，也就确定了上个镜头的长度和下一个镜头的内容，还将影响到叙事的流畅和节奏。

学习目标

（一）知识目标

1. 知道叙事、动作、情绪、节奏、声音剪辑点的概念和处理方法，知道如何精确确定镜头的剪辑点；
2. 知道压缩和延长时间的常用方法，熟悉不同时空主体动作的剪辑方法；
3. 知道什么是插入镜头和切出镜头，熟悉分剪、插接概念及其意义、作用。

（二）能力目标

1. 能够在镜头剪辑时准确确定剪辑点，能够连贯、流畅地连接镜头画面；
2. 能够进行不同时空主体动作的剪辑；
3. 能够熟练运用分剪、插接的方式组接镜头。

任务描述

任务一：把以下给定的三个视频片段解析成分镜头脚本，观察各个片段的镜头组接有什么规律和技巧。

片段1：电视纪录片《沙与海》的“打沙枣”片段

片段2：电影《红色恋人》结尾处的“佩恩带明珠瞻仰生父母遗骨”片段

片段3：电影《巴顿将军》开头处的“巴顿将军出场”片段

镜头的组接不是简单地将零散的镜头拼凑在一起，而是一种目的明确的再创作，镜头和镜头的组接都是有规律和技巧可循的，影视作品通过这些规律和技巧的应用而获得生命力。认真观看给定的三个视频片段，它们包含了画面组接过程中多种技巧的应用，比如画面剪辑点的选择、固定镜头的组接、动作的组接、插入镜头的应用、空间的转换，等等。

任务二：教师提供一部学生作品以及所有初始素材，同学们观看作品并分析镜头剪辑中存在的问题，然后根据现有素材对作品中存在的问题进行修改，对存在问题但无法修改的地方提出修改设想。

第一节　剪辑点的把握

剪辑点就是两个镜头之间的连接点，即把不同内容镜头画面相连接、构成一个完整的动作或者概念的连接点。编辑过程中，剪辑点的选择非常重要，直接关系到节目中的人物动作是否连贯，内容表达是否流畅，情绪表现是否充分，叙事节奏是否合理。因此，无论是什么节目，都要以原设计的戏剧动作、镜头运动等因素为基础，结合每个镜头的具体情况，去选择适合剧情发展，使情节贯穿、动作连续、语言流畅、节奏鲜明的剪辑点。

一、案例分析

案例8.1

观摩国产纪录片《幼儿园》全片、美国影片《这个杀手不太冷》的“最后一次枪战”片段、《2012年维也纳新年音乐会》片段，我们发现国产纪录片《幼儿园》整部作品的镜头节奏比较缓慢，持续时间较长的镜头很多，很符合幼儿园小朋友的步调，在打架的几个镜头上切换稍快一些。美国动作片《这个杀手不太冷》结尾部分“最后一次枪战”中，从玛蒂尔达被抓到莱昂与警察的枪战再到玛蒂尔达逃离、莱昂被杀，这一场是影片的高潮戏，动作剪辑点的处理营造出紧张的打斗氛围。《2012年维也纳新年音乐会》的音乐节奏变化时，镜头景别与镜头持续时间长短也随之改变。

分析这些案例，我们发现，换镜头的目的可能是因为上个镜头已经让观众看清楚了，观众需要进一步了解新的信息；也可能是为了通过几个分镜头表现完整的动作过程。而有时候则是为了使高昂的情绪得到进一步释放；或者仅仅是为了节奏的需要，为了表现完整的语言和声音节奏。虽然各种电视节目之间由于表达重点和风格不同，素材拍摄方式不同，对剪辑点的选择和要求也有所不同，但是基本原则是一样的：影响剪辑点选择的主要因素不外乎叙事、动作、情绪、节奏、声音。通常，一个剪辑点的选择会有几个因素同时起作用，但在一定的前提下，往往是其中一个起到主要作用，因此我们将剪辑点分为叙事剪辑点、动作剪辑点、情绪剪辑点、节奏剪辑点和声音剪辑点来讨论。

二、相关知识

（一）叙事剪辑点

叙事剪辑点以观众看清画面内容，或者以解说词叙事或情节发展所需要的时间长度为依据。也就是说，镜头的切换取决于观众是否已经了解画面内容。叙事剪辑点是电视节目中最基础的剪辑依据，它常常由画面的内容长度来决定。

镜头内容长度的确定很难有一个严格的标准，但是它必须满足观众的收视需求和思维习惯，一组每个长度在6—7秒的镜头，有时会比另一组两倍时间的镜头看起来更长，为什么？就是因为前一组单个镜头太长了，给人以拖沓疲劳感。因此剪辑者必须清楚每个镜头都有一个“高限长度”，即多长时间观众就看“够”了，这时不剪，观众就无法容忍了。当然每个镜头还有一个“低限长度”，即每个镜头能让人理解、看懂的最短长度。

在剪辑时，电视编辑很容易犯的一个毛病就是把镜头留短了，低于观众观看需要的“低限长度”。因为在一段时间内反复观看这些镜头，编辑对画面内容非常熟悉，甚至有时还会感到腻味。因此，很容易根据自己的判断把镜头留短了，因为你自己看明白了，就以为观众也能够看明白。但实际上，观众是第一次接触这些画面，而且常常是在一心二用的情况下观看，他们需要足够的时间去消化、体会镜头中的视听信息。因此，要特别注意站在观众第一次观看的角度来考虑镜头的“低限长度”。

剪辑时容易犯的另一个毛病是把镜头留得过长，超过了“高限长度”。这里有两个原因：一是因为片子长度的需要，特别是在一些新闻或者纪录片中，为了配合解说而把没有多少信息的画面拖得过长；二是有些编辑因为喜欢，特别是有些初学者因为舍不得，而把拍摄到的画面全部编辑进去。此时，由于画面缺乏足够的信息量，让观众看无可看，缺乏看下去的兴趣，因而很容易失去观众。

准确把握叙事的剪辑点，就是要准确把握好镜头的长度，使镜头不烦琐、不冗长、不令人厌烦，也不隐晦、不令人费解。值得注意的是，画面的内容将直接影响到观众注意的强度和观众接受的程度，一个出人意料或信息量更多的镜头，相比于人们不感兴趣或者熟视的镜头，显然会得到更多的关注。此外，画面的构图因素也会影响观众了解内容的时间。

1. 景别因素

不同景别的镜头，其画面内容有繁有简，信息量多寡不一，所要求的长度不同，远景、全景等景别画面包含的内容多，观众要看清这些内容，需要的时间就长，此时，镜头画面就要长一些；而近景、特写等小景别画面包含的内容少，所以镜头画面短一些。比如在《西藏一年》中，次平洗碗的特写镜头只有2秒，而寺庙喇嘛开会的全景镜头就有8秒。

电视和电影的景别时间有一定的差异，具体内容见下表：

景别	电视景别时间长度	电影景别时间长度
远	10—12秒	8秒
全	8—10秒	6秒
中	6—7秒	5秒
近	4—5秒	3秒
特	2—3秒	1秒

在此要强调的是，我们所说的基本景别时间长度仅仅考虑了其内容表现的要求，实际上，即使景别相同，若考虑到其他因素，镜头长度会有所不同。

2. 主体的位置因素

画面上，前面的景物比后面的醒目，所以，若主体置于画面的前端，镜头可短些，反之则长些。画面上，亮处的景物比暗处的景物更容易引起观众的注意，所以，若主体在画面的亮处，镜头可短些；反之则长些。

3. 动静因素

画面上，运动的物体比静止的物体更容易引起观众视线，所以，如果主体是运动的，镜头可短些；反之则长些。由于动态镜头比静态镜头更有意思、更能吸引观众，所以，动态镜头可长一些；而静态镜头则短一些。

4. 观众熟悉程度

观众较熟悉的内容要求留的时间短些，而比较陌生的则要留得长一些。比如在谈话节目中，被采访对象说话时，记者的反应镜头可能就比现场观众的反应要短些，因为我们对记者比较熟悉，而现场观众的脸我们是陌生的。此外，观众的陌生感还可能来自画面的形式，比如超常规的视角、构图、影调等。这些镜头都要比常规镜头来得长一些。因为观众会对这样的角度感到新奇，会更有兴趣观看。

5. 字幕

很明显，当画面上叠加有字幕时，镜头要长一些，因为一般情况下，观众会先看清字幕再观看画面内容。

要准确掌握叙事剪辑点，必须在大量实践的基础上才能找到感觉，有时还要经过反复试验。因此，电视编辑人员只有通过不断的实践训练自己，才能提高自己的屏幕造型感觉，这是这项十分重要的基本功。

（二）动作剪辑点

动作剪辑点指以画面内主体运动和镜头运动为依据选择剪辑点，目的是使内容和主体动作的衔接转换自然流畅，它是构成影视片外部结构连贯的重要因素。我们把被摄对象运动、摄像机固定称作镜头内部运动；把被摄对象相对静止而摄像机运动称作镜头外部运动；把被摄对象和摄像机一起运动称作综合运动。运动形式不同，画面剪辑点的选择不同，下面我们分别进行讨论。

1. 镜头内部运动剪辑点

镜头内部运动的剪辑主要是根据上下镜头主体动作是否流畅、自然来选择剪辑点。

所以，我们也常常把镜头内部运动的剪辑称作接动作或者动作剪辑。不同的节目类型，由于表达的重点和风格不同，拍摄素材的方式不一样，对动作剪辑点的选择和要求也有所不同。电影、电视剧、MTV、广告等可以有效控制现场的节目在前期拍摄中一般会采取动作分解法拍摄，通过多机或单机重复多遍拍摄人物的动作，将一个主体的完整动作分解成若干既相互连贯又有瞬间变化的动作片段，即采用不同角度、不同景别来拍摄表现对象的动作过程。在后期编辑时进行动作的组合，即将单独而零散的分解动作按表达需要和一定的视觉规律重新组合成连续活动的视觉形象整体，以追求蒙太奇组接后的艺术效果。而电视新闻、纪录片以及各种电视栏目在前期拍摄中则无法控制现场，而且常常采用单机拍摄，主体动作大多是一次性的，完整的动作只能用一个镜头来表现，或者是不完整的、跳跃式的记录。因此，这类节目在后期剪辑中不必也不可能像影视剧一样进行复杂的动作分解与组合，一般要求一个镜头画面完整地表现人物某一个动作的全过程，或者运动过程中一个相对完整的阶段。

因此，动作的剪辑又可分为这样几种情况：一是上下镜头表现的是同一主体的顺序运动和动作，表现的是主体的连贯动作；二是上下镜头表现的是同一主体不同时空的运动和动作，也就是运动和动作不是连贯的，而是跳跃的；三是上下镜头表现的是不同主体的运动和动作。

（1）同一主体的连贯动作

同一主体连贯动作的剪辑通常采用动作分解法，即在表现主体在场景中的连续活动时，把该主体的完整动作过程分解成若干个既相互连贯又有瞬间变化的动作片段。根据主体活动的心理和戏剧效果，用不同景别、不同角度拍摄动作片段，然后将它们进行适当组合，以表现主体的连贯动作。在进行组合时，要注意以下几点：

第一，动中剪、动中切，动作受时间因素的严格制约，也就是动作剪辑点往往要求精确到帧，即使一帧的差别都有可能造成画面的不连贯感。

第二，在镜头画面上，主体动作的每一次显著变化都会形成一个"动作剪辑点"。

一般来说，人物的起坐、握手、走路、开门、关窗等动作姿势的变化都可以形成动作的剪辑点，编辑时常把这一点选择在动作变化之后。也就是说，在这类镜头的剪辑时，对总体动作过程不做省略，一般情况下，主体动作有一个瞬间停顿处，则上一个镜头必须将瞬间停顿处全部保留，下一个镜头从主体动的那一帧用起。

例1： 镜头A：中景　一个人弯腰，伸手

镜头B：近景　这个人的脚和手，他正拾起脚边的东西

例2： 镜头A：中景　一个人走到门口，伸手开门

镜头B：全景　门打开，他走出去

这里要注意，这两个动作的剪辑点应该选择在手接触门后、打开门前的那一刻，全景镜头出现时，门正在打开，而不是镜头出现后再开门。

主体运动的方向和速度的变化就是主要的动作变化，“动作剪辑点”应紧跟在这个变化之后。

例3：　镜头A：中景　一辆小汽车从左向右拐弯

　　　镜头B：全景　该车沿拐弯方向驶向远方

例4：　镜头A：近景　舞蹈家的脚步，由慢变快

　　　镜头B：全景　舞蹈家在轻松地跳舞

当主体有许多动作时，可选择其中动作最大、变化最急速的时刻作为切换点。

例5：　镜头A：全景　两个人你来我往对打，突然，一人挥手击出一拳

　　　镜头B：中景　另一人中拳倒下

需要表现特殊情绪时，可以适当提前或者推后剪辑点。比如例2，如果开门出去的人表现得很急切，那么第二个镜头，门打开的画面出现时可以是门已经基本打开，此人冲出去。

如果上下镜头的主体动作景别角度变化不大，速度基本一致，上下镜头的动作长度可以大致相同；但是如果动作、景别角度变化大，速度快慢不协调，情绪明显变化时，则上下镜头的长度需根据具体情况而定。通常情况下，全景镜头的动作长度占整个动作过程的三分之二左右，因为大景别中动作幅度较小，需要较长的感受时间。

总之，动作分解法剪辑要注意选择动作的静止点，一般选择在动势大、动感强的动作转换处；要注意上下动作方向的连贯性，避免方向错误；要注意避免动作的重复；要根据具体的艺术表达需要选择最恰当的动作剪辑点。

（2）同一主体不同时空的运动和动作

当上下镜头表现的是同一主体不同时空的运动和动作时，这个主体的动作是不连贯的，通常采用省略法来剪辑。所谓“省略法”，是指一个完整的动作由若干动作片段组成，组接时省略了一些中间过程。主要有两种方法。

第一种，有代表性的动作片段的直接跳接。

一般情况下，剪辑点选择在动作停顿处，即动作前一镜头切点是动作某局部停顿处，后一镜头从该动作另一局部停顿处开始，省略中间部分。比如某人在图书馆书架前找书：

例6：　镜头A：中景　一人走到书架前某处站停

　　　镜头B：特写　一双手从书架上抽出一本书

这里要注意，镜头A要在人站停后切出，镜头B在手抽书的那一刻切入，镜头出现，书开始抽出。

第二种，依据动作的运动方向和内外动势关系，将有代表性的动作局部连接在一起。

例如《舌尖上的中国》（第三季）第三集《宴》中，家住安徽芜湖的武术家张修林先生即将迎来自己90岁的生日。这几天来自全国各地的徒弟们汇聚张家，参加师父的生日宴……该段落中张老先生来到公园的塔前

《舌尖上的中国》（第三季）第三集《宴》片段

广场进行武艺动作的展示，一组分镜头的组接技巧就是根据张修林武功拳路动作的动势方向、内外动势关系，在镜头间动作速度一致等原则的基础上，将若干具有代表性的局部动作镜头按照逻辑顺序组合起来，既保证了主体动作过程的视觉连贯，又压缩了动作过程的中间环节，凸显出内外部节奏的明快、叙事的流畅(如图8-1所示)。

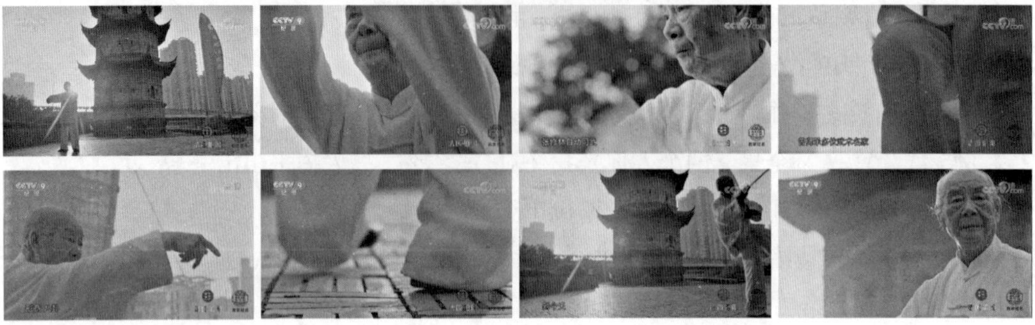

图8-1　电视纪录片《舌尖上的中国》(第三季)第三集《宴》

(3)不同主体动作的连接

当两个镜头的画面主体不同时，只要画面的构图明显不同，而且符合镜头组接的基本原则，一般都可以直接连接，但在动作连接时要注意三点：主体的运动动势一致；动作形态相似；画面位置相同。

2. 镜头外部运动和综合运动剪辑点

在上一章讨论镜头组接原则的内容中，我们曾经谈到“动接动”“静接静”的原则。因此，在动作剪辑点的选择上，一般要符合这一剪辑原则。

(1)固定镜头与固定镜头组接时剪辑点的选择

固定镜头是指摄像机视角、视距、焦距都不动时所拍摄的画面，固定镜头与固定镜头的衔接，即上下两个镜头都是固定的情况，其剪辑点的选择要视具体情况而定。

如果上下镜头内的主体相对静止，剪辑点的选择主要根据内容需要来选择，以画面造型因素来取舍镜头长度。如果上下镜头中的主体都是运动的，此时，属于镜头内部运动的情况，剪辑点的选择可参考上一个问题的介绍。

如果上一个镜头中主体动，下一个镜头中主体不动，则剪辑点选择在动作相对静止的停歇处，采取静接静的办法。

例7：　镜头A：某人听到背后有人叫他，转身观望

　　　　镜头B：一朋友站在一固定场景中，微笑着，看着他

这里，应该在某人转身的姿势稳定后切换镜头。

如果上一个镜头中主体不动，下一个镜头中主体动，则剪辑点选在后一镜头运动开始之前，或在运动的物体处于不醒目的位置切换。

例8：　镜头A：全景　标本室，老鹰标本

镜头B：远景　天空中，飞翔的老鹰

镜头B中，老鹰虽然在飞，但因为视距较远，动感不明显，若换成全景，就会产生明显的视觉跳动。

（2）运动镜头与运动镜头组接时剪辑点的选择

在上一个单元对“动接动”“静接静”的原则讨论中，就介绍了几种运动镜头与运动镜头连接时选择剪辑点的方法。概括来讲，就是要注意两点：一是连续运动的组接，要去掉“起幅”和“落幅”，且方向要一致，速度要均匀；二是如果上下镜头的运动方向相反，一般要保留上一个镜头的落幅和下一个镜头的起幅。

此外，如果是一组急推或急拉镜头连续组接，一般都采取“静接静”的方法，即剪辑点选择在上下镜头的起幅或落幅处。至于起幅或落幅是否都保留，则要根据具体内容而定。如果画面中起幅内容比较重复，而落幅内容是观众想看清楚的东西，若起幅落幅都保留，就可能会给观众拖沓、重复之感。这时，可以只保留落幅而去掉起幅。但也有起幅落幅都需要保留的情况。

例9：急推　一沓沓美元、欧元、人民币

急推　一些金银、钻石、翡翠

急推　一些房契、股权证

急推　一堆名烟名酒

这是揭露贪污腐败分子的画面，急推的方式能够形成触目惊心的效果。但为了让观众看清楚这些画面，这些镜头在组接时要保留起幅与落幅：起幅交代的是数量、种类等宏观因素；落幅揭示的是具体内容、式样和品牌等微观因素。

如果用运动的镜头去反映运动的对象，这时的运动称为“综合运动”，即在上下两个镜头中不仅有镜头的运动，还有主体的运动。此时剪辑点的选择要注意动势趋向和主体在画面中的位置。

如果在两个相连的运动镜头中，上一个镜头主体相对静止，下一个镜头主体运动，此时镜头的剪辑点以下一个镜头主体的动作为主，在主体动作开始动时切入。同时，要结合上下镜头运动速度的快慢，有机地衔接镜头。

例10：　镜头A：大全景　摇　街景

镜头B：全景　跟　街上行走的某人

如果在两个相连的运动镜头中，上一个镜头主体运动，下一个镜头主体相对静止，则镜头剪辑点以上一个镜头主体动作为主，在动作完成后或动势最高点切换。注意结合上下镜头运动的速度快慢及画面造型特征有机地组接镜头。

例11：　镜头A：全景　跟　街上行走的某人，走到某处站定

镜头B：全景　摇　街景

（3）固定镜头与运动镜头组接时剪辑点的选择

固定镜头与运动镜头之间的组接属于混合与交叉式的镜头组接，剪辑时可以根据画面内的主体动作与镜头动作采取不同的处理方法：

第一，主体静止的固定镜头与主体静止的运动镜头相接。

这里主体都是静止的，镜头组接时应保留运动镜头的“起幅”或“落幅”，再与其他“静”镜头实现流畅的组接，遵循“静接静”的原则。

例12： 镜头A：大全景　摇　商店里琳琅满目的商品

镜头B：中景　固定　一条漂亮的裙子

注意，摇镜头应该保留落幅才能与第二个镜头连接。

第二，主体运动的固定镜头与主体运动的运动镜头相接。

这里主体都是运动的，组接时根据主体动作的匹配并结合运动镜头的速度有机地衔接，遵循“动接动”的原则，利用主体运动的动势，把镜头的运动与画面内主体的运动协调起来。

例13： 镜头A：近景　固定　击鼓伴奏

镜头B：特—全　拉　舞步特写拉至舞蹈演员全景

两个镜头都具有强烈的动感，动势连贯，组接后视觉效果流畅。

例14： 镜头A：全景　固定　平静的水面，一艘小艇驶入

镜头B：中景　移　芦苇快速移动

下一个镜头的运动与上一个镜头动态物象直接组合，芦苇快速移动是在小艇上移拍形成的，动势成为贯穿的契机。

第三，主体静止的固定镜头与主体运动的运动镜头相接。

这种混合式的镜头组接，剪辑点一般选在运动镜头主体动作完成之后或运动开始以前进行切换，并保留运动镜头的起幅与落幅，与固定镜头衔接。

例15： 镜头A：大全景　固定　商场里琳琅满目的商品

镜头B：全景　跟　一人推着手推车边走边从货架上拿各种物品

第一个镜头没有明显的动感，第二个镜头的剪辑点应该选择在购物者走动之前，并保留跟镜头的起幅。

第四，主体运动的固定镜头与主体静止的运动镜头相接。

这种镜头间的组接应考虑镜头动作和主体动作的匹配，根据具体情况，可分别采用“静接静”“动接动”“静接动”的方式。如：

例16： 镜头A：拉　从自行车停车标志拉出自行车车棚

镜头B：固定　某人推着自行车走出车棚

上一个运动镜头保留落幅的停顿过程，下一个镜头在某人推自行车前留有一定的静止过程，运用“静接静”的方法，视觉流畅。

例17：　镜头A：全景　固定　运动员冲刺

镜头B：大全景　摇　看台上欢呼的观众

这里，固定镜头的运动员冲刺动作与摇镜头直接相连，不保留运动镜头的起幅，运用“动接动”的方法，在动中剪、动中切，画面动感连贯流畅。

例18：　镜头A：固定　某人甩门而去

镜头B：跟　他匆匆跑下楼梯

上一个镜头的剪辑点选在摔门而去这个动作的结束点上，下一个镜头不保留运动镜头的起幅，“静接动”，上下镜头内容连贯，过渡平稳。

上面介绍了几种常用的主体动作和镜头动作组接时选择剪辑点的方法，在实际组接时，如果上下两个镜头的主体存在某种内在的、显而易见的逻辑关系，那么，在剪辑点的选择上也可以不考虑上下镜头动静的过渡问题，比如可以利用画面间的内在呼应关系来连接镜头。

例19：　镜头A：固定　甲与乙对话，提到丙

镜头B：固定　在列车上的丙

镜头C：移　快速后移的景物

例20：　镜头A：跟　冲刺的运动员

镜头B：固定　看台上拿望远镜的观众

这两处的剪辑都是利用上下镜头画面主体的内在呼应关系完成动静之间的自然转换，这与观众的日常生活经验相符，因此镜头仍然是流畅的。

（三）情绪剪辑点

电视片中总有一些段落用于表达情感、气氛、情绪，以打动观众和感染观众；有些段落抒发豪情壮志或优美的情思；有些段落渲染气氛、营造氛围；有些段落烘托情绪和表达情感。在组接这些镜头时，要紧紧围绕着如何“煽情”来决定镜头的长度。情绪剪辑点以人物心理活动和内在的情绪起伏为基础，结合镜头的造型因素来连接镜头，造成一种情绪的感染和感情的生发。它是使节目内部结构连贯的重要因素。

情绪剪辑点的选择注重对人物情绪的夸张、渲染和深层次刻画，不同于形体动作的剪辑点，它在画面长度的取舍上余地很大，不受画面内人物外部动作的局限，而以渲染情绪、制造气氛为主。这就使一些镜头的长度要求会明显地超越“叙述长度”的范围，完成一定的“情绪长度”。也就是说，这类镜头剪辑点的选择依据是镜头长度是否能充分表达情感，一般“宁长勿短”。

1. 延长镜头长度，引导观众从叙述层面进入情感层面

要让观众感受到创作者在这个镜头中赋予的情感含义是需要一定时间的。在生活中，如果某种环境气氛持续，必然会影响到我们的情绪。比如我们看到某个人在伤心痛苦，我

们会意识到：哦，那个人在伤心。可是如果我们一直站在他身边感受到他的伤悲，在不知不觉中我们的心情也会跟着沉重起来。在前面我们已经谈到，电视创作中，要想看清楚某个画面的内容，需要的时间与画面景别等因素有关系，但如果想让画面内容对我们的情绪产生一定的影响，实践表明，可以通过延长镜头长度的办法来实现。

比如，在纪录片《沙与海》中，记者采访沙漠人家的大女儿，当记者问她“你想不想离开这里”时，她突然长时间地沉默不语，这里用了两个近10秒的镜头，由她靠在门旁低头纳鞋的中景，切换到近景，她始终没有开口。两个延长的镜头，很好地表现了她那种矛盾的心理：作为妙龄女子，她向往美好的日子，渴望摆脱艰苦的沙漠生活；作为家中长女，她必须照顾好日渐苍老的父母和年幼的弟妹。长时间没有回答的镜头，让观众感受到了采访对象难言的心绪。如果不延长沉默镜头，那么镜头就无法传递这种矛盾的情绪，观众也无从感受，进而被感动。

又如在一部《转场》的纪录片中，有一个长长的镜头表现女主人在帐篷里收拾饭后的碗筷，只见她用右手食指在碗的内沿划上一圈，然后用舌头舔干净食指上的面糊，接着再用舌头一点一点舔碗里残留的面糊，直到干干净净，就这样，一只碗、两只碗、三只碗……当女主人舔碗的动作在画面中第二次、第三次出现时，已经是冗余信息了。镜头之所以不厌其烦地重复这个动作，并不是为了内容表述的需要，而是出于一种煽情的考虑。

2. 在镜头的延续中，让观众的情感得以尽情释放

在戏剧的高潮处，观众情绪高涨，此时，镜头要设法延续，以维持、释放这种情绪。即使镜头的内容没有多少意义，也千万不要急于插入解说和音乐，以免打扰或中断观众的情感活动。在电视纪录片《周总理的办公室》中，当介绍到周总理积劳成疾不得不离开办公室住进医院时，镜头从办公室走廊摇到庭院一个干涸的小池、假山，落幅延长了45秒钟。这时解说、音乐、效果声音全停止了，画面却单独延续下去，使得观众继续沉浸在特定的情绪气氛之中，增强了片子的感染力。

在这样的镜头剪辑中，如果镜头长度不足，甚至需要补入写意性强的空镜头，比如漫漫长路、蓝天白云、山河峻岭等，以使情绪有伸展的空间。

动作剪辑点的选择，只要掌握了动作的规律，是容易把握的；而情绪剪辑点的确定，则全凭编辑人员对影视片剧情、内容的理解，从揣摩观众心理的角度去把握人物的内心活动，看不见也摸不着。因此，情绪剪辑点的选择无确定性的规律可循，也很难用规范化的概念加以阐述。难怪有人说，情绪剪辑点的选择最能检验编辑人员的艺术素养，因为编辑人员对影视片内容、对人物在规定情境中的心态理解程度不同，剪辑出来的效果也就不同。

（四）节奏剪辑点

节奏剪辑点以运动、情绪、事物发展过程的节奏为依据，结合镜头造型特征，用比较的方式来处理镜头的长度和衔接位置，它重视的是镜头内部运动和外部动作形态的吻合。节奏剪辑点使用的镜头一般是没有人物语言的镜头，其作用是运用镜头的不同长度来创造出影响观众心理的独特节奏——或舒缓自如，或平和稳定，或紧张激烈。

在电视剧类节目中，节奏剪辑点在过场戏、群众场面与战斗场面中起着特别重要的作用。比如前面探讨的交叉蒙太奇就是一种剪辑加速的方法：镜头越来越短，产生积累的效果，并营造出一种紧张、兴奋的节奏感。电影《古今大战秦俑情》中那一段：扮演男主角的张艺谋舞剑，扮演女主角的巩俐弹琴，两相交替；琴越弹越快，剑越舞越急，切换越来越频繁；末了琴弦断，张艺谋倒地……这里，镜头剪辑点的选择不再关注画面内容，而是由情绪发展的节奏决定，越来越快的切换频率，带来急促、紧张的气氛，一下子牵动了观众的心。

影视作品中，节奏的剪辑过程通常需要综合考虑内在构成因素与外在情绪的一致性和统一性。俄罗斯导演安东·梅格迪契夫（Anton Megerdichev）执导的作品《夺命地铁》讲述了这样的故事：因地铁调度员的玩忽职守，以及地质不稳定、线路年久失修等原因，莫斯科地铁波罗蒂斯卡亚车站隧道坍塌引发河水倒灌，一辆载有数百名乘客的地铁列车驶入危险的境地……处于婚变边缘的男主人公外科医生安德烈·布鲁斯维奇与女儿喀秋莎身处灾难境地，他们同幸存下来的乘客们开始了一场生存大逃亡……经历了这场灾难后，整个家庭破镜重圆。在该片的“列车遇险”段落中，有两组镜头的剪辑处理就是根据实际内容的差异而采取的不同方法。

《夺命地铁》片段

第一组镜头是隧道坍塌、河水倾泻，险情发生，列车员紧急刹车后车厢内一片惊恐、混乱的情景。画面内容是因急刹而失重倒地的乘客，轮轨剧烈摩擦发出的火花，司机紧张、惊恐的面容，乘客痛苦、挣扎的表情，列车脱轨后在隧道内的横冲直撞……如图8-2所示，这组镜头的组接伴随着轮轨的碰撞声、河水的倾泻声、撕心裂肺的呼救声、司机绝望的吼叫声等声音长短、强弱变化的频率，景别变化的幅度，内部运动的强度运用等实现了快速切换，视听冲击力极强，让观众直观地感受到灾难发生瞬间那种恐怖、炼狱般的悲惨境况，让人有一种惊心动魄的真实感。

图8-2　俄罗斯电影《夺命地铁》“隧道遇险”片段——快节奏剪辑

第二组镜头是列车冲向洪水泛滥的绝境。隧道塌陷方向，河水奔腾而来，人们在失重状态下相互碰撞、跌倒，车厢内撞成碎片的玻璃、灯泡、暴怒的洪水涌入车厢……一系列令人震惊的灾难画面没有采用快节奏的剪辑技法，而是选择升格的慢动作特效镜头组接与舒缓情绪的音乐片段相结合的方法加以处理。为什么是这样呢？这显然是两组镜头在段落内部的剪辑作用不同造成的。在第一组镜头展现灾难细节的过程中，叙事信息让观众的认知心理积累了大量负面情绪；第二组镜头一方面要延续灾难过程的展现，完成叙事任务，另一方面要通过慢动作和音乐的剪辑效果来释放观众情绪。

图8-3　俄罗斯电影《夺命地铁》“隧道遇险”片段——慢节奏剪辑

总之，节奏剪辑点有别于“动作”和“情绪”的剪辑点，它要求画面构成的形式节奏和内容节奏相吻合，结合声画的匹配选择剪辑点。

（五）声音剪辑点

声音剪辑点以声音因素为基础，根据内容的要求和声音与画面的有机关系来处理镜头的衔接。镜头连接的目的不是为了单纯处理图像的连贯性。如果不能很好地控制声音剪辑点的位置，即便很简单的镜头连接，也会因此显得失真。比如，人物采访的语气连接得过于紧密，或者尾音被删减，就可能破坏镜头的真实感。

语言剪辑点是以镜头中语言的内容和形式作为依据来确定剪辑点，大多选择在完全无声处。剪辑时要考虑画面所表现的情绪、声音转换节奏及声音的连贯性和完整性。比如在新闻报道中，运用人物的同期采访，重点考虑的是真实度和信息量，可能需要对啰唆的语言语气进行剪辑处理以保证新闻报道的简洁明确，而在篇幅较长的新闻专题或纪录片中，主要人物的讲述常常是其内心情绪的流露，也反映着人物的个性，对语言语气加以处理反而会失去叙述的生动性和真实性。

音乐剪辑点以音乐的情绪色彩为基础，以旋律节奏为依据，结合考虑画面造型因素，准确地选择剪辑点。一般来说，音乐的剪辑点多选择在乐句或乐段的转换处。在一些音乐类节目中，剪辑点的选择往往依据音乐的节奏。

各种电视作品由于音乐种类不尽相同，因此音乐剪辑点的处理方式也有较大的差异。对于纯音乐节目或者以音乐为主的节目，包括MTV、交响乐、戏曲音配像等，这类节目在选择音乐剪辑点时主要考虑画面如何表现音乐的主题、基调，怎样将音乐节奏视觉化。比如剪辑维也纳新年音乐会，每个剪辑点都应选择在音乐的节奏点上，并且通过景别、视角上的变化营造视觉上的节奏感。而且，画面转换的频率也应与音乐节奏相吻合，镜头运动力求与音乐的旋律线和情感线吻合。

但在一些节目中，音乐是作为背景而存在的，目的是烘托画面气氛，渲染人物情绪。这种音乐在电视剧和专题片中都可以看到，甚至在一些新闻节目中也有音乐助兴。这种音乐可能是特意创作的，但更多情况下是从现成的音乐资料中挑选出来的。在处理配音的剪辑点时，除了考虑声画关系之外，更为棘手的工作是对音乐进行修剪、衔接，以使音乐在基调、色彩、节奏、长短上都与画面相配，而音乐本身在衔接转换时又和谐流畅，无跳跃感，保持节拍、乐句、乐段旋律的完整性。剪辑点要求准确，误差不能超过四分之一帧，否则就会让观众产生听觉上的不流畅感。

为了便于掌握，本节根据实际操作情况将剪辑点做了大致分类，这些类型之间并不是对立的，并不是取其一必舍其余。事实上，这些类型之间常常是相互影响、共同作用的。也就是说，在判断上下镜头剪辑点位置时，动作、情绪、节奏、声音等因素可能同时起作用，电视编辑人员应该全面考虑，选择最佳的剪辑点。

第二节　各种时空的处理方法

一、案例分析

案例8.2

《芈月传》第4集片段

电视剧《芈月传》第4集中，楚国公子黄歇与女主人公芈月从小就是青梅竹马的一对，两个人从少年到青年的成长历程原本需要相当长的时间才能实现，但在剪辑处理上可以通过压缩时间的方法得以实现。片中，少年黄歇正领着楚国太子读《诗经·蒹葭》，镜头移动的过程中，人物被书房内的简牍遮挡；下一个镜头里，青年黄歇与长大了的太子仍然读着《诗经·蒹葭》……上下镜头之间的场景是宫中太子书房，主体人物是黄歇与太子，但时间发生了改变：男主人公的年龄由少年演变到了青年。

图8-4　电视剧《芈月传》第4集片段：时间的压缩

案例8.3

《琅琊榜》第49集片段

电视剧《琅琊榜》第49集的结尾部分，朝堂之上悬镜司首尊夏江指认梅长苏为昔日逆犯林殊，借机嫁祸靖王萧景琰。满心狐疑的梁王欲鸩杀梅长苏，遭到靖王的决然拒绝。一场危机得以解除。在下殿去找母妃的路上，萧景琰不断地回想着与梅长苏交往的点点滴滴，他似乎也感觉到梅长苏与林殊之间的某种关联……这个部分的镜头组接采用了延长时空的剪辑手法，把萧景琰满怀思绪的行走过程与梅长苏辅佐萧景琰的过往画面反复交替切换出现。

二、相关知识

（一）时间的处理方法

在学习单元三中，我们已经知道电视时间的表现形式有：实时的时间、压缩的时间、延伸的时间、时间倒转、静帧等。那么，我们如何实现电视时间的压缩与延伸呢？下面我们就来讨论这个问题。

1. 时间压缩的处理技巧

时间压缩是影视中最常使用的一种时间处理方式。所谓影视中通过剪辑来省略，并不是说做简单的减法就行了，而是在原有的时间序列中选择对创作主题有用的片段，组建成一个线性的时间结构，这是一个完整的有意义的序列，目的在于完成跳跃性简要叙事。在剪辑中，我们常用以下技巧来处理时间的压缩问题。

（1）片段省略

无论是整部电视节目还是一个段落、一个运动过程，压缩时间最实用的方法就是在节目中保留对主题有用的片段，或者动作和运动过程中关键的、有代表性的部分，省略无关紧要的、多余的部分，从而达到精练而清楚地叙事的目的。比如表现某人一天的工作，可以选择他最具有代表性的工作片段进行组接；又如在电影《罗拉快跑》中，曼尼回忆他丢钱的过程就运用了片段省略的方法，通过简短的几个画面，清晰地叙述了“罗拉快跑”这件事情的起因。关于片段省略，前面已经多处提到，这里不再赘述。

（2）插入镜头

在表现时间的省略上，空间的位移是重要标志，因为时间是抽象的，它只有在空间的变化中才能让人感受到，当空间变化时，贯穿其中的时间似乎也消失了。因此，比较常用的省略时间的技巧是在某个运动的过程中插入一个相关镜头，以插入镜头代替被省略的时间间隔。但插入镜头所代表的时间长度完全不等同于镜头的实际时间，而是一种主观的时间感受，其长度视上下动作连贯效果而定。比如表现一个画家作画的动作过程：

镜头A：全景　一个画家在作画

镜头B：中景　画家继续作画

镜头C：特写　一支笔在画某个细节

镜头D：中景　画家放下笔

镜头E：全景　画

这里，通过特写省略了画画的过程，压缩了整个时间流程。

又如表现冬去春来，在两个季节的镜头之间，插入小鸟的镜头来压缩时间过程（如图8-5所示）。

图8-5　插入镜头实现时间的压缩

（3）借物暗示

利用某种能够暗示时间变化的物象来体现时间的省略。与前两种情况不同的是，运用借物暗示时，运动或动作连贯退居其次，更多强调的是一种明确的时间省略效果及蕴含其中的情绪。比如日历翻动、时钟指针位置的变化、阳光照亮的窗户转为夜色，等等。这些能够直接代表时间概念的物象在影视中常常被用来表现明确的时间流逝。比如某人正在产房待产，其丈夫在产房外焦急地等待，通过丈夫坐下、站起、来回走动等镜头表现他焦急的心情，一夜过去了，曙光从窗外照了进来……

还有一种更为含蓄地表达时间流逝的手段，其表现方式体现出“年年岁岁花相似，岁岁年年人不同”的意境。案例8.2电视剧《芈月传》第4集中，少年黄歇与楚太子的书房颂读通过竹简遮挡，转换成场景人物的青年时期。

（4）辅助性剪辑技术

在剪辑中，我们还经常利用一些技术手法来实现时间的压缩。比如通过景物的叠化表现冬去春来、四季变化；通过淡入淡出表现前一阶段的结束、新一阶段的开始，常常表现较大的时间跨度；通过快动作加快时间进程等。也可以利用声音的提前进入来压缩时间，即利用声音的连贯性，自然地引导观众关注新的空间而忽略被压缩的空间，例如：

镜头A：清晨的某个家庭，窗外传来车水马龙的声音

镜头B：男人走在大街上（车水马龙声音持续）

2. 时间延伸的处理方法

在银屏上，现实的时间也可以被延长和扩展，常常用于在特定的情境下表现人物情绪、渲染某种气氛和强化叙事主题。常用的技巧大致有三种：

（1）反复切换延长实际时间

将从不同角度、不同视点拍摄的同一场面或者环境的镜头反复切换，从而达到通过延长时间渲染主题或情绪的目的。最经典的例子就是爱森斯坦导演的《战舰波将金号》中的“敖德萨阶梯”段落。原本不长的时间，影片以6分多钟的长度来表现。其延长时间的主要手段就是反复切换双方的情况：沙皇士兵持枪走下台阶，手无寸铁的平民慌乱奔跑，其间穿插了大量从各个角度拍摄的细节镜头。成批倒下的躯体、惊恐的表情、悲愤的母亲、被踩踏的孩子、滚落的婴儿车，等等。细节的描写延长了实际时间，也延长了观众的心理时间，扩大了空间，敖德萨阶梯似乎怎么走也走不完。整个场面惊心动魄，强调和渲染了沙皇军队的残暴。

电视剧《长征号今夜起飞》中“卫星发射”一场戏，卫星进入发射程序后，在点火前5秒钟，发射台上出现烟雾，人们的情绪立刻紧张起来。画面是这样处理的：首先是决策人的近景（停止还是等待？），接下来是一个个人物的紧张表情（怎么办？怎么办？），然后

又多次把决策人及基地人员的镜头与飘动着烟雾的卫星发射台镜头交叉剪辑，使戏剧气氛高度紧张。生活中的5秒一闪而过，这场戏如果按照真实时间处理，就会失去戏剧气氛，更谈不上戏剧效果和悬念。可见时间过程的延伸和扩张常常用于表现特殊情境下的人物情绪和紧张气氛。

（2）重复剪辑延伸精彩瞬间

对一些具有“高度观赏性”的动作镜头，为了满足观众的欣赏欲望，常常采取重复剪辑的方法来延伸精彩瞬间。比如足球比赛中的精彩进球镜头，就往往把从不同角度拍摄的同一场面的镜头连接在一起，清楚地展现精彩的传球、过人、射门过程。

（3）慢动作延长实际运动过程

慢动作的根本作用是延长实际运动过程，延长动作时间。电视中的慢动作通常在特技台上完成，电影则采用升格摄影来实现。慢动作是改变现实运动形态的时间特写，其目的是展现瞬间运动过程，突出动作状态，放大可见感情长度，形成超现实的印象。这种延时效果往往带有一定的抒情色彩，通过时间的延伸让观众的情感得到升华和宣泄，常见效果有以下几种：

第一种，清晰展现瞬间或重点动作过程，展现许多肉眼难以看清楚的快速运动，突出动作形态，体现优美的动感效果，让观众得以仔细观看和体会动作细节。慢动作这种原始功能在体育类电视节目中有大量表现，无论是足球、篮球赛上的精彩进球，还是百米赛场上的完美冲刺，或是优美的体操、跳水动作，都可以通过慢动作来突出动作的优美线条和运动固有的韵律，给观众以审美的享受。而在电影、电视剧等节目中，一些打斗等惊险动作的慢动作表现也是观众非常熟悉的。

第二种，动作过程的延缓，使影视画面具有“可见”的感情长度，成为渲染情绪最便利而有效的手段。比如苏联电影《雁南飞》中，男主人公鲍里斯在树丛中中弹倒地的一组镜头就极具风格，高速摄影获得了诗意化效果，不仅表现出画面的内涵，传达出的意境也令人遐想、使人难忘。电视纪录片《美丽中国》中打“水仗”的慢动作重放，则营造了一种欢快、和谐、温馨的气氛。在电影《罗拉快跑》中，第一次奔跑的结尾，罗拉、曼尼逃跑时，警察的枪走火，罗拉中弹倒下的慢动作渲染出巨大的伤感。

第三种，慢动作可以造成动作形象的飘逸感，有助于表现回忆、想象、情绪舒缓、虚幻或浪漫。比如在张艺谋的电影《我的父亲母亲》中，有许多关于父母亲浪漫爱情的表现：画面是母亲扛着农具缓缓走在学校附近（慢动作），叠印着树木色彩的变化，父亲朗读的声音延续其中。整段内容形象飘逸、色彩明朗，充满唯美浪漫的气息。又如王家卫的电影《堕落天使》，在黎明扮演的杀手执行任务的段落中使用了升格拍摄，整个过程被人为地放慢，杀戮行为的暴力血腥被消解，多了一份迷离和恍惚。一切似乎都是一个梦，让人不自觉地沉浸其中。

慢动作处理写意性强，着眼于渲染情绪、表现戏剧性心理以及强化象征意义，带有比较强的主观色彩,因此在节目编辑中,特别是在纪实性节目的编辑中要慎用。

(二)各种时空主体动作的剪辑

主体在画面中运动范围的大小,将影响屏幕的时空关系。主体在画面中的运动范围由主体是否入画、出画而决定。所谓"入画",是指一个镜头开始时主体不在画面中,开始后主体才走入画面;所谓"出画",是指主体走出画面后镜头才结束。两者结合,主体的运动范围分为四种情况。

第一种,主体不出画、不入画:也就是一个镜头从开始到结束,主体总是在画面中活动,如果上下两个镜头的主体都是不出画、不入画,镜头的变化只能代表一种视点的变化,这样能够保持屏幕上空间的统一感和时间的连续感。

第二种,主体出画、入画:也就是镜头开始后主体才走入画面,主体走出画面后镜头才结束。如果上一个镜头主体出画,下一个镜头主体入画,往往表现大幅度的空间转换,如从家庭到学校、长沙到广州等,让人从前一个环境中走出画面,再从另一个环境的镜头中走入画面。

第三种,出而不入、入而不出:上一个镜头主体走出画面,下一个镜头主体已在画面中,或上一个镜头主体与画面同时消失,下一个镜头主体走入画面。这也是表现空间转换的常用方法,比如从办公室到教室,从家里出门到街上等。

第四种,利用自然物体把主体挡住,造成视觉的暂时分散,在无意中连接不同空间,我们称之为遮挡主体。

在镜头组接过程中,我们经常会遇到主体动作在各种时空内的衔接问题,有同一时空内主体动作的组接,也有不同时空和相异时空中主体动作的组接。这些主体动作的组接,由于是在各种不同时空内所进行的活动,因此,也就产生了不同的组接方法。

1. 同一时空主体动作的剪辑

同一时空是指主体在空间上的活动区域是固定不变而且相对封闭的,比如同一房间、办公室、教室、剧场以及室外广场、小院、运动场等。同一时空内主体动作组接的基本方法是主体不出画、不入画,甲主体接甲主体。例如表现某人的一天,他在某个空间(办公室或家)的活动属于同一空间,无论他是在桌子前写计划,还是接电话、与人谈话,镜头的连接都采取不出画、不入画的方法。在前面我们谈到,主体动作的表现常常是通过动作的分解来实现的,用几个不同景别角度的镜头表现动作的全部过程。比如拍摄一个人从办公桌前站起来去传真机前拿传真,拍摄时第一个镜头是他站起来走出画面,第二个镜头是传真机所在环境,他走入画面。由于办公桌和传真机都在同一个办公室,这两个镜头的组接,属于同一时空内主体动作的衔接,剪辑时,上一个镜头的主体动作在不出画时剪,下一个镜头在主体进入画面后切用。当然,剪辑时要注意主体动作的连贯性。

不出画、不入画的优点是时空合理、结构流畅、节奏明快。如果对主体动作做进出画处理，就会扩大空间，延长时间，更为严重的是，可能导致上下镜头的时空关系混乱。因为在剪辑中，画外空间是自由空间，当主体出画，就意味着他进入了一个自由时空；而当主体入画时，则表明他从一个自由时空进入了一个特定的时空。就拿前面的例子来说，如果对主体做进出画处理，我们可以把它理解成是不同时间的两次动作的连接。

2. 不同时空内主体动作的剪辑

不同时空，是指主体在不同环境、不同地点、不同时间所进行的活动。比如表现职员下班从办公室回家，上大学的学生从农村来到大城市，技术人员从长沙到广州出差等。在不同时空中主体动作的剪辑方法多种多样，可根据具体要求和素材的实际情况进行合理的镜头组接。比如，下课了，某同学去操场打球就有多种剪辑方法。

第一种，上一个镜头中，某同学将教材、笔记本放进书包，走出画面；下一个镜头在篮球场，该同学走入画面——出画、入画。

第二种，上一个镜头中，某同学走出画面；下一个镜头是篮球场，该同学拿起篮球——出画、不入画。

第三种，上一个镜头中，某同学向教室门走去，不出画剪；下一个镜头是篮球场，该同学走入画面——不出画、入画。

第四种，上一个镜头中，某同学向教室门走去，不出画剪；下一个镜头从地上的篮球拉开，该同学捡起球——遮挡入画。

不同时空内主体动作的组接，可以扩大空间、延长时间，改变事件原来的节奏，以适应剧情发展和人物表现的需要。因为时间、地点、环境的不断变化，使时空变成了无限时空，主体动作在不同时空内的活动，必须要给观众一个缓冲，让其在心理上有所准备、有所期待，如果采取同一时空内主体动作的组接方法，时空就不合理，就会造成混乱，观众必然看不懂、费解。主体动作在不同时空内的活动组接方法很多，可以根据拍摄素材的具体情况，按照情节内容、视觉造型等具体要求和情况进行合乎情节的镜头组接，但一般不采用不出画、不入画的方法。

要注意的是，相同空间、不同时间的主体活动也属于这种情况，比如意大利电影《美国往事》中主人公“面条”时隔二十年又一次来到了当年出逃时的车站，主体相同，空间相同，但是时间不同，此一时彼一时，物是人非，上下镜头的时空是不同的，如果仍按相同时空的剪辑方法剪辑就会令人眼花缭乱、令人费解。

3. 相邻时空主体动作的剪辑

相邻时空的主体动作是指在大环境下，主体动作在小环境中连续运动，像庙会、广场、公园等，比如在一家大型的超市中，主人公一会儿来到日用货柜前，一会儿来到食品柜前，一会儿又出现在服装柜前。这些小空间都统一在一个更大的空间中，它们彼此是相邻的（空间距离较近），但从画面上很难找出它们之间的关联之处。相邻时空主体动作组接的原则是：一场戏的头尾镜头中，主体动作可出画、可入画；中间一系列镜头中，主体动作不出画、不入画，主体动作接主体动作。比如陈凯歌执导的电影《和你在一起》中，第一个镜头男主人公刘小春正在理发，忽然听到有人叫他，便起身就跑，过了桥后右出画；后面一组镜头都是刘小春在街上奔跑的动作内容；最后一个镜头是给人当厨师的老刘正在杀鸡，刘小春从左画框外跑入。

我们来看电影《罗拉快跑》中罗拉第一次奔跑是如何进行主体动作的剪辑的。应该说，罗拉的奔跑都是在相邻的空间发生的，而在罗拉奔跑的过程中，该片插入了反映各种与她相遇的人的不同命运片段：

罗拉从家里跑出来，进入街道的第一个镜头是入画

罗拉在大街上奔跑，不出画、不入画

罗拉与偷孩子的推车妇人相撞，罗拉跑出画面

时空隧道，偷孩子妇人的命运

街道，罗拉跑入画面

罗拉在大街上奔跑，不出画、不入画

银行，罗拉父亲与情人在一起

街道，罗拉跑入画面

罗拉在大街上奔跑，不出画、不入画

街道，偷车男孩向罗拉卖自行车，镜头跟拍偷车男孩，罗拉出画

时空隧道，偷车男孩的命运

街道，罗拉跑入画面

罗拉在大街上奔跑，不出画、不入画

……

银行大厅，罗拉跑进门

从上面的描述中我们发现，罗拉在大街上的奔跑是在相邻空间中的运动，罗拉进入这个空间的画面采取入画的方式，连续奔跑的过程都是不出画、不入画，但如果在中间插入其他内容，则接下来罗拉都是跑入画面，最后罗拉结束在大街上的奔跑，进入父亲所在的银行则是入画的方式。这种剪辑方法在影视剧中较常见，其特点是动作连贯、情绪延续、节奏较快、时空合理。

影视片有着无限时间和空间的自由，但它又是在有限的时空中活动。在镜头组接时，必须重视时空结构的关系变化与节目内容的吻合。只有掌握不同时空内主体动作的组接原则，才能使影视节目实现真正的艺术效果。

第三节　镜头的分剪与插接

一、案例分析

案例8.4

为表现一个犯错误的学生在教师办公室罚站的情景，拍摄了这么三个镜头：

镜头A：全景　教师办公室，教师坐在办公桌前，一个学生站在墙边

镜头B：近景　教师低头看作业

镜头C：近景　学生低头看地，不时抬头望望老师

如果将这三个镜头直接组接在一起，虽然能够表达我们想要表达的意思，但显得比较平淡。如果我们把后面两个镜头一剪两用，屏幕效果就将发生改变：

镜头A：全景　教师办公室，教师坐在办公桌前，一个学生站在墙边

镜头B：近景　教师低头看作业

镜头C：近景　学生低头看地，之后，抬头望望老师

镜头D：近景　教师低头看作业

镜头E：近景　学生抬头望望老师

这样组接，使原来的3个镜头变为5个镜头，而后面两个镜头的重复以强调的方式加强了戏剧效果。如果此时这个孩子脸上有特殊的表情，比如愤怒、欲说还休等，则更增加了悬念：这犯错误的孩子想干什么？是气愤不平？还是想承认错误，又害怕老师？这样的镜头分剪显然更细致地刻画了孩子的心理活动，这比原来没有呼应的画面更有感染力。

根据情节需要，我们还可以插入现场挂钟的镜头，或者切出到室外小伙伴在窗外窥视的镜头：

镜头A：全景　教师办公室，教师坐在办公桌前，一个学生站在墙边

镜头B：近景　教师低头看作业

镜头C：近景　学生低头看地，之后，抬头望望老师

镜头D：近景　窗外小伙伴在窥视

镜头E：特写　挂钟

镜头F：近景　教师低头看作业

镜头G：近景　学生抬头望望老师

镜头H：特写　挂钟

镜头 I：近景　窗外的小伙伴做手势

镜头 J：近景　教师低头看作业

镜头K：近景　学生抬头望望老师，鼓起勇气："老师……"

二、相关知识点

(一)插入镜头与切出镜头

当我们表现一场对话、一个连续的场面或动作时,可以一气呵成地拍下来,这样不仅能保持事物的时空连续性,而且还能保持人物活动的自然状态。比如前面说的打斗场面,就可以用全景来全面表现,也能让观众看清楚整个过程。但是,这样组织的画面给人的感觉很单调,缺乏变化和节奏感。我们知道,影视场景的构建是通过一组镜头来完成的,我们把为了表现事物或动作完整面貌而拍摄的镜头称为“主镜头”,这种镜头是一个段落的主导部分,是构成主体动作连贯的主要手段。同时,为了使场景的塑造更加生动与丰富,更好地展现人物,表现情绪、情感,打破主镜头的局限性,在组接时往往要用插入镜头和切出镜头对场景事件进行补充。

1. 插入镜头

插入镜头是在主镜头中接上一个与主镜头内容本身相关的镜头,它能够较为细致地表现主镜头所处场景中的一部分,可以展现细节,放大局部,强调某个焦点……根据插入镜头与事件的关联,其主要有以下几方面作用:

(1)吸引注意

插入镜头可以强调场景中的主要动作或事物,使人集中注意某一物件或某个细部动作,并推动剧情发展。比如,某人走到书架抽出一本书回到书桌前看,在拿书时,插入手拿书的特写。这个插入镜头不仅使人注意了细部,也可以从书名了解人物的文化修养、爱好等。又如,在电视连续剧《康熙王朝》中有这样一个情节:康熙单独约见鳌拜,鳌拜思量再三决定只身前往,当他进入内宫时,身后的门一扇扇关上,这时,插入了一个鳌拜紧握拳头的画面。这个细节性插入镜头的使用,传达出鳌拜内心的不安和狂妄,既刻画了人物,又制造了紧张的气氛。

(2)烘托气氛

通过插入镜头可以使原有场面气氛得到加强。比如,在迈克尔·杰克逊的演唱会上,在他演唱的过程中不断插入现场观众欢呼呐喊的场面镜头及观众尖叫、激动的特写等镜头,可以烘托画面的热烈气氛。如教师在课堂上课,插入学生不同的反映镜头,可以表现不同的气氛:插入学生专心听讲、认真记笔记的特写,表现严肃平静的气氛;插入学生私下玩手机、打哈欠的特写,气氛则变得沉闷。

(3)丰富叙事

单纯依靠主镜头叙事,虽然表意清楚,但是会显得单薄;而插入相关的环境、人物关系镜头,则可以加强立体化表现的效果。比如,主镜头是一个人骑车上学,中间插入树影婆娑、车轮蹬得飞快等镜头,可以传达环境、季节、人物情绪等多方面信息。

此外，在前面的章节讨论中，我们还介绍过如何通过插入镜头压缩时间、分散观众注意力、掩盖视觉上某些失误以达到连贯组接的目的等。

2. 切出镜头

切出镜头又称“旁跳镜头”，它不是主镜头内容的一部分，描述的是与主镜头同时但在别处发生的次要动作，它和主镜头之间存在某种逻辑上的联系，是整个动作或过程叙述的必要补充。切出镜头常常用于以下场合：

（1）展示对事件的反应

观众在观看电视节目时，常常会对片中内容产生某种反应，因此，编辑人员常常采用切出镜头来营造屏幕内外的交流情状，引导观众做出预期反应。比如电视片《我们赢了》，当申奥现场开始第二轮投票时，导播实时切出中国各地人们焦急等待的表情，也代表着观看现场直播观众的相同感受。

影视中也常常有这样的场面：某件事情发生后，先不继续叙述这件事情的后续发展，而是先切出这件事情发生所引起的各方反应，然后再回到主镜头继续叙述。

（2）丰富对事件的叙述

利用切出镜头的信息含量，可以弥补主镜头信息量的不足，丰富对事件本身的叙述。比如在纪录片《丰碑》中，当小平同志的灵车缓缓经过长安街驶向八宝山革命公墓时，除了组接沿途送别群众表达哀思的镜头，编辑多次将画面延伸到事件之外，大量接入邓小平接见外宾、参加各种重大活动的镜头，回顾他一生的丰功伟绩，恰当地表达了人们的沉痛、怀念之情，丰富了对内容的叙述。

（3）显示对事件的注释

以切出镜头的方式接入一些与事件有关或无关的画面，可以丰富视觉传达，介绍相关知识，并对行为动作做出相应注解。在新闻类节目中，这种运用很多，比如一则关于发射通信卫星的新闻，通过切出镜头介绍同步卫星的相关知识；又如在采访某企业家时，通过切出画面来表现企业生产状况，以佐证企业家的介绍语言；在纪录片《故事湖南》中，许多采访画面都通过切出资料镜头来丰富对事件的叙述。

（4）省略对事件的表现

切出镜头可以带领观众暂时离开事件空间，之后再回到事件空间时，由于观众无法判断时间流逝的多少，因此，可以通过切出镜头来压缩时间。比如一次表彰大会，会议开始后，镜头切到某人回想起之所以被表彰所涉及的相关内容，当镜头切回来时，会议即将结束。这里，切出的时间代表着会议的流程，切出镜头对时间的省略并没有影响观众的理解，时空仍然是连贯的。

插入、切出是丰富叙事效果的有效手段。作为电视编辑，要善于根据事件发展的要求，选择适合的关系镜头和镜头连接方式，跳出简单化处理事件的思维局限，丰富叙事表现力。

（二）分剪插接的应用

分剪是指将一个内容连续或者意义完整的镜头分成两个或者两个以上的镜头使用，其屏幕效果不再是一个镜头；插接则是指将分剪的镜头按照一定的意义逻辑连缀在一起，形成新的镜头序列。

分剪插接最初是为了弥补素材不足、修正技术失误，随着人们对镜头的认识的加深，对新的结构化构成的理解，分剪插接逐渐成为加强叙事表现力和感染力的技术化手段和艺术化方法。它主要有以下作用：

1. 弥补画面素材在数量上的不足和镜头匹配方面的欠缺

在后期编辑时，常常会遇到由于拍摄条件限制或失误等原因而造成素材不足或者画面不匹配等问题。比如有一个用资料镜头反映第一次世界大战中国成为战胜国内容的纪录片段落。由于年代久远，相关镜头非常少，除了能拍摄到一些当年报纸报道的镜头外，能找到的影像资料只有：中国人放鞭炮庆祝、印刷机印报、上海滩填满广告的电车、几个街景。而且，这几个镜头长度是很不匹配的，放鞭炮的镜头从鞭炮高挂、点燃到爆竹落地，全长有20秒，而其他一些资料镜头仅有三四秒左右。所以，最后采用分剪方式，将放鞭炮剪辑成3段，镜头长度重新划分：开始、结尾稍长，中间过渡稍短，中间分别插入当年报纸报道、评论的镜头以及其他几个影像资料镜头。这样一来，鞭炮成了贯穿线，以鞭炮高悬开始，以爆竹在地面开花收尾，突出了战胜后的喜悦情绪，同时又很好地解决了镜头长度不匹配、节奏拖沓的问题。

2. 拓展时空

《绣春刀2·罗修战场》片段

原本连贯的时空因分剪而被重新组织，事件空间之外的丰富信息也被融入其中，极大地拓展了影视时空。比如影片《绣春刀2·罗修战场》的“夜焚案牍库”段落中，男主人公锦衣卫百户沈炼夜入戒备森严的北镇抚司案牍库准备焚毁“御船沉没”事件相关的建造文书——《宝船监造纪要》，当他得知案件事实真相后，准备点燃大堂中央的火引……最后关头，他的思绪中反复呈现案件关键人物、细节，终于厘清了惊天大案背后的真相。这一部分的剪辑处理采用分剪插接方式，把主人公点火焚库瞬间的人物动作与案情细节进行了延展时空的处理（如图8-6所示）。

图8-6　电影《绣春刀2·罗修战场》中“夜焚案牍库”段落

3. 制造紧张气氛和戏剧效果，充分渲染情绪

例如，有这么五个镜头：

镜头A：大全景推至近景　一只秃鹫立在海边礁石上，突然，它振翅飞起

镜头B：俯冲向另一巨礁（秃鹫的主观镜头）

镜头C：浪涛冲击礁石

镜头D：一群海鸟飞起

镜头E：秃鹫飞落在另一礁石上

如果我们将秃鹫俯冲的镜头分为三截，再重新插接：

镜头A：俯冲向巨礁（秃鹫的主观镜头）

镜头B：秃鹫振翅飞起（近景）

镜头C：海鸟飞起

镜头D：俯冲向巨礁（秃鹫的主观镜头）

镜头E：浪涛冲击礁石

镜头F：俯冲向另一巨礁（秃鹫的主观镜头）

镜头G：秃鹫飞落在另一礁石上

镜头H：一只秃鹫立在海边礁石上

在这里，从动态效果和情绪气氛表现出发，我们将镜头顺序进行了大幅度的调整，利用视觉冲击力最强的秃鹫主观视点拍摄的镜头开始，引发悬念。由于这个镜头的冲击效果最强，所以被剪辑成三段，再与其他镜头快速组接、反复穿插。显然，这样重新剪辑后的画面更能调动观众的情绪，通过强化视觉动态效果，制造紧张气氛和戏剧效果。

电视片《奥运集锦》的开场段落表现各国运动员积极备战奥运，所采用的方式，就是将从火炬进入主会场到点燃奥运圣火的一个长镜头分剪为若干段，其中穿插二组反映各项赛事、各国选手准备的积累式镜头。这两种性质的镜头在数量上并不匹配，点火仪式是一个长镜头，各国选手备战镜头量大，原本可以将火炬仪式的镜头缩短，接在备战镜头之后，但是，这样接气氛紧张不够。分剪插接使之互为呼应，也强调了火炬的象征意义。随着火炬离圣坛越近，整个节奏也越快，越显示出大赛临近前的紧张，画面表现也显得更加丰富。

4. 调整叙事节奏，丰富画面表现空间

电视纪录片《报复》讲述了一个哥哥为了报复，谎报妹妹结婚年龄而陷害妹夫的故事。编辑先后采访了报假案的哥哥、害怕谎言露馅不惜诋毁自己感情的妹妹、对妻子一往情深却被陷害受审的丈夫、被诬陷为人贩子的金矿老板。剪辑中，在妹妹14岁被迫出嫁的段落里，创作者以分剪方式将四个人的回答交替组接，这样，便省略了无关紧要的讲述过程，突出了主要情节。同时，四种回忆以相矛盾的方式交替展开，产生了很强的悬念感：到底谁在说谎？

《零零后》第三集片段

在电视纪录片的剪辑中，最常见的分剪技巧体现在对两个采访对象的剪辑上。比如一部真实展现中国零零后十年成长历程的纪录片《零零后》，摄制组从2006年开始在北京的一所幼儿园记录了十多位孩子的生活、学习和成长经历，用影像方式将孩子的成长直观地展现在观众面前。时间改变了一切，改变了孩子的面貌，改变了陪伴他们成长的父母……赋予他们独立的思想力、行动力。在拍摄第三集《成长单行道》中“爸爸的算术辅导”一段时，记者一行来到采访对象梁昊天家，碰巧昊天爸爸正在辅导孩子做算术题，一个计算错误，引发了父子之间小小的一场“风波”，记者敏锐地发现了生活中的采访细节，在不动声色中完成对这一过程的抓取。在后期剪辑中对场景剪辑时采用分剪插接方式组接，将两人的动作、语言画面分别剪辑成若干短镜头反复交叉使用，既可以避免因声音接点而造成画面跳接，又能产生上下呼应，互为佐证的效果（见图8-7）。

图8-7　电视纪录片《零零后》第3集“爸爸的算术辅导”片段

单元总结

剪辑点就是两个镜头之间的连接点，把握好剪辑点是实现镜头流畅剪辑的基础。根据表达需要和镜头转换依据，可以将剪辑点分为叙事剪辑点、动作剪辑点、情绪剪辑点、节奏剪辑点和声音剪辑点几种。

叙事剪辑点主要由镜头长度来把握；动作剪辑点要考虑画面的主体动作和外部运动的连贯流畅；情绪剪辑点的选择依据是镜头长度是否能充分表达情感，一般“宁长勿短”；节奏剪辑点的依据是画面构成的形式节奏和内容节奏相吻合；声音剪辑点根据内容的要求和声音与画面的有机关系来处理镜头的衔接。

时间的压缩处理可以通过片段省略、插入镜头、借物暗示及其他辅助性剪辑技术来实现；时间延伸的常用技巧有反复切换、重复剪辑和慢动作。同一时空内主体动作组接的基本方法是主体不出画、不入画，甲主体接甲主体。不同时空主体动作组接的方法很多，但一般不能采用不出画、不入画的方法。

插入镜头是在主镜头中接入一个与主镜头内容本身相关的镜头。切出镜头又称“旁跳镜头”，它不是主镜头内容的一部分，描述的是与主镜头同时发生但在别处发生的次要动作；分剪是指将一个内容连续或者意义完整的镜头分成两个或者两个以上的镜头使用，其屏幕效果不再是一个镜头；插接则是指将分剪的镜头按照一定的逻辑顺序组接在一起，形成新的镜头序列。

任务一　考核参照表

任务	把三个视频片段解析成分镜头脚本，观察镜头组接有什么规律和技巧		
完成形式	个人独立完成	姓名	
完成时间			
任务内容	1. 解析三个不同的视频片段，写出分镜头脚本 2. 分析镜头组接技巧的应用		
成果形式	三个分镜头脚本和镜头组接技巧分析		
完成步骤	1. 明确任务 2. 反复观看视频片段 3. 分别写出三个片段的分镜头脚本 4. 分析镜头组接技巧 5. 写出分析说明		
过程评价（40%）	1. 自主学习的能力 2. 按时按量完成各项工作，具有高度责任心	评分	
成果评价（60%）	1. 分镜头脚本要素齐全，镜头解析准确 2. 分析剪辑技巧准确到位	评分	
指导教师评语			

任务二　考核参照表

任务	作品修改		
完成形式	个人独立完成	**姓名**	
完成时间			
任务内容	教师提供一部学生作品以及所有初始素材，同学们对作品存在的问题进行修改，对无法修改的地方提出修改设想		
成果形式	一部完整的电视作品		
完成步骤	1. 明确任务 2. 反复观看作品 3. 发现作品中存在的问题，思考解决办法 4. 查看素材，利用现有素材进行修改 5. 检查 6. 对利用现有素材无法修改的地方提出修改设想		
过程评价(40%)	1. 对待工作的态度，按时完成任务 2. 独立解决问题的能力 3. 熟练运用非线性编辑系统	**评分**	
成果评价(60%)	1. 能否准确找出作品中存在的问题 2. 能否对问题进行修改，修改后画面剪辑是否流畅、主题是否突出、问题处理是否合理 3. 对利用现有素材无法修改的地方能否提出修改设想	**评分**	
指导教师评语			

学习单元九
场面与段落的转换技巧

一篇文章的写作过程如同影视作品的后期编辑过程，一句话说完，自然要有句号；一段内容暂告结束，自然要另起一段。在影视作品的编辑创作过程中，内容发展到一定程度也要转入下一个段落。场面和段落的划分和转换，是为了使内容的条理性更强，层次的发展更清晰，是内容发展到一定程度的必然要求。

学习目标

（一）知识目标

1. 能够准确把握场面与段落的关系；
2. 了解技巧转场的手法及应用场合；
3. 了解非技巧转场的手法及应用场合。

（二）能力目标

能够选择恰当的方式完成段落和场面的转换。

任务描述

任务一：教师提供一部优秀影视作品，选定的作品中要有较多的典型转场方式的应用，转场方式涉及技巧转场和无技巧转场，让同学们观看作品并进行段落解剖，逐段列出镜头段落安排。在解剖段落的过程中找出几处有代表性的转场部分，分析其转场的依据和应用该转场方式的视觉和心理效果。

对优秀作品的鉴赏和解析是提高同学们编辑能力的有效途径。本任务借助分析优秀作品中的转场方式，使同学们懂得在编辑过程中应该有意识地运用转场方式，合理的转场方式可以使作品在场面和段落转换时更加流畅自然、视觉效果更佳。

任务二：教师在非线性编辑系统中准备素材（一部影视片或几个关联段落），要求同学们借助剪辑软件，对相邻段落采取不同的技巧进行转场。剪辑完成后，小组成员相互观看对方编辑的转场方式，并讨论不同转场方式对效果的影响，提出最合理的转场方式并说明原因，分析转场方式的运用场合与效果。

转场是镜头转换的一种形式，在转换时要注意观众的心理感受和视觉感受，同时需注意转场的方法，以使节目的形式安排与内容的发展停顿相辅相成、互为呼应，增强作品的感染力。

第一节　场面、段落及转场的依据

一、案例分析

案例9.1

电影《阳光灿烂的日子》由31个段落、77个场景构成，该片开头部分（童年时空）是由“军队大院”“郊区公路”“军用机场”“窥视跳舞”“扔书包”5个场景构成。在这5个场景中，前3个场景主要表现了军人和军人家属欢送部队出征的场景：部队从军区大院出发，坐上汽车，通过郊区公路，来到机场，走上飞机，飞机驶向远方。因此，这3个场景构成了一个“送父出征”的段落。而“窥视跳舞”“扔书包”两个场景具有完全独立的内容，每个场景构成了一个自然段落。

在第一个段落“送父出征”中，3个场面的划分是因为地点的转换，也就是说，在这个段落中，有3个地点：军区大院、郊区公路、飞机场。3个地点构成了3个场面，3个场面之间的转换是以空镜头来实现的，通过移动镜头很自然地过渡到下一场景，如图9-1所示：

军区大院出发

进入郊区公路

郊区公路

飞机场

图9-1　地点的转换

而当飞机驶向远方以后，“送父出征”的情节内容结束，告一段落，自然需要转换到下一个内容。这里通过切出淡入的方式转入下一个段落：男主角偷窥女孩子跳舞，切出淡入代表从上一个段落的快节奏进入下一个段落的慢节奏。在这里，“送父出征”的快节奏和“偷窥”的慢节奏也形成了鲜明的对比。

当童年时空结束进入少年时空，该片用了一个事件：一个动作（扔书包），连接了两个时间（童年、少年）、两个地点（操场、家属楼下），是一个非常漂亮的转场，如图9-2所示：

童年扔书包　　　　少年接书包

图9-2　时间的转换

二、相关知识

什么是场面？邵长波在《电视结构艺术》中说：“有人称场景或一景，它是以同一时间，或同一地点，或相联系的人物和动作组成的电视作品的一个时段，它将若干个镜头进行有意义的安排，以传达一个完整的动作和思想。”而段落是电视作品中一个相对完整的叙事层次，场面是构成段落的基本单位。一个段落可以由多个场面构成，也可能一个场面就是一个段落。

所谓“转场镜头”，是指段落转换或者场面变化时连接前后的镜头。

我们认为，把“转场”的“场”理解为场面和由场面构成的段落都是正确的，因为从转场的实际意义和作用来看，它起的是分隔和连贯的作用，即将各部分内容分隔开来，同时用一种恰当的方式予以过渡连贯。转场可以使内容的条理性更强，层次的发展更清晰，也合乎观众的视觉心理。从这个角度来分析，在电视作品中，场面与场面之间、段落与段落之间都存在着分隔和过渡的问题。事实上，由于段落是由场面所构成的，所以每个段落的转换处也必定是一个场面的转换处。但是场面与段落转场在目的上又是不一样的：场面的转场只是为了告诉观众空间、时间的变换，让观众能看出头绪；而段落的转换则不同，它是与叙述情节的发展直接联系的，可以说是情节线的外化，有明确的心理上的暗示和视觉上的隔断。因此，场面之间的转换应该是一种侧重内在连贯式的转场，而段落之间的转场则侧重于一种分隔切断。

那么什么时候该转场？转场的依据又是什么呢？

一般说来，场面转换的依据主要有以下三点。

第一，地点的转换。前后镜头地理空间的变化意味着场面也发生了变化，《阳光灿烂的日子》"送父出征"段落中，从"军区大院"到"郊区公路"再到"军用机场"，地点变化了，场面自然发生了变化。此时，空间的变换是场面的转换处，需要采用一定的镜头策略加以衔接。

第二，时间的转换。所拍摄的事件或场面，如果在时间上发生转移，有明显的省略或中断，我们就可依据时间的中断来划分场面。例如《阳光灿烂的日子》中，从童年时期到少年时期的转换，在时间上有明显的省略，这里依据时间的中断点来划分场面。

第三，自然段落。依据自然段落的发展情况来确定。一种情况是：故事片、电视剧或纪录片的情节发展到一定程度，新闻报道的内容叙述完毕，自然告一段落，需要进行场面的转换，如《阳光灿烂的日子》中"送父出征"段落的结束，就是情节的自然结束。另一种情况是：不是故事情节或报道内容告一段落，而是为了叙述性节奏的需要而做段落顿歇处理，以舒缓观众的收视疲劳或者调整情绪。

后面的内容中，我们将具体分析影视中各种场面与段落的转场技巧。需要注意的是，这些技巧还具有其他表现功能，并不只局限于转场。

第二节　转场的方法

一、案例分析

案例9.2

纪录片《双面青春》第1集讲述了几位身处都市追寻音乐梦想的女孩子的故事。2008年，主唱点点组建了一支在北京圈内小有名气的摇滚乐队——夏日部落乐队。也许跟乐队名称中的"部落"有关，队员们因各自的工作原因让这支"特殊"乐队的演出经常处于游移、不确定的状态……为了梦想、为了音乐、为了乐队的生存，更为了十年付出的青春友谊，她们经历了重重困难，希望在理想与现实的"天平"上找到属于各自生命价值中的那个"平衡点"……

《双面青春》第1集片段1　《双面青春》第1集片段2　《双面青春》第1集片段3　《双面青春》第1集片段4

图9-3　从乐队演出现场转换到对点点的采访空间（特写转场）

图9-4　从乐队演出现场转换到点点的现实工作环境（淡出淡入转场）

图9-5　从乐队演出现场转换到贝斯手五彩的琴房（运动镜头转场）

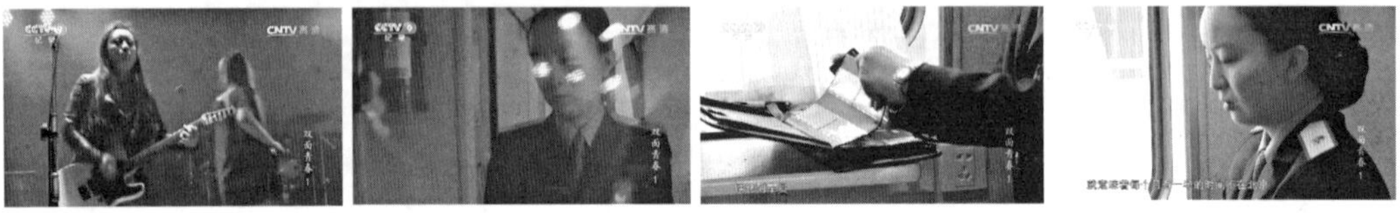
图9-6　从乐乐的演出现场转换到乐乐走进列车乘务室（叠化特效转场）

在这部作品中，场面的转换方式很多：有的是采用淡入淡出、叠化的方法，这些方法需要运用特技手段来实现转场；有的通过空镜头、特写或挡黑镜头连接两个场面，这些方法仅通过镜头直接连接就实现了转场。在上述场面的转换中，叠化转场主要依据时间和空间上的变换进行转换，挡黑和特写以及出画入画的转场则主要依据故事的发展情节，自然而然地转入下一个段落。

二、相关知识

（一）技巧转场

所谓“技巧转场”，就是利用特技手段来完成场面之间、段落之间的分隔和转换。技巧转场的方法很多，比较常用的是淡入淡出和叠化。

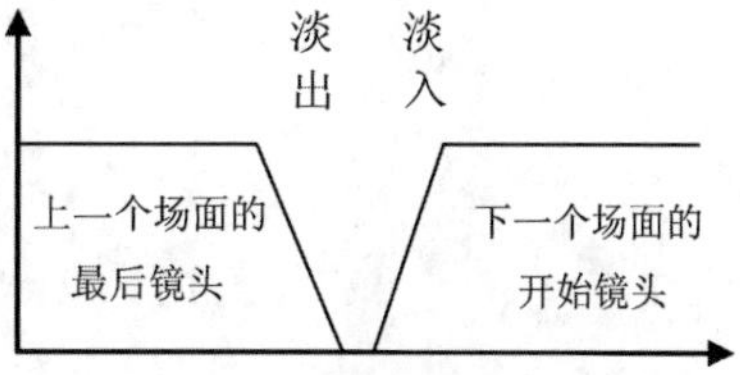

图9–7　淡出淡入示意图

1. 淡入淡出（淡变）

淡出是指画面由正常逐渐变暗直到完全消失至黑场，又称为渐隐；淡入是指画面从黑场中逐渐显露，直到清晰正常，又称为渐显，如图9-7所示。

淡入、淡出既可以同时使用，也可以单独使用，还可以与切入、切出结合使用，是最方便也是运用得最普遍的技巧转场手法。它具有以下特点：

（1）表现大幅度的时空变换，可以有效地省略中间过程，段落间断效果最为明显，主要用于人段落的划分，表现某一情节或内容结束、另一情节或内容开始。在一些电视室内剧中，就常常在一个段落结束时淡出画面，再淡入下一段故事。经过淡入淡出后，室内场景发生了改变，或者在同一场景内，时间从晚上转到了第二天早晨。如在电视连续剧《我爱我家》中，几乎每一集都能找到运用淡入淡出转场的镜头。

（2）淡入淡出的速度将影响表现效果。一般来说，正常的淡入、淡出的长度各为一秒到两秒。但是，在强调抒情、思索、回忆、回味等情绪色彩时，可以放慢淡入、淡出的速度，甚至可以在淡出后加一段黑画面。在一些电视纪录片中，当某些比较刺激、震撼的画面结束后，如果采用淡出到黑场的方式，就可以让人回味、思索。

（3）淡入、淡出可以分别与切换一起使用，形成淡出切入、淡入切出等不同效果，前者使画面节奏由慢变快，用于连接节奏由慢变快的两段内容；后者使段落节奏由快变慢，上一个段落中紧张、活泼、热烈的情绪在渐显中得到缓冲。前述电影《阳光灿烂的日子》中从“送父出征”到“偷窥”的过渡就是典型的例子。

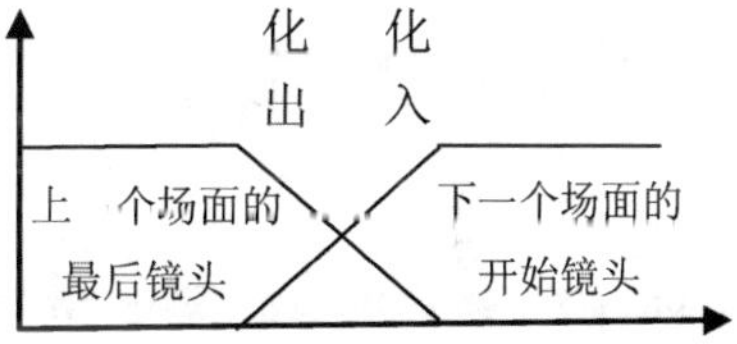

图9–8　叠化示意图

2. 叠化

叠化是指上一个镜头画面渐渐隐去的同时，下一个镜头画面逐渐显露，两个镜头的画面有若干秒重叠的部分，如图9-8所示。叠化是典型的压缩时间、转换动作的特技，在现代电视节目中运用频繁。不同的叠化方式具有不同的表现功能，可归纳如下：

（1）采用叠化转场来表现明显的空间转换和时间过渡，常用于不同段落或同一段落中不同场景的时间空间分割，强调前后段落或镜头内容的关联性和自然过渡。比如在《阳光灿烂的日子》中连接第七个段落与第八个段落两场戏的两个镜头就采用了“叠化”过渡，如图9-9所示。

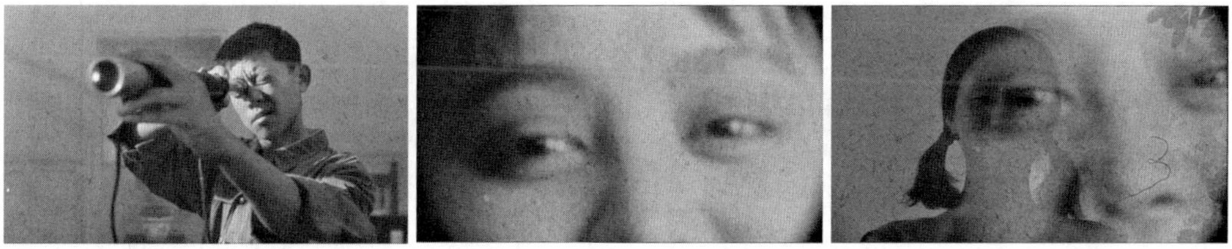

图9-9　电影《阳光灿烂的日子》片段，从“镜中人”叠化至现实中的人

男主角马小军在米兰房间用望远镜看到的米兰的照片叠化到现实中的于北蓓，场面也从米兰的房间转换到大院，马小军第一次见到于北蓓。

(2)通过一组叠化镜头表现时间的流逝，常常用于较大的时间跨度。例如表现一个人的成长，从少儿时空到青年时空的转换，可以在两个时空之间加上两三个表现少年成长的镜头，镜头之间采用叠化过渡，以更好地完成两个时空的转换。

《战狼1》片段

(3)采用叠化方式进入回忆、想象、梦幻等场景，这在很多电影、电视剧中常常采用。比如影片《战狼1》中，男主人公冷锋在一次反恐行动中担任狙击手，为了营救战友他违令打死匪首被处以禁闭处分。但他的优异军事素质得到了特种兵部队的战狼中队长龙小云的重视。在“禁闭室探视”一段，上一个场景中，龙小云来到禁闭室亲自考察冷锋；在谈到个人经历时，男主人公回忆起儿时往事，场景转到童年时代的小学课堂，此一转场就采用了镜头叠化的方式(如图9-10所示)。

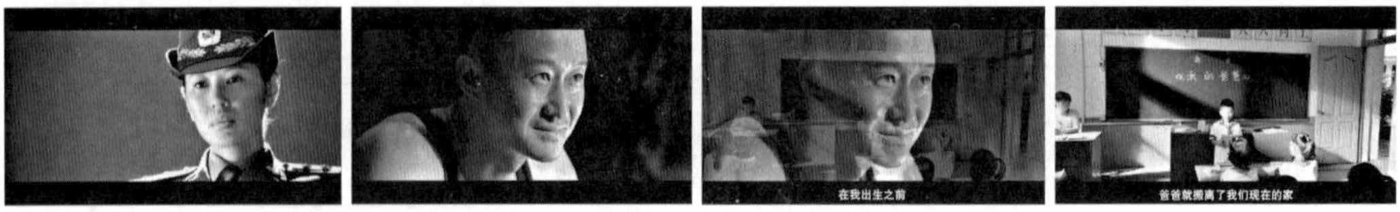

图9-10 《战狼1》“禁闭室探视”段落

3. 其他技巧转场方式

在影视节目中，淡入淡出和叠化是用得最多的技巧转场手法，除此之外，还有定格、划像、翻转、翻页、多画屏分割、甩入、甩出等多种技巧转场方式。使用技巧的转场可以使作品的段落层次十分清晰、叙述节奏更加突出、节目形式富于变化。但是，这些技巧也存在着一些问题：一是人为痕迹过于显露，制作意识强烈，在以纪实为基本语言形态的电视节目中，人们越来越强烈地要求摒弃那些影响电影、电视真实性的制作方法，因此在新闻和纪录片中，这种技巧转场正在“淡出”；二是过多地使用特技来分隔，容易造成作品结构的松散和节奏的拖沓，使人感到作品过于冗长和零碎，缺乏整体感。由于这些缺点，电视节目在使用特技转场时越来越谨慎，一般只用在时空变化十分明显的场景转换中，比如演播厅和外景的转换或者叙事作品中段落之间的转换，而场面的过渡连接则更倾向于使用无技巧转场。

（二）无技巧转场

无技巧转场就是镜头的直接切换，即用镜头的自然过渡来连接两段内容，侧重于镜头转换时的内在连贯性，利用上下镜头在内容、造型上的内在关联来转换时空、连接场景，不强调空间转换的心理隔断感。

无技巧转场其实恰恰是最有技巧的，因为它是通过镜头之间的自然转换来实现分隔和连贯的，所以要求编导、摄像在前期要有精巧的设计、严密的构思，要尽可能地去发现场面之间在内部逻辑和外在形态特征上的联系，尽可能去捕捉一些能够用于转场的镜头，以满足后期剪辑中转场的需要。而后期剪辑则要求编辑人员充分熟悉素材，既要善于发现，也要善于创造，要根据内容的要求大胆创意，有时甚至可以采用移花接木的手法。利用直接切换手法转换场景的方式主要有以下11种：

1. 利用相似性因素转场

上下镜头具有相同或相似的主体形象，或者其中物体形状相似、位置重合，在运动方向、速度、色彩等方面具有一致性，以此来达到视觉连贯、转场顺畅的目的。这是利用转场前后镜头中相同主体或相似主体来实现上下场的过渡。这种结构，观众很容易理解，因此显得自然、流畅。因为不管时空发生了什么变化，但是相同（相似）的主体都会使它们之间形成一条无形的线索。

《阳光灿烂的日子》中，马小军用枪瞄准仓库的窗口射击，墙被火枪打开了几个洞，几道光从洞中照射进来；下一个镜头切换至卢沟桥，从桥下仰拍铁轨，光从桥洞上面的铁轨照射下来，如图9-11所示：

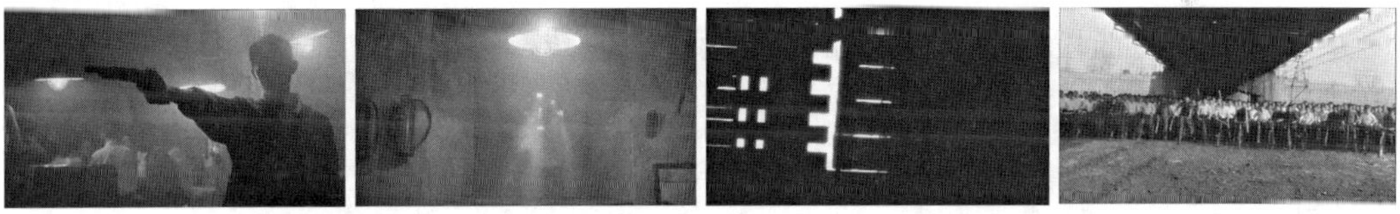

图9-11　电影《阳光灿烂的日子》"铁桥武斗"片段（相似因素转场）

在电视新闻报道中，我们经常可以看到利用同一个主持人的现场报道来串联不同的时空。在迎来送往的新闻报道中，前一段表现东道主在飞机场欢迎来宾，接着乘车离开机场，在汽车行驶过程中拍摄一个车上插挂的国旗的镜头；下一个段落从签字仪式上摆放的两国国旗开始。这样的转换符合实际场景、节奏明快。

利用相似性因素转场，要求剪辑师善于把握众多画面形象之间的外部相似因素和内在逻辑上的相似因素。比如上一个镜头是在果园里果农在采摘苹果，下一个镜头是苹果的特写，镜头拉开，场面已经转换到了大型超市；上一个镜头是摇着的铃铛，下一个镜头是教堂的大钟，场面也从家里转换到了教堂；上一个镜头是捂着孩子小脸的大手，下一个镜头还是捂着脸的手，手放下来，孩子已经变成青年……巧妙运用上下镜头的相似关联，减少视觉变动元素，符合人们感知事物的规律，场面转换自如。

值得注意的是，相似因素转场一般都使用近景和特写，这样可以使主体从背景空间中分离出来，排除其他次要环境因素的干扰，较好地引导观众的注意力随画面趣味中心的转移而转移。

2. 利用承接因素转场

利用转场前后镜头之间在造型和内容上的某种呼应、动作连续或者情节连贯的关系，进行场景转换。

寻找承接因素是使用这类转场技巧的关键。例如前一组镜头是警察在公路上处理一起交通事故，一辆变形的自行车倒在路中央，地上还有一摊血；后一组镜头是医院急救室正在抢救一名重伤员。从公路到医院，从车祸现场到急救室，这是利用情节关联直接转换场景。又如，在纪录片《故宫》中，上一段是天安门广场各种景象的镜头，在这个段落结束时，广场的摄影师按下快门，下一个段落从一张全家福照片开始转到对某个典型家庭的情况叙述。这里利用按下快门与全家福照片之间的呼应承接实现转场。

图9-2从上一个段落的扔书包到下一个段落的接书包，利用了动作的连续；图9-5上一个场景中夏日部落乐队的女贝斯手五彩正在演出，下一个场景的第一个画面通过摇镜头转到她在北京租的屋内，五彩独自一人在练琴。整个场景的转换连贯流畅，是承接式转场经常使用的技巧之一。

3. 利用反差因素转场

反差因素是指前后镜头在景别、动静变化等方面有巨大的反差和对比，利用这种反差来形成明显的段落间隔，常常用于大段落的转换。其常见方式是两极景别的运用，转场前后两个镜头的景别是两个极端，也就是说这两个镜头有一个是全景或远景，而另一个是特写。两极镜头在视觉上给人以大开大合的感觉，通过镜头间明显的反差，充分调整观众的收视兴趣。因此，把两极镜头放在两个段落开头或结尾处也符合观众的视觉心理。

电视纪录片中，两极镜头转场是区分段落层次的有效手段，它可以大幅度地省略无关紧要的过程，在动中转静或在静中变动，赋予观众强烈的直观感受。一般来说，如果前一个段落大景别结束，下一个段落小景别开场，则叙述节奏加快，场面转换有力；反之，如果前一个段落小景别结束，后一个段落大景别开始，则段落分割效果明显，叙述节奏相对从容。

4. 特写转场

特写所展示的是物体或人物的局部，其环境特征不明显。特写转场利用特写镜头主体环境明显分离的空间特点来造成上下场之间的隔离，同时在特写中被强化的细部（细节）能有效地吸引观众，符合其由小到大的视觉心理。常见的手法是：特写拉开，或者特写→中景（近景）的后退句式。例如，反映某位同学的校园生活，可以选择以该同学的大书包特写作为转场的方式。前面段落的镜头无论以何种方式结束，下一个段落都用书包的特写开始，随着书包特写的拉开，该同学出现在不同的场景中。

意大利电影《海上钢琴师》以流畅、激越、精湛的剪辑给观众留下了深刻的印象。这部影片中多处运用了特写来完成段落的转场，其中，“一双眼睛”的特写转场是典型例子。如图9-12所示，轮船上黑人煤矿工捡到了一个婴儿的段落结束，下一个段落开始镜头是童年1900的眼睛特写，这一双好奇的怯生生的眼睛趴在一个窗口上向外张望。镜头拉开，小1900是在远洋客轮的底舱面对波涛汹涌的大海。这里，由一双眼睛的特写，完成了主人公由婴儿到儿童的转变。

《海上钢琴师》片段

图9-12　电影《海上钢琴师》“一双眼睛”片段（特写转场）

5. 空镜头转场

空镜头是指画面上没有人物的镜头，这些画面往往没有具体的人物动作，可以客观地交代环境、气氛。运用空镜头转场往往会使段落之间有明显的间隔效果，可以让观众回味前一场戏的情节和意境，或者稍微缓和一下情绪，同时为下面的戏做铺垫和准备。空镜头可以使上下两场情绪气氛或节奏反差较大的段落顺利地实现过渡，比如《西藏一年》中说德吉由于先兆流产而到医院看病，但德吉的公婆却认为德吉是游魂附体，要请法师来家作法，从医院到德吉家的转换就是通过空镜头来实现的。这时，场景从医院转到德吉家，使用了一组草原环境的空镜头，如图9-13所示。这样的连接无论从时空关系还是情绪节奏上都比较顺畅。

图9-13　电视纪录片《西藏一年》“德吉归家”片段（空镜头转场）

运用空镜头转场时要有明确的目的，空镜头的选择要符合编辑条件下的规定情境。空镜头转场既可以展示不同的地理环境、景物风貌，又能表现时间和季节的变化。电视纪录片《空山》《龙脊》等都利用了四季更替间农作物、环境的变化来转换段落，并且将其作为结构元素来使用，将故事发展的各个环节有机地串联起来。

6. 主观镜头转场

主观镜头是指摄像机模拟画面中主体(一般是人，也可以是动物)的眼睛，去拍摄他(它)的视线所看到的景物。在电视节目中，主观镜头能够有效地调整观众观看事物的视点，并从一定程度上揭示片中人物的心理感受和喜怒哀乐，是带有一定心理描写的镜头。用主观镜头转场就是前一个镜头是人物看的动作，如抬头看、转头看、凝神定睛地看，后一个镜头中他所看到的景物实际上已是在另一个场景之中，这样就同时完成了场景的转换。例如，前一个镜头是一个人站在一望无际的沙丘上环顾四周，后一个镜头是一片郁郁葱葱的森林，通过主观镜头使场景从眼前的荒漠转到一个想象时空。

主观镜头转场一般由两部分构成：一是主观镜头之前的人物客观镜头，二是片中人物所看到的或想到的内容，它们之间的组接形成了一个视觉转换的契机。在情节型段落中，常要求上下镜头之间在内容上有因果、呼应等必然联系。纪录片中不一定这样要求，但常常可以借用，比如某人举目张望，下一个镜头直接切到其他任何场面。在具体组接时，通常要在人物镜头之后保持短暂的停留，这种停留可长可短，但都能给观众一个明确的暗示，说明下面将出现此人看到或想到的“主观镜头”。

7. 出画入画转场

出画入画转场指前一个场面最后一个镜头的出点选择在主体走出画框后；后一个镜头的入点选择在主体走入画框前。多数情况下，转场前后的主体可以是相同的，但也可以不同。这种转场方法比较多地用在电视剧、电视纪录片等叙述类电视作品中，一般是地点的转换。这里，出画代表暂时结束，入画代表新的开始。因此，可以比较协调地将不同空间联系在一起，显得十分顺畅、客观平和。如图9-14所示，上一个场景的最后一个镜头：花园屋檐下，戏院老板恳求梅兰芳救场遭到梅兰芳拒绝，原来他早已约好孟小冬去看电影……邱如白上前劝导梅兰芳遵守行规也遭到拒绝，邱如白愤然离去(出画)；下一个场面的第一个镜头：马路上，孟小冬(出画)走出大门，叫住了即将驶离的汽车。

《梅兰芳》
片段

图9-14 电影《梅兰芳》片段(人物出画入画转场)

在选择出画入画转场时，一般出画时间越长，观众所感受到的实际空间、时间联系越远，叙述节奏相对舒缓，段落结构也明显一些。此外，运用出画入画来转场要注意处理好相同主体出入画方向的问题。比如，水平方向（左右方向）出入画，如果出画时方向是从左画框出画，入画时就应该从右画框入画。否则，左方出画、左方入画就容易给人造成主体走出去又走回来的错觉。

8. 运动镜头转场

运动镜头转场指利用摄像机机位的移动和视角焦距的改变来完成地点的转换。运用摄像机的推、拉、摇、移、升、降、跟等各种运动手法可以真实地展现转场的整个过程。例如，可以先俯拍一个小镇的全景，随着摄像机的下移，视野逐渐缩小，最后落到一处院落，接下来是院子里一家人的生活场景；也可以从小院内景摇至院外高楼，由此转换空间；或由某形象摇至天空。这样的方式通常都意味着上一个段落的明确结束，段落间隔比较明显。

美国全国广播公司露茜·贾维斯拍摄的纪录片《卢浮宫》就巧妙地利用了运动镜头，获得一种特殊的转场效果，前一个镜头是从展厅明亮的、挂满稀世珍品的墙上用横移镜头慢慢移到暗处黑丝绒窗帏上，然后再由另一陈列室的暗处黑丝绒窗帏开始摇至明亮的展厅。这种转场的视觉效果完全与淡出淡入的特技效果一样，所不同的是它利用的是现场拍摄物影调和色调上的变化，因此比淡出淡入效果更加自然真实。

9. 封挡转场

封挡是指镜头被画面内的形象暂时挡住，使得观众无法在镜头中看到被摄主体。当画面形象被挡黑或完全遮挡时，一般也是镜头的切换点，它通常表示时间地点的变化。镜头遮挡的方式有两类：

一是前一个镜头主体迎面而来直至身体挡黑摄像机镜头，形成暂时的黑画面，后一个镜头主体从摄像机镜头前（黑画面）走开，这时时空已经改变。用这种方法转场，前后两个镜头的主体一般是同一个主体，但也可以是不同的主体。事实上，挡黑镜头转场是利用摄像机获得的一种淡出淡入效果，其优点是有较强的视觉冲击力，但是过于戏剧化，所以在电视新闻和纪录片中很少使用。由托尼·比尔（Tony Bill）执导的作品《空战英豪》中，“拉斐特战队”队员罗林斯接到命令，要求其负责指导比格的空中射击动作。空中指导过程进行得不顺利，比格的抵触、粗心、不熟练最终导致飞机燃油耗尽，迫降到树林中，罗林斯受伤昏迷……这个段落就是利用挡黑的方法实现转场。上一个场景中，男主人公罗林斯与比格驾驶的飞机面临着严重的坠机危险，飞机失控一头撞向树林，画面由亮到暗直至黑场；下一个镜头是男主人公的主观镜头，罗林斯从昏迷中缓缓苏醒过来，他看到了救护自己的女孩们，画面由黑到暗直至转为正常。

《空战英豪》片段

二是画面内前景暂时挡住画面内其他形象，成为覆盖画面的唯一形象。一条航空公司的广告淋漓尽致地表现了遮挡镜头在流畅转场上的妙用：镜头一开始，一个小男孩在上学路上，一辆老式汽车驶过画面后，他成了高中生；一位当街打电话的人挡住他，再出现时他已经是一个年轻小伙子，遇见了一位姑娘，他从花摊上拿起一束鲜花，大捧鲜花挡住了他；他再出现时已经在婚礼上，一辆现代汽车驶过他们面前；之后，他成了父亲，一家三口亲亲热热；下雨了，他撑开了伞，雨伞挡黑了镜头；随后已经长大的孩子和他一起亲密逛街，走过一棵大树后，他去参加女儿的婚礼，婚礼前的喷泉挡住了他的身影；再次出现的他已经是双鬓染霜的爷爷，正带着孙子玩耍。这条广告中遮挡镜头的转场使之充满出人意料的趣味性，流畅、简洁而又有情节地展现了一个人的一生。

10. 叫板式转场

《建党伟业》片段

利用对话、台词和画面的结合来达到转场效果称为叫板式转场。常见的叫板式转场是指前一个镜头由剧中的某一人物提出疑问，在后一个镜头里马上有人回答，而时空已经发生了变化，我们也把这种形式称为“叫板式蒙太奇”。这种手法在影视剧中运用得较多，比如影片《建党伟业》中，上一个镜头是白天，在圆明园大水法前，毛泽东把募集赴法计划所需的两万银圆汇票交给蔡和森，一旁的杨开慧问毛泽东：“必须去吗？”下一个镜头是夜里，在北大图书馆里，毛泽东坐在木梯上回答杨开慧：“以前定的……”一问一答，场景已从白天的圆明园大水法转换到了夜幕下的北大图书馆（如图9-15所示）。其实叫板式转场不仅限于台词之间，还可以在解说词与台词（采访）之间进行，这在电视专题片，尤其是一些政论片中运用得较多，经常是在前一个时空中用解说词提出问题，然后由某人的采访（采访时空）来回答。

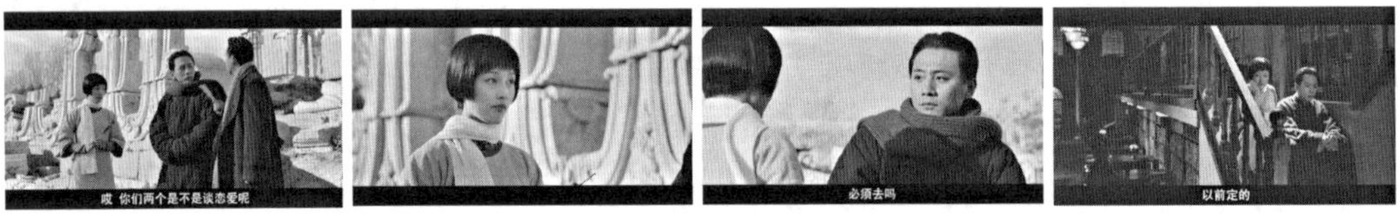

图9-15　电影《建党伟业》“赴法筹款”片段（叫板式转场）

11. 拖声、捅声转场

拖声转场是指前一个场面最后一个镜头的画面终止后，声音顺延到下一个场面的第一个镜头，而这个镜头的声音依然是同步的。比如前面是一组车间的镜头，后面是一组阅览室的镜头，当车间的画面结束后，“隆隆”的机器轰鸣的同期声保留到阅览室镜头的开始，渐弱，这样利用声音的后拖完成场面转换。而捅声转场则正好相反，是把下一个镜头的声音提前到前一个镜头之中。比如CCTV《东方时空》栏目对各种新闻人物的采访报道，就常常采用拖声或捅声转场将画面从资料镜头转到采访现场，或从采访现场转到新闻现场。如在对中国载人航天工程飞船系统总指挥尚志的采访中就多次采用了捅声转场，把主持人在演播厅对尚志采访的提问声音，或尚志回答问题的声音提前到新闻事件现场。拖声、捅声转场事实上是通过上一个镜头的声音和下一个镜头的画面，或者上一个镜头的画面和下一个镜头的声音进行交融叠化，实现上下场时空上的分隔和视听上的连贯。

以上我们仅列举了11种比较常见的无技巧转场方法，其实更重要的并不是记住有多少种转场法，而是掌握用剪辑直接实现转场的基本规律。利用无技巧剪辑转场，其场面或段落转换处的镜头必须具备两个因素：其一是连贯因素，能承上启下，这是确保转场合理的一个必要条件，我们所说的相似性、逻辑性、过渡性都属于连贯因素；其二是分隔因素——层次要清晰，这就要求转换处镜头在主体相同或相似的情况下，镜头的景别、主体的位置、运动方向方式、前后景等画面元素都要有明显的变化。当我们掌握了这些无技巧剪辑转场最基本的原则之后，我们就可以在实践中探索、创造出更多更新的转场方法。

单元总结

转场镜头是指段落转换或者场面变化时连接前后的镜头，场面转换主要依据地点、时间和自然段落的发展情况来进行。

段落转场的方法主要有两类：技巧转场和无技巧转场。技巧转场主要是利用特技连接镜头，常用的有淡入淡出、叠化等；无技巧转场则通过镜头之间的自然转换来连接段落，常用的手段有：利用相似性因素、承接因素、反差因素、特写、空镜头、主观镜头、出画入画、运动镜头、封挡进行转场，还有叫板式（台词/解说词）转场、拖声和捅声转场等。

任务一　考核参照表

任务	教师提供优秀影视作品，同学们分析片中各段落转场方式的应用		
完成形式	个人独立完成	姓名	
完成时间			
任务内容	1. 逐段列出镜头段落安排，然后分析各段落和场面的转换方式 2. 选取几个有代表性的转场部分，分析其转场的依据和应用该转场方式的视觉和心理效果		
成果形式	文字形式：段落列表一份；转场方式分析一份		
完成步骤	1. 明确任务 2. 反复观看影片 3. 列出段落表 4. 分析段落转换所应用的转场方式 5. 选取几处典型的转场部分，分析其转场依据 6. 分析转场应用的视觉和心理效果		

续表

过程评价（40%）	1. 任务完成过程中的态度，是否按时上交作业 2. 独立解决问题的能力	评分	
成果评价（60%）	1. 准确判断所用的转场方式 2. 能够正确理解段落和场面的概念 3. 段落之间转场方式的合理分析	评分	
指导教师评语			

任务二　考核参照表

任务	转场方式的运用		
完成形式	小组	小组成员	
完成时间			
任务内容	1. 每个学生根据素材选择合适的转场方式完成段落和场面转换 2. 小组讨论选择最合理的转场方式并说明原因		
成果形式	小组讨论记录、视频片段		
完成步骤	1. 明确任务 2. 根据素材选择合适的转场方式并独立完成段落和场面转换 3. 小组成员相互观看成品，讨论不同转场方式对效果的影响并做好讨论记录 4. 提出最合理的转场方式并说明原因，完成段落剪辑 5. 分析、说明不同转场手法的运用场合与效果		
过程评价（40%）	1. 任务完成过程中的态度 2. 非线性编辑基础知识和技能的应用 3. 小组讨论热烈，记录完整	评分	
成果评价（60%）	1. 完整的小组讨论记录，准确说明不同转场手法的运用场合与效果 2. 视频片段中能够合理应用转场方式完成段落和场面的转换	评分	
指导教师评语			

模块四　电视节目编辑合成

电视画面编辑工作的第三个阶段是合成阶段，该阶段的工作主要是围绕添加字幕、特效制作以及音乐、音响合成等相关工作具体展开，在节目编导人员的总体创作思路指导下，依据作品拍摄提纲或分镜头脚本，完成一个完整的电视节目。由于导演的创作思路不同，具体的节目类型、节目内容以及制作方式不同，对电视剪辑工作的具体要求也会有很大的不同，像纪实类的节目，如电视新闻、电视纪录片、电视专题片的制作，剪辑人员要根据拍摄提纲的要求进行创造性工作；而像MTV、电视剧、电视广告等类型的电视节目，则要求电视剪辑人员根据成熟的分镜头脚本进行精确的画面编辑，不允许随意修改画面内容和组接顺序。另外，电视节目制作的方式决定了编辑创作的形态也是大相径庭的，如电子新闻采集（ENG）方式制作的电视节目，无论是单机拍摄的消息类报道，还是多机拍摄的电视纪录片、专题片、电视剧等，都非常注重后期剪辑制作的相关工序流程；而近年来由于对现场直播形态的高度重视，出现了大量以电子现场制作（EFP）、电子演播室制作（ESP）方式制作的电视节目，像《艺术人生》《快乐大本营》《春节联欢晚会》等都是利用节目现场的多机拍摄、导播切换同步播出的。也就是说，这些节目的后期剪辑与前期拍摄实现了同步进行，现场导播切换等复杂操作全部由现场切换导演完成，因此对剪辑人员的影像思维能力、动作娴熟度、现场判断能力提出了更高的要求。

我们知道，电视新闻、电视专题、音乐电视、电视广告等是各类电视机构最为常见的节目制作类型。模块四的教学内容主要针对这几大类型的电视节目进行案例分析和编辑制作实践，以培养学生的电视语言综合运用能力、电视节目合成能力，使学生在电视节目编辑领域的实际工作能力得到全面提升。

学习单元十
电视语言合成

我们知道，电视艺术是综合的艺术，综合是电视的特色，也是电视的优势。从宏观上讲，它是社会各个领域、艺术各个门类的融合；从微观上讲，它又是多种创作手段、创作元素的聚集。电视意识是对多种表现手段的综合的认识、理解和把握，电视语言合成就是要充分发现和开掘出电视语言中每一表现手段的独特的表现力，寻找并建立各表现手段之间的自然或创造性合作。因此，本单元的目的就是在讨论各种电视手段的编辑技巧的基础上，有意识地综合分析和权衡各种表现手段的表现力——扬各家之长；同时要从整体联系的角度去看待和把握声画之间的关系，以取得最佳的声画综合效果，完成电视节目的编辑合成。

学习目标

（一）知识目标

1. 了解电视声音的类型，掌握电视声音的应用特点；
2. 了解电视字幕的类型，掌握电视字幕的应用特点。

（二）能力目标

能够完成各种电视元素的编辑合成。

任务描述

任务一：教师提供一则新闻的采访素材，同学们对同期声采访进行合理剪辑。

任务二：教师准备一部优秀影视片和该片的一部预告片。同学们先观看影视片，再关掉声音观看预告片。把预告片上载到非线性编辑系统中，根据自己的理解为该预告片设计音乐和音响，完成以后可以与原片音乐音响效果进行比较。

任务三：教师提供一部只把声音和画面剪辑完成的校园联欢晚会的半成品，同学们为该晚会设计片名、节目介绍、唱词字幕、片尾演职人员介绍等字幕信息。字幕要根据晚会的内容和风格，恰当、合理地进行设计，力求能够为这个晚会节目锦上添花。

第一节　声音的合成

电视艺术是视听艺术。视就是画面，即艺术化了的视觉世界；听就是声音，即艺术化了的听觉世界。人们在日常生活中说“看戏”“看电影”“看电视”，这只是一种习惯的说法，其实谁也不能只看不听。因为视与听，即画与声，是视听艺术的两个组成部分、两个侧面，两条腿，缺一不可，轻一不可。

一、案例分析

案例10.1

湖南都市频道《都市晚间》栏目记者小向、王顶完成的一则新闻《78岁爹爹爱玩“花棍”》讲述了经常在杜甫江阁玩花棍的长沙市民黄爹爹主动联系记者，希望栏目帮助自己实现晚年梦想……黄老今年78岁高龄，一手玩花棍的绝活让他“圈粉”众多，他非常期望自己的这项养身技艺能够被更多的人了解、掌握。据老人家说，打花棍技艺历史悠久，曾经是小贩们招揽生意的玩意儿，随着社会进步，打花棍被赋予了新的时代内涵，它可以成为我们健康养身的好项目，成为能够普及的、大众的非物质文化遗产……老人的热心、真诚、友善、童心未泯的形象令人印象深刻。

《78岁爹爹爱玩“花棍”》片段

常规的消息类电视新闻制作重视事件报道的真实性、时效性，而《都市晚间》的这则新闻展现了普通民众不寻常的个人故事，具有很强的接近性和现实意义，既可以拉近事件内容与受众之间的心理距离与关联性，又可以通过题材、剪辑元素的合理安排增强节目整体的趣味性和人情味。值得注意的是，特殊处理的字幕、配乐、解说等使得娱乐性元素潜移默化地改变了事件的报道方式和表达风格，使新闻的观赏性功能得到大大提升。片子开头，黄老把花棍舞得风生水起，动作娴熟而富有节奏……相对应的是节拍活跃、旋律欢快的舞曲，人物的动作与配乐的情感基调、节奏等元素高度契合。在新闻解说处理方面，个性化、人情味的风格元素与连续的、完整的、故事化的同期采访交叉组合，实现了多重有效信息的交互传播效果。受众通过该剪辑处理既可以完整地掌握黄爹爹玩“花棍”的健身情况以及该项目的推广过程，又可以从新闻解说的串联过程中掌握相关“基础信息”。在影像叙事方层面，该剪辑方式实现了第一人称与第三人称、当事人主观讲述与记者客观报道的连续交叉剪辑效果。

二、相关知识点

（一）电视中声音的呈现方式

电视声音包括语言、音响、音乐三要素，电视声音的编辑就是指这三要素的选配、组接以及这三者之间的综合处理技巧。电视中的语言以表意和传达信息为主，包括人物对白、旁白、解说。音响以表真为主，是人类重要的信息源，是我们感知存在、发展变化并得出结论的依据，从采集方式上看，可分为同期效果音响和拟音效果音响。音乐以表情为主，包括画面中人物（乐器）直接唱（演奏）出的歌曲（乐曲）这种客观音乐和来自画面之外、为烘托画面内容而配制的主观音乐，我们通常所说的电视音乐主要是指这种主观音乐。

电视中声音的呈现形式，不外乎同期声、解说、背景音乐以及动效（即各种动作的声音效果）。从电视声音的出现方式来说，声音基本来自两种途径：一类是客观性声音，是前期拍摄现场录制的同期声，包括环境音响、背景人声、人物对白及客观音乐，例如火车的汽笛声、婴儿的啼哭声、雨声、机器的轰鸣声、球场上的呼喊、时钟的滴答声以及电视剧和新闻采访中的人物对白、各类音乐会、晚会中的音乐节目等。一类是后期编辑过程中录制或添加的解说、背景音乐以及动效，如新闻和专题片的解说，专题片中为用于表达画面内容的情绪、渲染特定的环境气氛、刻画人物内心世界而配制的背景音乐，电视剧中由拟音师模拟自然音响的效果而人工录制的音响等。因此，我们讨论电视声音编辑技巧，主要就是考虑选配、组接这两类声音以及声画之间的综合处理技巧。

（二）声音的作用

在我们观看电视节目时，如果关掉声音，会有这样几种感受：视觉内容的表现指向含糊了，信息量减弱；当听不到相关的对位声响时，影像的现实性和感染力下降了；离开了关联的声音，注意影像的时间减少了。可见声音在电视中有着极其重要的意义，通过对电视作品的分析，我们发现，声音主要有以下四种作用：

1. 声音是增加信息量的主要因素

电视是一种声画兼备的综合艺术形式，画面信息的传达是直接的、主要的，它把事物的存在方式与运动状态以一种直观、感性、直接的方式直接呈现在观众面前，在大大增加观众对内容接受的直接性的同时，对内容的呈现却流于表象，缺乏内容意义的深度性和逻辑表述的思辨性，而声音元素的信息传播虽然是间接的呈现，但其表达出的信息往往可以在画面信息的基础上对事件的背景信息进行必要的深度剖析，这就要求编辑人员正确看待和使用声音手段来传递信息，注意发挥声音信息在节目内容的组织和意义表达上的积极作用。

2. 声音是多层次、多色彩的表现因素——增加了一个空间维度（第五度空间）

一维线，二维面，三维立体，四维运动（时间），影像是通过二维平面实现对三维立体的把握，或者说是在二维平面上造成三维立体的幻觉，时间加入的四维运动强化了影像的立体幻觉。而声音的加入又增加了一个表现造型空间，成为所谓的“第五度空间”。也即影视的构成空间由视觉的四度幻觉空间与听觉空间复合为五度空间形态，声音使画面具有了强烈的透视感、立体感，能够表现复杂、多样的意义和内涵，引发观众的无限联想。镜框能框住影像，却框不住声音。声音在突破镜框制约、造就画外空间方面具有明显优势，而且，与影像一样，声音也具有时空造型功能。

3. 声音提供了黏合视觉空间的结构契机

声音表达的时间线性特征，使其比影像具有更强的空间连续性和自由度。一段连续的声音（音乐、对话、音响）可以成为串连片段性影像的结构契机，既能够连接同一场景的不同镜头，也能将不同时空的镜头贯穿起来，还可以转换场面、过渡段落。比如在场景转换时，后一个场景的声音先于画面出现，造成一种“未见其人，先闻其声”的特殊心理效果，常用来交代两个场景时空之间的关系。

4. 赋予静态视像以动感的可能——声音能使画面活起来

声音顺序更替的线性联动效应，与影像相配置，通过联觉通感能使静止凝固的图像产生似动感。

（三）声画关系

在影视语言构成中有三种基本关系：（1）视觉关系——影像与影像之间的组接关系；（2）听觉关系——声音与声音之间的组合关系；（3）视听关系——影像与声音之间的合成关系。

每一种关系都存在着水平联系和垂直叠合现象，其中的核心是声像关系。前面我们已经讨论了画面的组接原则和技巧，下面我们就来讨论听觉关系和视听关系。

1. 声音处理的主次原则

在处理声音的关系时，有三个原则：

一是在同一时间里，只能以一种声音为主。

二是在两种以上声音出现时，主次声音音量比例要控制好：不要让次要声音干扰了主要声音的正常传达，也不能让次要声音音量太低而无法起到应有的烘托作用，这个问题在给语言声配以背景音乐的时候会经常遇到。

三是一般情况下，最好只控制两种声音，如果有两种以上的声音出现，次要声音控制时间不要太长。

虽然影视声音中以人声为主，但在语言声的各个构成元素中，主次关系也要随具体情况的变化做出适当调整。采访人物的同期声和解说不可能同时为主，采访是重要的，一般以采访的声音为主。但是为了更概括地叙述，可能会在被采访人把主要观点说完后，将采访声压低，使之成为解说的背景声，解说上升为主要声音。

把音响作为背景声来处理的时候比较多，常常是画面和解说词的气氛性声音，比如对热火朝天施工现场的介绍。如果失去了现场施工的背景声音，解说和画面都是苍白的。

背景音乐常常作为画面情绪、气氛、形象的补充、延伸和深化，但有时也跟着解说的感情走。要注意的是，有解说时，背景音乐的音量应控制在解说音量的二分之一或三分之一的大小，以不干扰解说词为准。

虽然在声音处理时，一般规律是以同期声、解说为主，音乐、音响为次，但在一定的情绪下，可能同期声逐渐降下去，而背景音乐的声音逐渐增强，以配合画面内容中逐渐高涨的情绪。

2. 声画关系

（1）声画统一

声画统一是指声音与画面同时指向一个具体的画面形象的结合形式，它是声画关系各种形式中运用得最多的一种。声音若与画面融为一体，声音就能够烘托画面形象，渲染画面情境中的气氛，使视觉形象更为逼真，能够使观众更好地理解视觉形象。声画合一有两种情况：一是声像合一，即声音与影像内容完全一致，即画内的人与物就是发声体，声音要对得上口型和动作。其表现形态是：视＝听，即视觉时空与听觉时空合二为一，声像表情达意具有同指性。电视节目中同期声采访、主持人出图像解说以及同期声效果音响，就是典型意义上的声像合一，在电视新闻和纪实性风格的节目中运用广泛。二是声像同步，即声音与影像同步展开，彼此配合。声音多来自画外，旁白、解说对应说明或解释影像内容。当然，解说并不是简单意义上的看图说话、图解画面，而是解说词紧密配合画面，去阐述画面形象中蕴含的更多信息，去发掘画面形象更深层次的思想意义。

（2）声画并行（对位）

所谓“声画并行”，又称“声画对位”，是指声音和画面相对以其各自的表现逻辑和构成规律并行发展，通过相异的时间进程来组成趋同的空间，所谓“殊途同归”。声画并行强调声音的独立表意作用，以画外声音表述推动影像内容的发展。比如故事片中对过去的回忆，画面是过去的场景，声音是回忆讲述。又如在人物纪录片中，解说词是对人物过去成长历程的追述，画面是表现人物现在的工作与生活。“过去时”的解说和“现在时”的画面各成一条线并行发展，通过观众视听结合的联想，把并行的声画两种元素结合起来。

声画对位的结构形式是声音和画面组合关系的一种升华。它使声音和画面不再互为依附，重复表现同一事物，而能各自发挥作用，从而大大扩大了电视传播的容量，打破了画面的时空局限。电视中的声音与画面分别表达不同的内容，各自独立发展，既在形式上不同步、不合一，但两者又彼此对列、彼此配合、彼此策应，分头并进而又殊途同归，从不同方面说明同一事物的含义。

（3）声画对立

声音与画面分别以其相对独立的时空逻辑各自展开，彼此叠合而形成或对比、或对立的复调结构。这是“画内空间+画外空间”的最高表现形态，也是蕴含张力最大的视听形态。声音与画面以不同的时空方式对表达内容进行声像相对或相反的组合，从而获得相反相成的隐喻象征效果，产生超越视听组合的第三层含义。

如电影《祝福》中祥林嫂、贺老六拜天地一场戏：

画面：祥林嫂悲痛欲绝，满面泪水

声音：欢乐的吹打乐

这是以客观性音乐形式出现而形成的声画对立。

二战影片《逃离索比堡》中：

画面：成群的犹太人衣衫褴褛，扶老携幼，被荷枪实弹、挥舞皮鞭的纳粹分子驱赶上火车；闷罐车车窗里伸出一只只绝望的手，火车驶往集中营……

声音：施特劳斯悦耳动听的圆舞曲《维也纳森林的故事》（音乐声由押车的纳粹分子所播放）

这里，极不协调的声画组合形成强烈的冲撞和极大的张力，从而营造出极富隐喻和象征意义的感知与思索空间。

（四）不同声音的处理技巧

1. 电视语言声的编辑技巧

（1）人物对白的剪辑

根据对白内容和戏剧动作的不同，人物的对白可以实施平行剪辑和交错剪辑两种方法：平行剪辑，即对白与画面同时出现，同时切换。这种剪辑方法的特点是比较平稳、严肃而庄重，但稍嫌呆板，一般应用于人物空间距离较大，人物对话交流语气比较平稳，情绪节奏比较缓慢的对白剪辑中。在处理手段上，平剪也有“松”“紧”之分：会议上人物的发言，人物在正常情况下的对话聊天等一般剪得比较“松”，即在上一个镜头的声音结束后和下一个镜头切入时，声音和画面都留有一定的时空，使用这种方法时，上下两个镜头中人物的语言和动作往往有思考的过程；而在剧情紧凑，比如两人争论问题，争得面红耳赤这样的情况就剪得比较“紧”，上一个镜头的声音一完就切出，下一个镜头一开始，声音与画面同步切入。具体而言，“松”“紧”的把握主要还是根据内容情节节奏来确定。

交错剪辑，即上一个镜头声音和画面不同时同位切出，或下一个镜头对白和画面不同时同位切入，即我们前面已经谈到的拖声法和捅声法。如将上一个镜头里的对白延续到下一个镜头的人物动作上来，从而加强上下镜头的呼应，使人物对话显得生动、活泼、明快、流畅。它一般应用于人物空间距离较小、人物交流较多、语言节奏较快的对白的剪辑中。这种剪辑有助于镜头的衔接，有助于人物情绪上的连贯。

（2）采访同期声的剪辑

同期声以其真实性的魅力在纪实性节目中得到广泛运用，同期声能够真实地表达被采访人物的思想情感、性格特征和现场氛围，具有极强的感染力和说服力，给人一种强烈的现场参与感。采访同期声的剪辑不仅要考虑画面的流畅，还要顾及声音的和谐。主要注意两点：一是要内容精练；二是要衔接顺畅。

同期声是电视纪实的重要手段，同期声的使用，对于提高节目的传播效果发挥着不可替代的作用。但采访对象是各种各样的，有的讲得精彩绝伦，有的讲得平庸无奇。而且谈话人的语速、口头禅、思考停顿，可能使整个谈话拖沓、冗长，甚至索然无味，谈话内容只有集中、凝练、主题突出，才会显得紧凑好看。因此，同期声的运用是一个去粗存精的过程。人物同期声一定要言之有物，能够表达一定内容，或讲述事实，或表达观点，或激发情感。剪辑时还要考虑语气的连贯，不能在片中留有太明显的剪辑痕迹，否则就会失去谈话的原有面貌，无法取信于观众，甚至会让观众怀疑是断章取义、弄虚作假、颠倒是非。所以，同期声剪辑的关键是恰到好处。

在处理同期声时，有时被采访者讲话时间较长，整个段落的表达缺乏连贯性，有用的没用的内容混在一起，如果只挑选有用的内容组合，语气不连贯，会给人东一句西一句的感觉。此时，可以考虑用解说词压缩、提炼被采访者的谈话，将其整理成几句或几段结构严谨、词语顺畅的句子，借助播音员娴熟的语言表达技巧，调动观众的注意力。当然，其中的关键语句还是要用被采访对象的同期声。

在较长的同期声讲话段落或接点处，插入与讲话内容相关的图像、图片和资料镜头，可以丰富讲话内容、拓展新闻的信息量。将同期声作为画外音处理，既可以弥补同期声太长显得单调的缺陷，并解决因为挑选谈话内容而产生的画面不连贯的问题，还可以使观众通过视听，更准确地理解内容、加深印象。

2. 电视音响的编辑技巧

音响是一种特殊的电视声音形态，它是人声、音乐之外的所有声音的统称。电视音响中蕴含着大量的非语言信息，与文字信息相比，它是具体、直观的信息传播形态。在电视纪实类作品的创作中，音响能够配合画面再现现实生活的本来面貌，使整个内容的呈现更加真实可信，生动、具体的实况音响效果可以大大加强事件报道的真实性和现场感。在采访中要注意采集原生态的、有典型内容的、有特色的音响。电视音响的制作，应选择朴素、真实的现场音响，注重表现细节的音响，含义深刻、语言精练的音响，富有典型意义和本质特征的音响。在纪实类作品的创作中，音响与电视画面的组合首先考虑的是符合现实的真实，这既是纪实音响剪辑的出发点，又是剪辑效果的落脚点。要善于使用音响事实说话，少发议论，紧扣主题，做到自然流畅，正确处理文字信息与音响信息之间的关系，不要表层意义上的简单重复，应该彼此相互补充。

与纪实类电视作品的剪辑原则不同，一些艺术属性较高的电视节目对音响创作的要求是不仅仅要渲染环境气氛、增强生活的真实感，更重要的是增强戏剧效果，以此塑造人物的情绪、性格。特别是在电视剧、电视晚会、电视散文等节目形态的剪辑中，对拟音、特殊音响、人工音响、延时表现等手段的使用，可以产生主观性较强、渲染气氛和象征意味的剪辑创作效果。音响效果的剪辑要根据影视作品的内容和具体艺术上的需要来创造性地加以处理，要把握音响剪辑创作的基本规律，结合画面内容找到正确的剪辑方法，即根据实际的创作需要，有重点、有层次、有起伏地加以灵活运用，要避免在音响剪辑过程中机械地完成音响与画面的组合。这样自然主义的处理对于艺术性的影视创作是有害的，因为它干扰了观众对剧情的理解，干扰了观众准确地把握编导人员的创作意图。比如电视剧《风筝》第2集，成功潜伏国民党“军统”、代号“风筝”的中共地下党员郑耀先，在“曾墨怡遇害”事件后，被“中统”和山城地下游击队“追杀”。女友程真儿截获暗杀命令的绝密电报后，心急火燎地赶往赴约地点玫瑰饭店……与此同时，毫不知情的郑耀先正兴致盎然地坐在约定的位置期待着恋人的到来，并点了她最爱吃的八分熟的牛排……当他透过橱窗玻璃远远看到程真儿时，“中统”特务田湖早已设局——指派一辆汽车就在郑耀先的眼皮子底下撞死了赴约的程真儿。这个段落的处理，除了烘托紧张的气氛，制造快节奏、抒情等音乐元素以外，还将现场音响与非现实音响、客观音响与主观音响相结合，这样的剪辑手法值得学习。比如，撞死程真儿的一瞬间，汽车刹车声尖厉，赴约地点墙上的挂钟敲击声显著……这些，都生动地塑造了男主人公在失去爱人和革命同志的关键时刻，内心痛苦、挣扎，表面沉着、冷静。

《风筝》第2集片段

音响与画面之间的剪辑可以借助两场戏首尾相交之处音响效果的相同、实现场景与场景之间的转换，这种转场的音响效果有时可以作为唤起人物或观众回忆、联想的艺术创作手段。电影《乡关何处》的开头，李曼的小兄弟被人欺负了，他纠合着自己的小团伙开始实施报复。与此同时，男主人公李朝阳北漂多年，梦想着回乡创业……这里有两个镜头的组接，利用音响相似的特点实施转场，上一个是性格懦弱的小兄弟对欺负他的人实施暴力时发出的喊叫声，下一个是在县城广场上，李朝阳回乡的长途汽车发出的喇叭声。两者在声音形态上具有相似性，组接过程自然流畅。

《乡关何处》片段

3. 电视音乐编辑技巧

电视音乐不同于一般的纯音乐艺术形态，比如音乐会中的明星演唱或交响音乐会上的乐曲演奏，它是电视综合艺术的一个有机组成部分，是电视节目剪辑过程中的重要创作领域。衡量其好坏的标准绝不是简单的唱得好或演奏得出色那么简单，而是是否揭示了整个作品的创作主题，是否符合剧情创作的实际需要，等等。其实，在电视节目的制作过程中，音乐元素是渗透在各类节目之中的，由此衍生出与音乐有关的各种节目类型，像MTV、电视戏曲、电视剧音乐，或主题音乐、插曲、主题歌，另外还有背景音乐、特技音乐、效果音乐等。

那么，电视音乐在电视节目的创作中发挥着怎样的作用呢？我们知道，音乐的写意性特征使其艺术形态更擅长于抒情、渲染，反映人物的心理活动，表达一种情绪性的感情活动。

比如，在音画剪辑中，编辑人员可以通过对音乐元素的延伸、拖后而实现场景的自然过渡，把音乐向前一场戏画面末尾或向后一场戏画面开始处延伸一定的长度，能使某一特定场景产生特殊的感染力。有时它能使人沉浸在对美好事物的回忆中，有时则能造成对即将降临的灾难和不幸的预感。与其他声音剪辑一样，音画关系可分为音画同步和音画对位两种形式，其中音画对位又包括音画并行和音画对立。音画同步表现为音乐与画面情绪基本一致，音乐节奏与画面节奏完全吻合，音乐强调了画面提供的视觉内容，起着解释画面，烘托、渲染画面的作用；音画对位则从特定艺术目的出发，在同一时间内对音乐与画面做不同侧面的表现，两者形成“对位”关系，以期更深刻地表达节目内容，但音乐并不是与画面处于对立状态，而是以自身独特的表现方式从整体上揭示节目的思想内容和人物的情绪状态，在听觉上为观众提供更多的联想空间和潜台词。

电视音乐的剪辑要选准剪辑点，剪辑点应选在乐段或乐句的转换处，否则会破坏乐曲的完整感。段落过渡要自然，不要有明显的间断点。配乐的进出要考虑旋律的行进，开始的乐曲一般用上行句，结束句宜用下行句；两段音乐衔接处要注意彼此之间的协调关系，使人听起来自然、流畅。

在一般的电视新闻节目制作中，音乐元素的编辑一般较为谨慎，不能过于“艺术化”，不能对重要画面信息形成干扰，也就是说，不能影响事件报道的新闻性、真实性，内容的呈现要朴素自然、简明流畅。近年来，在一些电视新闻谈话类节目当中，音乐成了整个节目进行中的重要表现手段，因为这些谈话形态的节目在画面内容展现方面受场面环境的制约，在空间表现上相对固定，处于重复静止的状态，虽然可以进行一定的镜头调度，但在编导手段上仍然过于单调，大大降低了该类节目的可看性。音乐元素的注入大大提升了导演创作的现实空间，在展现环境、渲染气氛、把握节奏的方面发挥了重要作用。

比如，在艺术属性较强的电视作品制作中，编辑人员要充分把握具体音乐的特性。从电视音乐的创作效果来看，有揭示事件矛盾冲突中人物心理活动和丰富感情世界的戏剧性音乐；有抒发故事中人物内心感情的抒情性音乐；有对具体画面事物和事件情景及其具体、独特的音响特征加以描绘的描绘性音乐；有表现画面色调整体意境特征的色彩性音乐；有带有虚幻朦胧感的幻想性音乐；有以制造某种特定环境气氛为主要目的的气氛性音乐……在电视剧、电视晚会、电视散文的创作中，电视音乐主要在揭示创作主题、刻画人物性格、展现矛盾冲突、制造环境气氛等方面发挥重要作用。例如，在对音乐元素进行后期剪辑的过程中，要片段状地选用相关音乐作品的合适乐段、唱段，然后进行拼剪、挖剪。首先将音乐按画面长度剪接成混合录音用的音乐声带，如果声音的长度与画面的长度不相符，可以通过剪接声带的手段将乐曲中的某个乐段、乐句、音符剪去或加以重复，从而缩短或延长音乐的长度，使音乐与画面的长度相适应；其次，为了使声画组合更流畅，可以通过剪辑声带的手段将乐曲中某些乐段、乐句之间的位置加以调换或重新组合；最后，用剪接声带的手段将不同乐曲按画面的需要连接到一起，并使音乐在旋律、和声、调性、配音等各方面自然流畅。

第二节　字幕的叠加

电视作品在完成画面和声音的剪辑后，还需要加入一些字幕信息。目前，字幕已成为电视节目中很重要的意义表述因素。

一、案例分析

案例10.2

纪录片《南宋》的一分钟片头在字幕整体设计上体现出编创者深厚的历史底蕴、人文情怀，以及对历史瞬间的深刻洞察力、想象力。字幕“南宋”的设计可谓形象生动、独具匠心，编创者把其设计成熊熊燃烧着的火焰，伴随着噼啪作响的木柴燃烧声，寓意着南宋的朝代兴亡始终浸润在历史的烽火中，它燃烧着……它已燃成灰烬，遗弃在历史的某一角落里，但它依旧光彩夺目、异彩纷呈……值得一提的是，在“南宋”字幕的设计上，编创者别出心裁地把古物金簪的形象符号赋予在“南”字笔画上，古朴而别致，富有极为深刻的历史人文内涵。片头把一枚“金簪”的传奇经历与南宋王朝的历史兴亡联系在一起，通过南渡、海上避祸、洞房、蒙元灭国、金簪再现的历史片段贯穿其间，一个王朝的前世今生越发清晰起来……

《南宋》片头片段

案例10.3

电影《建军大业》的片头设计犹如一部历史史诗的序言部分，开头用五个重要年份的阿拉伯数字填满整个画面，红底白字，大气而醒目，让人为之一振。在大幅数字之上用小字体中英双语字幕标注我党建军的重大历史事

《建军大业》片头片段

件：建党、北伐、孙中山去世、第三次上海工人武装起义胜利、蒋介石叛变革命……在声音方面引入了孙中山先生那段警醒国人的“强国之问”原声录音，把观众带入一个深邃、悠远的历史时空中……

二、相关知识

字幕是用文字符号说明电视片内容、增强画面信息的手段，在电视中具有补充、配合、说明、强调、烘托、渲染、扩大信息量和美化画面构图等作用。根据电视节目的内容、形式和风格恰当、合理地选择字幕，充分吸收中国书法艺术空间美、造型美的特点并巧妙运用，能够为电视节目增光添彩甚至画龙点睛。

（一）电视字幕的类别与功能

字幕在电视节目中运用得非常普遍，它的功能类别也在创作中呈现出多种多样的发展趋势。从字幕与电视画面之间的关系特征来看，一般可分为画内字幕和叠加字幕两种。所谓“画内字幕”，是指前期拍摄的画面素材内就已经出现的文字符号，诸如标语、告示等。这种字幕形式，往往在前期拍摄阶段就已经按照脚本的要求完成创作，剪辑人员在此基础上完成基本创作。在电视新闻中，摄像记者对来自事件现场的重要信息非常敏感，对于与报道事件相关的路牌、厂名、文件内容等都是要进行拍摄的。在电视剧中，画内字幕往往也能揭示事件发生的地点，如某某火车站的站牌告诉观众事件发生在什么地方。另外，画内字幕还可以起到渲染环境气氛的作用。

比如，图10-1中，游行的工人、学生们手持标语，高呼口号行进在雨后的上海街市，他们群雄激愤，满腔热血地誓死捍卫工人武装起义成果，反对军阀统治。4月12日，受蒋介石指使的上海驻军向冲击路障的游行队伍射击，酿成了震惊中外的“四一二”反革命政变。机枪扫射声中，青年工人们、学生们应声倒地，画面用特写景别再现沾满革命者鲜血的标语“保护上海总工会”“推翻新军阀”“无产阶级专政万岁”等散落在街面的水洼里，通过内外部运动元素的加入，让该段落笼罩上一种惨烈、激奋、不屈的环境氛围。

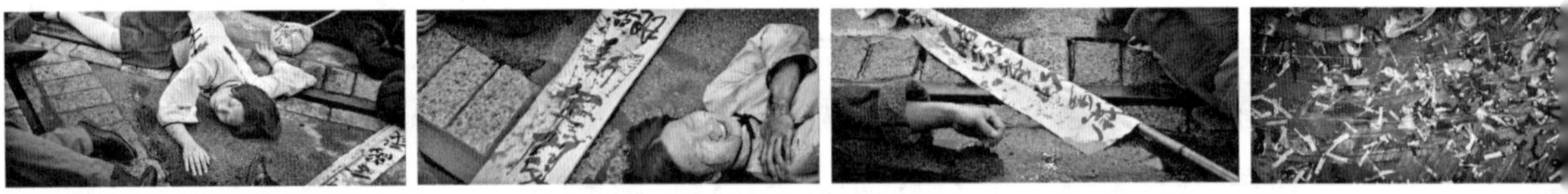

图10-1　电影《建军大业》“血洒四一二”片段

叠加字幕是指编辑人员在电视节目的后期制作阶段，根据实际内容在画面上叠加文字的形式，在电视节目中叠加的字幕主要有片名、集数、演职员表、人物介绍、画面说明、旁白、对白、唱词、“剧终”等，还有交代时间、地点、事件的字幕，标题字幕、同期声讲话内容以及解释主题的字幕，等等。

字幕的种类多种多样，但字幕的功能主要是说明、复述和提供信息。根据其功能的不同，字幕主要分为以下四类：

1. 说明性字幕

这种字幕主要对画面做辅助性介绍，如对节目相关事件起一定说明、解释作用的时间、地点、人名、身份等，这样可以使人简明地了解最基本的事实要素，增强信息的明确性，使观众一目了然。说明性字幕在电视片中使用频繁。

2. 复述性字幕

复述性字幕主要对画面或语言解说所表达的意义进行强调和说明，使观众加深对节目内容的理解。这种强调通常有两种方式，一种是抽出内容的精要做成字幕，观众在阅读中直接理解某种意思；另一种是通过对语言（同期声、对白、解说）的重复来增强观众的理解与感受，其中，在新闻和纪录片中的同期声采访几乎都采用复述性字幕，以使观众更加清晰地了解语言内容。

3. 信息性字幕

信息性字幕又称为补充性字幕，主要是作为一种独立的表意单元传达某种完整的信息，用来补充电视作品直接内容之外的信息。纪录片中常用的信息性字幕是一些对比数字、内容提要、同期讲话的梗概以及知识性说明。

4. 渲染性字幕

随着现代电视的发展，字幕也成为渲染节目气氛、基调、情绪的一种技术化手段，渲染性字幕就是对其他传播要素传达的信息发出同步性评论或者惊叹等，以期感染观众的主观性文字信息。许多娱乐性节目中都会以夸张的字幕，即兴插入一些带有感情色彩的文字，以传达不同的情绪，增添节目的气氛和情趣。

（二）电视字幕的设计制作

字幕的设计制作应充分考虑电视媒介的声画传播特性，在剪辑合成中正确地发挥其功能特征。首先，字幕的制作不能机械地照搬其他媒体新闻标题的做法，而要根据电视声音传达的信息内容的重要性判断是否需要制作字幕，常规新闻报道中的时间、地点、人物、采访对话内容等重要信息都需要添加字幕；其次，字幕的表述形式应该简洁明了，不一定完全按照常规语法结构组织语言，因为电视信息的传播主要靠影像、声音组成的叙事系统，字幕只是起到一种辅助性作用，只要不产生歧义就可以了。

字幕在设计制作时主要考虑字幕的字体、色彩和布局。

1. 字体

不同的字体可以表现不同的艺术风格。字幕的字体应该根据电视作品的题材、内容、风格样式来确定。纪实类电视节目在字体的选择上以隶书、魏碑、仿宋等为主，因为这类字体在风格上体现了一种古朴深沉、凝重平实之感；儿童片一般多用舒体、童体，显得活泼、快乐、明朗，可以增加幼稚感，有利于表现孩子天真烂漫、可爱的特质；而一些广告、娱乐性节目在字体选择上以变体字、美术字为主，强调变形、夸张，在视觉上给观众一种强烈的冲击力；歌舞、戏曲片多采用行书、楷书，它们的流线行字体与歌舞片中优美的舞姿、戏曲片中程式化的动作和韵白相配合，给人一种流畅、明快的感觉。

还要注意的是，节目中除了片名字幕外，其余的字体，如介绍人物，交代时间、地点、事件的字体等，都要和谐统一，保持完整统一的风格。字号的大小要依据具体节目的形态、风格，以及字体的设计通盘加以考虑，一般情况下，平实的、节奏感较慢的、纪实类型的节目，字体不宜过大；参与度、节奏感、娱乐性较强的节目，字体的设计则以大为宜，因为字体大对观众的视觉影响就强烈一些。

2. 色彩

在以前的学习中，我们曾经对色彩的造型功能做了详细的讲解，色彩是作为一种表达人们思想情感的元素参与到具体的画面创作中的，在后期剪辑中，叠加的字幕在色彩选择上应考虑与所传达的具体画面内容相协调。比如，在纪实类的电视新闻、纪录片、电视专题节目中，字幕应选择一种平实、自然、朴素的色彩设计；在一些戏剧元素较多的娱乐类游戏节目、谈话节目，甚至脱口秀、真人秀节目中，字幕色彩的选择就应该突出炫目、多彩，用富有跳动感、快节奏的情绪色彩和环境气氛色彩组合来完成字幕色彩的设计。

3. 布局

字幕的布局，是指屏幕文字在电视屏幕上的位置和排列以及屏幕文字与画面的结构关系，主要有整屏文字式、底部横排式和滚动字幕式几种。

（1）整屏文字式

整屏文字式，就是在电视画面上叠加整屏的字幕，播音或解说与字幕相关配合，形成可听可读的声画效果。一般用于播发重大新闻事件的会议公报、法令、人员名单、会议纪要等。

（2）底部横排式

底部横排式，是指屏幕文字横向排列在电视屏幕的底部的构图形式，也是电视节目屏幕文字最基本、最常用的形式。电视节目中人物对话、同期声、歌词、电视新闻标题、内容提要等往往以这种形式构图。它的好处在于屏幕文字位于屏幕的底部，不会对电视画面构成干扰，横向排列又符合观众的阅读习惯。

（3）滚动字幕式

滚动字幕式，是指叠加的字幕以一定的运动速度在电视画面上连续滚动着传播信息，这种字幕形式一般处于画框周围的边框上，底部和顶部的字幕一般从右向左滚动，左边和右边的字幕则由下向上滚动。上滚多用于片尾字幕，左滚多用于给节目附加新的信息。滚动式字幕所承担的传播功能一般是信息功能，随着人们生活节奏的加快，以及电视机构节目编排管理的系统化、科学化，对节目的准时播出提出了更高的要求，而现实条件下重大新闻的报道与常规节目的播出之间是存在一定的冲突的，滚动字幕的形式无疑成了解决这对矛盾的最佳手段，它既可以完成线性节目的正常播出，又可以同时播出最新的节目预告或重大新闻事件报道，从而大大增强了电视画面的多重内容表现功能。

我们在电视节目的片头字幕设计中经常可以看到光线和运动特效的运用，编辑人员在创作过程中应根据节目创作的实际题材、风格、样式，以及相关画面、音乐、音响等要素的设计综合加以考虑，选择最佳的字幕制作方案。

（三）电视字幕的编辑技巧

在后期制作中，叠加字幕是内容合成阶段的关键一环。电视节目的形态、样式是多种多样的，根据不同节目样式的要求，屏幕文字的呈现时机和显示时间也各不相同。字幕如何出现在画面上、什么时间出现、出现多长时间，这些都要因时、因地具体考虑才能够处理好。

1. 字幕的出现形式

屏幕文字的特技处理方式非常之多：写出、竖移、横排、斜移、显出、切入、划出、逐出、甩出、飞入飞出、上下拉、左右拉、卷入、急推、缓推、转动、叠化等。具体运用字幕时，要根据节目的特点和需要恰当选用，要根据节目中的时间、地点、景观、人物、动作等特点因素使用。采用快速度的切出、甩出等方式出字幕，会让人目不暇接，给人一种急迫感、挑战感和快节奏感；采用慢慢地渐显、飘逸地飞出、缓缓地落下，则会给人沉稳、烂漫的感觉。

2. 字幕出现的时机和显示时间

电视节目中，同期声讲话的字幕、歌词、文件播报等类型的字幕，字幕入点和显示时间是由声画的内容来决定的。要求内容完整、同步，尽量以观众看清楚为准，字幕长度完全取决于内容。

其他类型的屏幕文字的呈现和显示，应该遵循心理学的感知、记忆规律，选择最佳出点和显示停留时间。一般情况下，字幕出现的时间点应该放在节目正常播出10秒后，因为这段时间的声画是节目的导语阶段，观众在这个时间段已对事件报道的基本事实内容有了一个初步的了解，此时再出现字幕，便可以强化对观众视觉心理的刺激，有利于他们加深对节目内容的理解和记忆。电视消息类报道中，编辑人员一般在新闻播音七八秒后开始叠加字幕，这样观众就不会在视听上发生冲突，因为在新闻开始的头几秒，观众肯定会把视听觉重心放在画面内容上，这个时间段添加字幕就会干扰观众对内容的了解，必须等到观众初步了解新闻事件之后再适时地叠加字幕提示，这样观众就会对消息的内容掌握得更加清楚了。当然，节目内容越复杂，字幕出现的时间就越晚；反之，出现得就越早。

显示停留时间的长短，可以根据字幕字数的多少来判断，单行显示的字幕条，字数一般控制在13—15个，停留的时间一般为10秒钟；如果是双行显示，则每个单行的字数控制在8—10个，停留时间为15秒钟。剪辑过程中叠加的字幕过长，会显得节奏拖沓，画面与文字的协调性会被破坏，字幕会过度吸引观众的注意力；如果保留的时间过短，则观众根本没有时间注意文字信息。另外，要注意避免文字与画面争夺注意力，有时宁可舍弃文字。在特殊情况下，字幕的入点和显示时间可以灵活设置。

单元总结

电视声音包括语言、音响、音乐三个要素。声音关系的处理要注意主次原则，声音与画面结合的方式主要有声画统一、声画并行和声画对立三种。人物对白可以采取平行剪辑和交错剪辑两种方法；采访同期声的剪辑不仅要考虑画面的流畅，还要顾及声音的和谐，是一个去粗存精的过程；在音响处理上，特别要注意客观音响的取舍；音乐的处理可以通过录音师的帮助来进行，但编辑人员应该深刻领会电视音乐元素在编辑创作中的重要作用，并掌握相关剪辑过程的一般方法和流程。

在字幕的使用上，除了熟练完成一般意义的工作以外，编辑人员还要不断加强自身在美术设计方面的专业能力，能够熟练、准确地使字幕与画面有机结合，特别要在字幕的字体、颜色、布局与光线的运用等方面不断积累经验。

任务一　考核参照表

<table>
<tr><td>任务</td><td colspan="4">同期声采访的剪辑练习</td></tr>
<tr><td>完成形式</td><td>小组</td><td>小组成员</td><td colspan="2"></td></tr>
<tr><td>完成时间</td><td colspan="4"></td></tr>
<tr><td>任务内容</td><td colspan="4">根据给定的采访素材进行同期声采访的剪辑</td></tr>
<tr><td>成果形式</td><td colspan="4">剪辑完成的同期声剪辑片段</td></tr>
<tr><td>完成步骤</td><td colspan="4">1. 明确任务
2. 认真审看给定的采访素材
3. 独立完成新闻的剪辑
4. 小组成员相互观看并评价剪辑效果
5. 总结，选择最好的作品，并说明原因</td></tr>
<tr><td>过程评价（40%）</td><td colspan="2">1. 任务完成过程中的态度
2. 小组成员团结协作的意识
3. 分析作品的过程中小组进行充分讨论</td><td>评分</td><td></td></tr>
<tr><td>成果评价（60%）</td><td colspan="2">1. 对语言、音响、音乐三要素特点的准确理解
2. 同期声剪辑合理，视觉效果流畅
3. 声音与画面的节奏统一</td><td>评分</td><td></td></tr>
<tr><td>指导教师评语</td><td colspan="4"></td></tr>
</table>

任务二　考核参照表

<table>
<tr><td>任务</td><td colspan="4">声画组合练习</td></tr>
<tr><td>完成形式</td><td>个人独立完成</td><td>姓名</td><td colspan="2"></td></tr>
<tr><td>完成时间</td><td colspan="4"></td></tr>
<tr><td>任务内容</td><td colspan="4">预告片音乐音响效果的剪辑</td></tr>
<tr><td>成果形式</td><td colspan="4">一部预告片</td></tr>
<tr><td>完成步骤</td><td colspan="4">1. 明确任务
2. 观看给定的影片
3. 关掉声音观看预告片
4. 将预告片画面部分上载到非线性编辑系统
5. 为预告片设计音乐音响效果
6. 与原片效果比较</td></tr>
<tr><td>过程评价（40%）</td><td colspan="2">1. 任务完成过程中的态度
2. 自主学习的能力
3. 非线性编辑知识与技能的应用能力</td><td>评分</td><td></td></tr>
<tr><td>成果评价（60%）</td><td colspan="2">声音与画面的节奏统一</td><td>评分</td><td></td></tr>
<tr><td>指导教师评语</td><td colspan="4"></td></tr>
</table>

任务三　考核参照表

任务	完成联欢晚会的字幕设计工作		
完成形式	小组	**小组成员**	
完成时间			
任务内容	完成片名、节目介绍、歌词、片尾演职人员介绍等字幕的设计		
成果形式	加入字幕信息的一部联欢晚会作品		
完成步骤	1. 明确任务 2. 准备要加入字幕的文字稿件 3. 设计片名 4. 设计节目介绍字幕，歌词字幕 5. 设计片尾演职人员字幕 6. 检查		
过程评价（40%）	1. 任务完成过程中的态度 2. 团结协作意识 3. 人际交往和沟通能力	**评分**	
成果评价（60%）	1. 字幕清晰、美观大方，设计风格与晚会主题风格统一 2. 体现了字幕的功能 3. 字幕有设计感	**评分**	
指导教师评语			

学习单元十一
电视纪实类节目的编辑

在电视台每天播出的节目中，影视剧和广告往往都是按照事先准备的分镜头脚本逐个镜头、逐个句子和段落进行拍摄和剪辑的。在后期编辑时，电视编辑能够发挥的余地相对较小。但对电视纪录片而言，编辑对作品最后的效果起着决定性的作用。同样的素材，根据不同的思路，可以剪辑出完全不同的作品。因此，本学习单元的重点就是以纪实作品编辑为例，讨论节目的编辑技巧。

学习目标

（一）知识目标

1. 了解电视新闻的传播特征，掌握电视新闻的编辑和编排要点；
2. 了解电视纪实作品的基本概念，掌握纪实作品制作的编辑要点。

（二）能力目标

1. 能够分析电视新闻的编辑特点和新闻栏目的编排特点；
2. 能够进行电视新闻的编辑制作；
3. 能够分析电视纪实作品的结构特征和编辑特点，能够在教师指导下完成纪实作品的编辑。

任务描述

任务一：大学里每天都会有新鲜的事情发生，请同学们提前了解学校即将开展的学生活动，在活动开展时拍摄新闻素材，并按照消息类新闻编辑的要求选择合理的剪辑模式编辑素材。要求有人物采访的同期声剪辑，注意声音与画面相辅相成的配合效果。

任务二：教师提供纪录片《龙脊》（包括后续拍摄的四部），同学们认真观看纪录片，充分理解作品的结构和剪辑的节奏，然后将《龙脊》改编为一部30分钟的作品，最后以组为单位选择编辑得最好的几部片子，分析剪辑的优劣和原因。

第一节　电视新闻的编辑制作

一、案例分析

大家一定都看过中央电视台的《新闻联播》和凤凰卫视的《凤凰早班车》，这两个节目分属不同的电视制作机构，但它们都是典型的消息类电视新闻，这类电视新闻能够迅速、简明、真实地报道新近或正在发生的事实。一般情况下，各级各类电视台完成的新闻节目，包括早间新闻、午间新闻、晚间新闻以及整点新闻和新闻联播等，如中央台的《新闻联播》，都属于一种联播类的新闻节目；而凤凰卫视的《凤凰早班车》则是一种早间集合式的新闻节目。中央电视台作为国家级电视机构，在新闻播出领域具有特殊的职能，即为官方发布重要的、真实的信息；而凤凰卫视更加注重新闻的重要性、及时性和真实性，注重播出定位和风格，对受众层面的接受问题等同样关注。要完成这类节目的编辑与制作，必须正确处理好两方面的问题：一是如何编辑、制作具体的消息新闻报道；二是如何进行节目内容的编排与制作。

二、相关知识

在各级各类电视机构的节目播出排行中，无论是播出量还是收视率，各类电视新闻节目的受关注程度都是名列前茅的。这种以现代电子技术为传播手段，通过多语言符号共同作用的视听语言，面向观众及时报道国内外重大新闻事件，展现社会生活各个层面有价值的事实，并通过有效而迅速的报道引导观众、引导舆论的节目方式直接影响着整个电视机构节目制作水平的高低。下面，我们主要针对电视新闻节目中占整个节目播出量80%的重要类型——消息类电视新闻——的编辑与制作展开讨论。

（一）电视新闻节目的传播特征

首先，在内容传播上，电视新闻节目非常注重声音信息的相对完整性。在消息类报道中，声音信息主要是通过新闻播音、配音以及现场同期声、音乐、音响等元素充分体现的，尤其是新闻播音的作用最为重要，它能集中地把新闻报道的基本信息传达出来，在简洁、明快、通俗、完整的基础上准确地传达新闻内容，“新闻画面+播音”的模式曾经一度成为消息类报道的基本编辑样式。在这种编辑理念的影响下，制作人员往往对来自现场的同期声、音响、音乐等做简单处理，甚至直接删掉，这种简单化的编辑处理必将大大减弱消息报道的现场性、真实性、完整性。因此，目前的一般消息报道在编辑处理声音元素时，高度重视在人物采访、现场报道过程中拾取现场同期声、现场音乐和音响。

其次，画面中的形象语言具有实证功能。受播出时间限制，新闻画面叙述的片段性特征很难形成完整的叙事，它的意义在于其极大的实证功能，它可以将事件的现场气氛、人物的感情态度生动地传递给观众，让观众切实感受新闻本源的实有状态。因此，新闻消息的画面就是以其所涵盖的内容证实新闻事件中的人、物体、地域等新闻要素，以最大限度地消除信息的不确定性。

最后，消息类节目编排实现了栏目化制作。前面，我们讲的是单个消息报道的传播形态特点，这里主要涉及如何通过编辑处理，把诸多单个报道编排成一个栏目，集中播出。诸如《新闻联播》《时事直通车》《凤凰早班车》《现在播报》等消息类报道栏目，通过合理的编排，使单位时间的信息报道量不断扩大，节目在形式和内容上呈现出丰富多彩的局面，特别是字幕、特效、图片、音乐等元素的加入，使整体的节目播出效果更具有实效性、真实性和视听美感。

（二）电视新闻制作中的编辑要点

作为一名电视新闻编辑，应该熟练掌握电视新闻画面编辑的特有创作规律。在编辑电视新闻节目时，画面组接的创作需要制作人员熟练运用蒙太奇声画合成的具体技法，充分利用蒙太奇手法为新闻事件的报道服务，正确引导舆论。

最为常见的剪辑方法是按照新闻事件的时空先后顺序进行组接。我们知道，任何一则消息新闻的报道，它的时间、地点、人物、事件的呈现都依照现实生活中事物发生、发展的前后顺序和空间地理位置变化，这其中会有大量庞杂、重复、啰唆、无用的信息，只有去除其中的这些信息，集中地按照事件的发展顺序组接画面，新闻内容的呈现才会完整。

也可以按照新闻事件的横向逻辑联系完成画面的组接。在现实生活中，人们认识客观世界的方法之一就是探寻事物间的横向联系。在进行电视新闻的画面编辑与处理时，应该注重新闻事实间内在的联系与规律，要有意识地发现素材中间那种内在的关系，并以某种方式组接在一起，完成对新闻事实的阐述与呈现。在有记者采访的相关报道中，编辑人员在创作思路上可以以“记者”的报道视角组织画面，完成编辑创作，其中，应注意声画之间的配合。此外，还可根据创作主题的需要，选择相应的画面，完成新闻内容的编辑、制作。

在新闻剪辑中，要注意以下几点：

1. 注意遵循电视新闻画面编辑的特有规律

在电视新闻的报道过程中，要认真做到根据新闻内容的实际需要，充分运用画面的合理组接，客观、准确地进行内容报道。编辑人员在画面创作过程中应从新闻的真实性出发，以报道事实为依据进行剪辑，最大限度地呈现客观事实的真实状况，节目的时空形态尽量与实际情况接近，要特别注意剪辑过程中慎用蒙太奇技法，要防止技法使用不当对新闻真实性造成不良影响。朴实无华的素材画面，流畅连贯的剪辑手法，客观真实的视听效果是电视新闻节目画面编辑的业务目标。

电视新闻时间短，画面个数有限，这就使电视新闻的画面素材在信息传播形态上呈现出不完整性。这一特性决定了电视编辑人员不必拘泥于镜头组接的特有规律，应以展现新闻现场真实信息为画面组接的主要准则，镜头组接过程并不像电影、电视剧、专题片等画面组接那样要考虑镜头连接是否流畅合理、是否遵循镜头组接原则，新闻编辑更关心的是画面信息量是否饱和。如果画面组接过分考虑视觉流畅，难免会增加一些特写、空镜头、转场镜头之类的“过渡”性镜头，从而拉长消息报道的实际节目长度。

2. 注重细节画面的呈现

电视新闻的画面组接对展现事件内容的细节尤为重视，衡量一则报道的优劣，其中重要的方面之一就是看画面信息量是否充分，在时间短、报道质量要求高的电视新闻制作中，其传播魅力的体现，主要集中在对细节的运用上，只有对事件相关人、事、物等具体细节进行描绘与刻画，才能发挥画面信息感性、真实、接近的传播特性。在画面编辑中，要想在较短的节目时间内完成事件信息的完美呈现，细节的作用不容忽视。

3. 强化固定镜头意识，少用运动镜头

电视画面一般分为两类，即固定画面和运动画面。常规的电视剧、游戏娱乐节目、晚会节目等由于剧情、气氛、风格、节奏等因素的影响，会出现大量的运动镜头。而电视新闻节目，特别是消息类报道，因其本身传播特性、报道时间等因素的制约，为了使观众能在一两分钟甚至几十秒的时间之内集中、完整、清晰、准确地看清楚画面内容，了解信息；为了在有限的时间里尽可能多地向观众传播有关的新闻信息，消除信息的不确定性，生动具体地证实新闻的可信性，镜头语言应该准确、到位、简练、清晰。因此，应该主要采用固定镜头，少用运动镜头。

4. 重视同期声的作用

同期声是在拍摄人物讲话的画面时同步记录下的人的讲话声和背景声，它包括现场效果声和现场采访的人声。正是因为同期声在电视创作的过程中，能同步对现场环境进行直接、客观、准确、生动的记录，从而增强了整个新闻报道的真实性和现场感，因此，同期声已成为电视新闻报道过程中必备的创作元素。在使用同期声时要注意内容的选择，要在剪辑过程中把握好长度问题，那些废话、废镜头，没有代表性的信息内容都可以删去。另外，在新闻报道的过程中要尽量删除记者的提问过程，以消除一些主观因素对新闻报道真实性造成的影响。

总之，在电视新闻的画面编辑中，编辑人员要做到熟悉素材，要有节目报道的总体意识。也就是说，具有一定的节目编辑意识是完成内容编辑任务的前提。在创作之前，编辑人员应该通盘了解具体报道内容的主题以及创作者的整体构思，形成较为感性的创作构思。在此基础上，编辑从熟悉素材内容入手，对新闻报道主题、新闻稿、素材画面信息进行取舍，从中拾取出最具典型性、集中性的画面内容进行编辑。

（三）电视新闻编辑常用模式

1. 基本编辑模式

语言符号：导语+解说+访问+过桥+访问+现场结语
画面：主播+场景+人物+记者+人物+记者

语言符号：导语+解说+访问+解说
画面：主播+场景+人物+场景

语言符号：导语+解说
画面：主播+场景

导语：新闻开头，新闻带播出前由主播播出

访问：现场人物采访

过桥：记者在新闻现场出现在摄像机前，向观众解释新闻内容，主要用于转接，记者不下结论

现场结语：记者在新闻结尾出现在摄像机前，向观众做简短的总结，有如下特点：

（1）现场结语简短，不超过20秒；
（2）主题狭窄，限于1—2个新闻要素；
（3）记者本人在新闻现场做结语；
（4）不重复新闻中已经报道过的资讯，加入新的信息；
（5）背景不应太热闹而影响观众对报道内容的注意；
（6）记者穿着得体。

2. 变形编辑模式

语言符号：导语+现场引语+访问+现场引语
画面：主播+记者+人物+记者

现场引语：新闻开头记者出现于摄像机前，在事件背景衬托下向观众做报道，适合于突发新闻现场（火灾、水灾、车祸等）

语言符号：导语+冷开头+解说+访问+解说
画面：主播+场景+画面+人物+画面

冷开头：一段音效，通常长度不超过10秒，置于组合的开头，表现戏剧的音调。其戏剧性源于音效中的话语与情感，如战场的枪炮声、居民的吵架声、洪水肆虐的冲击声，以引发观众的注意，具有先声夺人的效果。

3. “现场立即报道”基本编辑模式

“现场立即报道”指重要的新闻事件和突发新闻插入正常节目或者固定新闻节目中，记者在新闻现场的采访报道可以传达出一种紧急的、立即的、迫切的现场感觉，在传达信息的同时，凸显记者报道信息的能力，说明新闻的第一时间性。

语言符号：导语+现场报道+主播与记者对谈

画面：主播+记者、现场画面+主播+记者

（四）电视新闻节目的编排技巧

1. 重视头条

头条消息报道相当于报纸上的头版头条，起着提纲挈领的核心作用。在报纸宣传报道中头条意义非凡，在电视新闻的信息发布中同样如此。在实践过程中，我们的电视新闻栏目编排常常是“一时政、二经济、三文教、四体育”，把具有重要价值的消息报道放在头条有利于观众在第一时间了解重大新闻事件，从而提升整个栏目的报道水平与质量。

2. 优化组合

优化组合也是新闻栏目常见的一种编排方法。它通过不同新闻之间的合理搭配，使节目在整体传播效果上超过单条新闻的报道效果，常用的编排组合包括同类组合、对比组合和加配资料与评论等。所谓“同类组合”，就是把内容相近或相似的新闻编排在一起，集中播出，在节目中形成一个整体性的“强调点”，造成宣传上的一种强势。所谓“对比组合”，就是把若干条报道内容彼此矛盾的新闻有意识地组合在一起，通过鲜明的对比，给观众造成强烈印象，在对比过程中提升节目的宣传力度。在受众难以准确了解新闻报道的整体意图时，编辑人员可以加配相关背景资料以及评论，从而增强报道的可视性，使观众直观、准确、完整地了解这则报道的真实意图与意义。相关的新闻评论是编辑站在媒体的整体立场上对报道事件发表的观点与看法，它有利于树立新闻报道的权威性、深刻性，对于引导舆论起着积极作用。

3. 控制节奏

新闻编排过程中，最容易忽视的编辑环节就是对新闻编排节奏感的处理。一般情况下，我们要注意长新闻与短新闻之间的配合、图像新闻与口播内容之间的穿插，以及积极与消极、严肃与活泼、灵活性与整体性等问题，以使节目的整体编排高低起伏、富有变化，从而增强节目的整体播出质量。

4. 注重新闻提要的作用

在一般性的电视新闻栏目播出伊始，播音员、主持人都会对重要的消息内容进行简单播报，以便观众预先了解本期节目的重点是什么。有时，在节目播出中间，播音员、主持人也可能做出一些重要提示，这是强调新闻重要性、交代新闻之间内在联系的一种方式，有利于引发观众的特别注意。

当然，在编排电视新闻栏目时，编辑人员要在可能的情况下，力求在整体风格上追求统一，使节目在整体性上形成基调，实现整体节目形态的完整性。

第二节　电视纪录片的编辑制作

一、案例分析

案例11.1

前面我们已经对电视纪录片《西藏一年》做过简单介绍，这部纪录片共五集，每一集表现一个季节。由于西藏的冬季特别长，所以分为冬和冬末两集。每集由三个主人公发生在这个季节里的故事组成，在五集里展现了当地八个普通老百姓及其家庭的真实生活。纪录片用平行交叉的叙述方式，为我们生动地呈现了西藏人民的宗教信仰、医疗卫生、日常生活、教育现状，展现了他们对生活的追求、焦虑和担当。那么该片采用了什么结构形式？这样的结构有什么特点？该节目在主题、细节、节奏等方面有什么剪辑特点？

电视纪录片《西藏一年》采用的是一种多线交织的叙事结构。它在每集设置一条中心线索，随着情节的发展，这条中心线索自然消失，引出下一集，既使线索清晰，又留下了悬念，增加了作品情节的戏剧性。比如本片第一集《夏末》，主线是迎接十一世班禅到白居寺，辅助线索是次旦法师给唐迈乡百姓驱魔治病。第一集随着班禅来到白居寺视察完毕，主线结束。第二集《秋》，开头就是次旦行医的画面并引出他的一家，我们在这里看到特殊的一妻多夫制度。次旦法师虽在第一集已出现，但其身份、地位、生活环境却是在第二集才被观众了解。通过多线交织的结构，纪录片《西藏一年》得以实现对西藏江孜地区社会生活的全景式透视，而其中不同人物、事件线索的升沉起伏，则为故事制造了更多的悬念，增加了作品的可视性。

纪录片应该关注社会现实的热点问题和普通老百姓的生活问题，以往这类纪录片的主人公往往是一个人或两三个人，虽然能够反映一些生活现象，但不够全面，而《西藏一年》则采用了全景式的表现手法来体现作品的主题，选取了八个不同职业的家庭进行拍摄。这在纪录片制作史上也属罕见。这种全景式表现手法的运用，全面展示了改革开放三十年来西藏发生的变化，也真实反映了中国人在这个时期真实、全面的生活状态，比如看病难、上学难和打工难等中国老百姓最关注的问题。

秉持平民视觉，按照时空发展规律而进行的平行交叉叙事，采用长镜头和蒙太奇交替穿梭，用同期声代替大量解说的剪辑风格，使片中原来互不相干的人和事，在蒙太奇的切换与旁白的辅助下，形成了一个完整的叙事结构。在《西藏一年》中，除了大量观察性的“跟拍”，也不乏创作者即时或后期编辑时的主体介入，很多地方运用了“画面加解说”的编辑手法——有的用来说明人物与事件的背景或来龙去脉，有的用来评论或发问，有的表示感慨或良好的祝愿，有的则表示对前景的展望……这些介入一般都非常自然而然地顺着人物生活而来，也完全随着事件本身的发展而去，与跟拍所得到的人物故事显得浑然一体。

《西藏一年》通过大量跟拍的鲜活细节，真实生动地描述了不同人物的特征。通过三轮车夫拉巴到处奔波忙碌的细节，蹬三轮、卸货、淘厕所、贩狗、打工受欺、关爱侄儿、在亲友支持下重操旧业……让观众在感受到其辛劳的同时，也强烈地感受到了他在生活中的自信和快乐、真诚和无奈、忧伤和憧憬。

而在对僧人的描述中，有一个细节非常有意思：纪录片在再现顿珠反复要求次平认真学习经书这个场景时，不止一次地插入一只花猫安闲地享用食物的画面，画外音则说：“让这样一个孩子一天读那么多他还不理解的经书确实是非常难熬的。”此外，通过大量的细节描述，片子还为我们展现了次平和他曾经的师傅顿珠的形象。前者是一个天性活泼、做事毛手毛脚、对生活有点心猿意马的少年僧人，而后者则是一个认真扎实、潜心功德的老喇嘛。顿珠让次平在自己头上练习剃发，尽管他的头皮多处被次平手中的剃刀刮破流血，他仍然悉心指导。而在顿珠娴熟地为次平剃发时，次平的表情却有点不耐烦；在冰天雪地的纳木错圣湖，顿珠在感悟天地神灵和佛教大义，次平则在圣湖的冰面上尽情翻滚嬉戏，脸上是喜悦的表情；在布达拉宫和大昭寺，顿珠在心灵深处与佛像、神灵进行无言的对话，次平的身心则更多地被八廓街上各色商铺的琳琅满目所吸引……鲜活的形象、新老僧人的对比，在这些细节的描述中显现出来。

二、相关知识

（一）基本概念

纪实即记录真实、记录事实、记录现实，是对真人真事的一种客观记叙，具有非虚构性、非剧情性。纪实概念带来了纪实主义的表达方式：长镜头，过程叙述，未经修饰的画面；而跟拍方式则造成故事结构的开放性、未知性。

电视纪实作品的制作过程与一般的电视剧、电视晚会、电视广告等不同，它没有戏剧情节的束缚，因此在前期拍摄时并没有具体、明确的分镜头脚本，编导人员可以在明确主题的基础上，根据创作提纲的基本思路完成后期剪辑工作，对于剪辑师而言，整个剪辑工作的自我发挥空间比较大。纪实作品对前期拍摄的素材依赖性极大，要求编导对报道事件、人物、环境、时间的真实度、准确度都要有相当高的把握。因为真实是纪实作品创作的生命，忠于事实本身的真实性这一创作理念将贯穿于整个节目制作的始终。那么，是不是说，纪实作品就等同于现实生活本身呢？那也不对，纪实作品的创作是一个主观介入的过程，是一个艺术创作的过程，这里面有一个事实真实与节目真实之间的关系。事实真实是指被报道的具体事件、人物的现实存在的真实，而节目真实则有一个事实真实与艺术真实的度，在这个度的范围之内可以有创作者建立在客观真实之上的主观介入。这一点很重要，因为，没有这个主观介入，纪实作品就变成了自然主义的原始再现，也就是一堆事无巨细、杂乱无章的原始素材的堆砌。因此，纪实作品的创作需要编导人员针对现实生活去选择、剪辑，最后形成一部创作思路明确的、结构合理的、具有艺术价值的专题作品，剪辑创作就是实现由原始素材到完整作品创作的核心环节。

根据纪实作品的创作实际，我们的后期剪辑工作主要涉及三个方面的具体环节：一是画面剪辑，这个环节最重要。因为通过镜头间的蒙太奇剪接，我们从宏观到微观的创作主题、结构意识都体现在其中，通过镜头间组接形成的蒙太奇叙事非常注重逻辑性和因果联系。二是解说词写作，它是画面内容有益和必要的补充。通常，解说词与具体的专题纪实画面之间是一种互补、解释、说明的关系，另外，它在整部作品的内容叙事方面也发挥着积极的作用。当然，还有一个重要作用也需要大家知道，即解说词是呈现编导创作主题和创作意念的重要手段，在一些电视专题片的创作中，解说词甚至对画面的组接产生了重要的作用。三是声画合成，这个环节就涉及妥善处理电视专题中同期声、音乐音响、解说之间，以及它们与画面之间的关系问题。

（二）纪实作品的叙事

纪录片是与故事片相对的一种电视节目体裁，如果说故事片相当于文学中的小说，那么纪录片就是报告文学。纪录片和报告文学的选题一样都来自生活现实，它不需要虚构故事情节，也不需要对事件进行过度的渲染，好的纪录片甚至只是生活原生态的一种自然记录。那么，为什么面对同一事件，有的人讲得绘声绘色、兴致盎然，有的人却讲得平淡无奇、味同嚼蜡？关键就在于结构方式与叙事技巧的不同。

在纪录片创作中，叙事的技巧和结构的方式不仅是对素材进行选择和处理的过程，更是创作者通过对素材的挑选和组合，来表达自己对生活的认识和感受的过程。也就是说，叙事结构是创作者赋予素材以意义和形式的过程。一部纪录片艺术质量的高低和思想意义的深浅，不仅取决于纪录片拍摄到的内容，也取决于对这些内容的剪辑与组合。剪辑组合得体，原本好的内容可以变得更加精彩，某些一般的内容也能变得较为出色。相反，剪辑组合不当，就有可能糟蹋原本非常好的素材，使原本十分精彩的内容失去应有的效果。所以，叙事和结构对于作品的意义，在某种程度上要甚于素材本身。由于生活积累、人生感受、艺术功力和艺术追求的不同，不同的创作者有不同的叙事技巧和结构方式。即使出自同一创作者的不同纪录片，其叙事风格也不会完全相同，正如一棵树上没有完全相同的两片叶子一样。但是，正如建筑学上的分类一样，尽管房屋的结构千差万别、形态各异，我们依然可以依据一定的标准把它们粗略地分为几类，比如木质结构、石质结构、土木结构和钢筋混凝土结构。纪录片的叙事方式也一样可以进行这样的分类，纪录片常见的叙事方式有：画面加解说式、访谈加解说式和客观记录式。

1. 画面加解说式

这一叙事方式曾是我国纪录片（专题片）的主导叙事方式，那时，由于受苏联“形象化政论”的影响，绝大多数纪录片采用了这种叙事方式。如《丝绸之路》《话说长江》《话说运河》。在实际创作中，一般是先有选题，主创人员根据选题写出文字稿本，领导审查通过后开始拍摄。后期编辑时则先根据文字稿配音，再根据配音编画面。这种叙事方式非常重视解说词的创作，非常重视解说的叙事说明作用，通过它来表现内容的发展。随着这一形式的发展，出现了通篇解说加音乐泛滥的现象，结果忽视了其他声音元素和图像对作品整体形象的造型功能，使得画面或多或少地成了一种图解工具，整个片子从文稿上来看更像一篇论文。另外，从创作观念上讲，这种叙事方式往往注重的是共性而不是个性，注重的是主题和结论而不是具体的事件和人物，创作者也往往把自己当作一个政府工作者代表政府，而不是把自己当作一个艺术工作者仅表述自己的一家之言。这样片子就承载了过多的文化内涵和社会内涵，结果抽象大于具体，空泛压倒细节，逐渐偏离了电视的本性，丧失了可看性。

2. 访谈加解说式

画面加解说的模式是一种时代的产物，随着时代的发展，特别是观众影视文化的提高，这种叙事方式的弊端日益凸显出来。为此，纪录片创作者不得不寻求一种新的叙事方式，正是在这种背景下出现了访谈加解说的叙事方式。访谈的介入降低了解说的比重，在一定程度上降低了片子的主观介入程度。此外，由于有了访谈，片子可以向观众展现过去和将来时空，从而扩展了整个片子的表现力。当然，解说和访谈的交替出现无形中给片子带来了一种节奏，因而更加适合观众的收视需要。访谈作为叙事手段，又有不同的呈现方式。访谈加解说作为电视纪录片的叙事方式，是电视纪录片创作观念的一种进步。运用这种叙事方式比较成功的片子有电视纪录片《邓小平》《中国的外交风云》，以及湖南经济电视台拍摄的纪录片《故事湖南》等。

3. 客观记录式

从20世纪90年代开始，纪实的创作观念开始兴起，纪录片创作中也相应地出现了客观记录的叙事方式。这种方式反对使用大段大段的解说这种过强的主观形式，主张不干涉拍摄对象，保持生活的原生态，强调取材的客观性。这一叙事方式借鉴了故事片的创作方式，对创作者提出了更高的要求，它要求创作者深入生活，切实体验生活，甚至把自己完全融入被摄者的生活，从中提炼细节、情节乃至故事。与故事片不同的只是：纪录片是同步取材，而且这种“材”是生活中真实存在的，不是虚构和扮演的。可以想象，没有创作者较长时间的投入，没有深入细致的采访，很难得到好的作品。需要说明的是，这里的采访是指广义的采访，即记者为获取节目素材而进行的一切社会调查活动。客观记录不是纯客观主义，它必须纳入创作者的主观表现因素，否则片子就成了一本有闻必录的流水账。因此，从某种意义上说，这种叙事方式是主观和客观的完美结合。在实际创作中，创作者一般会花很长的时间去实地采访，与被采访者交流沟通，逐渐形成一种融洽自然的氛围。当被访者真情自然流露的时候，真正的拍摄也就开始了。这种方式要求创作者有较深的采访功力和一定的采访技巧。在正式拍摄时，尽量隐蔽创作者，不让创作者的形象和声音进入画面；在编辑时，往往运用一个故事来结构和叙述，并大量使用同期声，较少依赖解说。从创作观念上讲，这种叙事方式的选题一般从小处入手，注重的是个性化的事件和人物，讲究叙事情节化，创作者往往把节目好看当作创作的第一要素，于是片子就有了吸引人的因素，好看、耐看。这种叙事方式是目前纪录片创作的一种发展方向。

（三）纪录片的结构

叙事就是对事件系列进行排列，以说明一个事实或表达一个观点；而结构则是将素材进行排列组合的方式，是纪录片创作的一个重要元素。在纪录片中，结构是叙事的具体化，叙事要通过结构才能流畅地进行，所以，确立结构，也就是确立展开和完成叙事的方式。

不同的结构会产生不同的叙事效果。比如里芬斯塔尔的《意志的胜利》[①]，经苏联人之手，无非是进行了重新剪辑，也就是改变了素材的结构方式，《意志的胜利》就变成了反法西斯的影片《普通法西斯》（一部反思战争的纪录片）。这有点像化学中碳原子的排列，一种排列方式形成石墨，如果改变这种排列方式，普通的石墨就变成了光彩夺目的金刚石。不过，纪录片创作中的这种“化学变化”毕竟只是少数，大多数结构方式的变化只会引起所谓的“物理变化”，即叙事效果的优劣分野。优秀的纪录片结构严谨、统一而又自然；低劣的纪录片则雕刻痕迹很重，整体给人松弛甚至混乱之感。结构能力的高低是区别纪录片水平高低的一个最重要的因素。即使面对相同的素材，结构能力不同的编导也会创作出质量迥异的节目。

1. 线性结构

线性结构，是按照事件的发展进程或认识事物的因果逻辑顺序来组织情节结构，以此安排作品结构层次的一种方式。采用这种结构样式的电视片往往具有明显的情节发展

---

① 记录1934年在纽伦堡召开的帝国代表大会的一部纪录片。由纳粹分子构思，为纳粹党拍摄，内容也是关于纳粹。电影记录了大会的情况和会议期间的一些重要事件。

线索，内容报道呈线性发展，内容之间注重起承转合的联系性，在内容的转换上层次分明、条理清楚，所以这样的结构方式又被称为“单线结构”。

线性结构有两种叙述方式：一种以时间的先后顺序安排内容层次，也就是按照事件的时间先后顺序来组织安排材料，把相关内容依据时间关系呈现在观众面前，使观众能够明确地抓住事物发展变化的脉络。如历史人文类纪录片《过台湾》(14集)，这部作品的拍摄历时八年，拍摄团队三入台湾，辗转九省，以台湾从远古以来的社会变迁，尤其是从明末至宝岛光复三百年间的时间为线索，客观平实地讲述了一个个生动感人的历史故事，展现了台湾的发展轨迹以及两岸民众同文同种、血浓于水的骨肉亲情。

《过台湾》第1集片段

图11-1　电视纪录片《过台湾》

另一种以所报道事物的先后顺序来安排内容层次，它以对内容认识的深入程度为顺序，内容呈现的意义由浅入深、由表及里、由具体到抽象，反映电视编导对报道事物的认识由表面到本质的深化过程，如系列纪录片《行走的餐桌》以体验者波兰女孩翠花的美食之旅为线索——沿京杭大运河北上，品尝沿途城市的风味美食，展现了各城市深厚的地域文化特色。该系列作品采用的就是按报道事物先后顺序安排内容的结构，通过翠花的沿途美食体验，全面、详尽地呈现运河沿岸不同城市的餐饮特色和美食体验，该系列片层次清晰，内容广泛，诙谐有趣。

《行走的餐桌》第1集片段

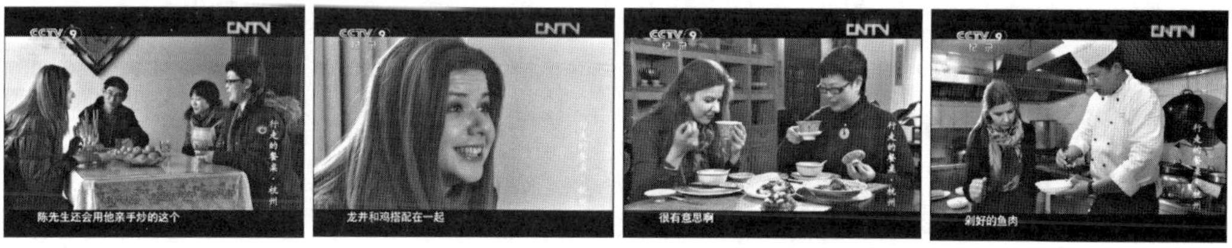

图11-2　电视纪录片《行走的餐桌》

2. 交叉结构

交叉结构指将两条或两条以上不同时空而又有着内在联系的线索，按照一定的创造构思交叉组合安排事件内容，在此基础上组织一定的情节内容，推动事件的发展。与线性结构的创作相比较，这种结构方式完全打破了原有的正常时间、空间的连续性，形成了具有一定深度、广度的网状结构，

《摇摇晃晃的人间》片段

如纪录电影《摇摇晃晃的人间》，这是一部关于女诗人余秀华的人物题材纪录片，该片以余秀华成名后的生活变化为切入点，讲述了她摆脱与丈夫尹世平的不幸婚姻、执着追求内心自由的生活历程。该片采用明、暗两条线索相互交织的结构方式完成叙事。一条明线是余秀华的离婚过程，一条暗线是余秀华在生理缺陷、无情感婚姻、性别困境等多重桎梏下的自我意识觉醒。

图11-3 纪录电影《摇摇晃晃的人间》

3. 板块结构

板块结构，也是电视专题创作中常见的结构方式，它用几大块相对独立的内容并列地组织在一起，每一块都有自己的一条线索，但都从一个基点出发，共同表现一个主题。与交叉结构比较，板块结构的多条线索之间相互不交叉，而是彼此独立发展，即每一块内容都由自己独立的线索来组织相关情节的发展。

《香巴拉深处》第1集《乐园》片段

比如纪录片《香巴拉深处》第1集《乐园》（见图11-4），创作团队深入川西藏区的深山秘境——香巴拉，以平实、细腻的影像视角呈现出多位普通个体的生存故事。在这样一个变革的时代，人们的思想、行为、观念、命运与亘古高原的雄浑、美丽达成了如此奇妙的平衡。《乐园》展现给我们的是一幅人与自然、现代与传统、创新与坚守的和谐共存美景。香巴拉美丽依旧，香巴拉人的现实故事更加动人。该片选择了四、五位拍摄个体，每个人故事的展开都相对独立、完整，组合在一起表达了同一个主题。

图11-4 纪录片《香巴拉深处》第1集《乐园》

总之，电视纪实作品的结构特征不仅体现在镜头间的组接上，更重要的是从整体上对主题、结构、段落进行构思，是作品全部意义的具体实践。如果说纪录片是一种“发现”的艺术，那么它同时又是一种“叙事”的艺术、一种“结构”的艺术。

（四）纪录片后期制作流程

1. 场记：后期工作的第一步

纪录片的片比比一般的节目要大得多，通常在1∶10以上，特别是一些纪实风格的片子，以及自然环境、动物类的片子，更是高达几十甚至上百。因此，在正式编辑之前，首先要对拍回来的素材认真做场记，以使整个编辑工作收到事半功倍的效果。

其实，部分场记工作在前期拍摄的时候就已经开始了。在拍摄时，每拍完一盘磁带，都需要做简单的记录，包括拍摄的时间、地点、大致内容、被采访人物的姓名等。当然，后期做的场记要详细得多。

做场记之前，首先应该设计一张场记单，以便在一个平面上将各种不同的内容展示出来，使之一目了然。下面是一种较为通用的场记单设计：

◎ 对每盘磁带进行编号。编号的方式既可以按照拍摄的时间顺序，也可以按照类别，譬如采访的内容整理在一起、空镜头放在一起等。经验丰富的摄影师往往在拍摄时就会把空镜头拍在同一盘带子里，也会把采访集中在一起。这样，编辑的时候就会方便得多。

◎ 按照场记单所设计的项目对每盘磁带进行记录。

◎ 听写采访的内容或同期声。现在有专门的速记公司，他们可以迅速把采访内容誊写下来。不过，如果时间不是太紧的话，最好自己来做，因为这本身就是一个梳理和筛选的过程。

◎ 对那些拍得好的镜头，或采访中讲得精彩的段落，应该特别注明，并把场记单做得更细一些。

2. 制定编辑大纲

做场记可以使人对所拍摄的内容有进一步的了解和把握，对心中那个若隐若现的片子的大致结构轮廓是否可行有一个初步的印证。当然，在正式编辑以前，制定一个编辑大纲是非常必要的。

其实，在前期拍摄选择内容和人物时就已经大致确立了片子的主题，如果拍摄的过程是围绕那个主题展开的，那么，编辑大纲至少在内容和结构方面可以依据原先设计的主题来定。但是，假设在拍摄过程中并没有很好地围绕事先设计的主题进行，那么在确定编辑大纲时就应该提出弥补那些缺失的办法。

制定编辑大纲有点像在纸上做剪接，就是在正式操作机器编辑之前，必须先设计好片子大致的结构框架，特别是从叙事的角度设计故事的线索、结构和节奏以及起承转合的安排。在这个环节必须重视时间的处理。纪录片的叙述通常会以事件因果关系的顺序进行编排。当然，如果改变事件原来发生的次序能产生更好的戏剧效果，也可尝试。

编辑大纲就像一个蓝图，不同的理念可以在这里尽情展示，甚至可以有多种方案，在实施的过程中再逐步进行调整，最终确立一个最佳方案。

3. 结构的设计

一部纪录片叙事是否成功，是否能准确地表达作者意图、很好地吸引观众，很大程度上取决于讲故事的方式，也就是结构的问题。结构是叙事最直接、最重要的具体化形式。那么，我们如何选择纪实作品的结构呢？决定纪录片结构方式的因素很多，概括起来有以下几种：①生活事件本身，②现场取材方式，③创作主题，④作者的创作风格。对生活事件本身而言，如果题材是事件性的，多采用线性结构；如果题材是概述性的，则多采用板块结构。比如纪录片《极致玩家·击浪远航》，该片展现了“东风队”参加2014年10月举办的沃尔沃环球帆船赛，开始为期九个月远洋极限挑战的故事，创作者利用线性结构展现整个创作过程。而《航拍中国》（第一季）以空中俯瞰的视角来展现影像中国的视觉奇观，在历史人文、自然风貌、现实发展等多方面介入题材，创造出一种概括性、体验式的板块结构。就现场取材而言，大致可分为点式取材和面式取材两种，其中，点式取材指创作者把拍摄对象作为具体的形象，而面式取材则是把拍摄对象作为抽象的形象。如果取材方式属于前者，那么相应的结构就应为线性结构，如一些人物纪录片；如果取材方式属于后者，则多半会采用板块结构，如《本草中华》。主题也是影响纪录片结构的一个重要因素，一般而言，单一封闭性主题的片子多采用板块结构，特别是那些命题作文式的作品，如《帝陵·西汉帝陵》《超级工程2》；多义开放性主题的片子多采用线性结构，如《重返森林》《萌宠成长记》等。创作者个人的创作风格也影响着创作者对结构的选择，只不过这种选择并不总是一成不变的，而只是体现出一种量的优势。

《极致玩家·击浪远航》片段

《本草中华》第1集片段

4. 纪实作品的镜头组接

纪实作品的剪辑创作建立在视听语言的相关知识基础上，要通过视听功能完成对事件内容的叙事。它的基本剪辑原则是更强调作品的结构、节奏以及视听语言的处理。在镜头组接时，主要要注意以下几个问题：

（1）明确主题，选择画面

我们知道，电视纪录片、专题片的制作面对的前期素材非常庞杂，剪辑人员要完成一部作品的创作，需要在海量的画面素材中进行挑选。如何进行挑选呢？这是一个关键的问题，它要求剪辑人员必须具有明确的创作思路，即作品的创作主题必须清楚。因为主题是创作作品的灵魂，没有主题的创作，注定是一盘散沙，是不成功的创作。此外，它还要求剪辑师对画面内容有敏锐的感受力，从而准确地选择表意清楚、技法合理的画面素材。

（2）画面组接遵循逻辑原则

电视专题是一种叙事性较强的纪实类节目形态，因此其画面组接要遵循生活的逻辑关系。只有按照逻辑关系和因果联系组接的画面，在内容意义的表达上才会连贯。对于观众而言，这样的组接有利于理解意义，在视听感受上也接近于生活真实，给人一种真实的感受。因此，在进行镜头、场面、段落间的组接时，应遵循基本的逻辑因素，以保证作品内容叙事的连贯性、完整性。

（3）注重造型元素对剪辑的影响

画面的造型元素是正确完成组接工作的基础。景别、机位、运动、色彩、构图、角度、影调、轴线等画面造型元素除了能丰富画面内容的视觉感受力以外，它们的造型功能也能丰富蒙太奇组接的叙事意义，增强作品的艺术含量。

（4）恰当运用资料镜头、空镜头等素材

我们知道，在电视纪录片的创作中，除了叙事性的现场素材以外，一些历史资料素材也非常重要。这些资料性素材对于作品故事内容的时空呈现具有重要意义，能丰富事实的真实性内涵，是编导创作的重要手段之一。空镜头的意义在剪辑中非同寻常，在烘托气氛、渲染情绪、描写人物、象征与隐喻等方面发挥着重要作用。

（5）注重剪辑的运动性与流畅性

要使剪辑流畅，剪辑人员就必须高度重视画面素材之间的运动性元素，注重对运动性元素的分析，在剪辑创作中充分运用剪辑规律，按照合理的剪辑要求，选择好主体运动的画面、画外运动的画面，以及综合运动画面素材的剪辑点，保证画面组接的流畅性和完整性。

（6）谨慎使用特技

特技包括画面特技和过渡特技两种类别，画面特技主要是对画面素材进行的特殊处理，比如对画面的调色、做旧、定格、模糊化处理，这在电视纪录片的画面处理中经常可以看到。比如系列历史人文纪录片《幼童》第一集中，解说在讲述这段“中美两国之间尘封已久的故事”时，画面是火车在森林里行进，这时对画面进行了模糊化处理。过渡特技用得较多的有淡出淡入、叠化等，主要用在场面和段落间的时空转换上。要特别提醒的是，由于特技的人工痕迹较重，以纪实见长的作品在创作时要慎用特技，以免影响作品的真实性。

（7）使用字幕

电视纪实作品的字幕制作在质和量上都是非常讲究的，总的原则是朴素、平实。因此，在字幕的字体大小、色彩、位置等方面要充分考虑其与作品本身创作形态的匹配，整个字幕的编排也要考虑画面内容、主题之间的某种关系，考虑字幕与画面结合在视觉上的美感和整体感。

（8）声画和谐、统一

在电视纪实作品的制作过程中，声画的结构关系比一般的电视节目更复杂。作品中的解说词、同期声、现场音响、配乐等多层声音的后期处理，都要充分考虑画面与声音之间的匹配，以保证叙事意义的完整、清晰。

5. 节奏的把握

因为纪录片主要是对现实生活的记录，节奏形态要简单一些，其节奏通常会有两个特点：一是节奏会相对比较慢；二是要把握现实生活本身的内在节奏。而这种对节奏的把握，靠的是对生活的感受和理解。因此，纪录片创作在还原生活的时候，已经加入了作者的因素。在电视纪录片节奏的处理上，经常犯的毛病有两个：一是乱，就是在画面编辑的过程中随意性太强，画面的长短、快慢、多少处理不当，无章法；二是平，就是没有起伏，形不成节奏的曲线，要么一慢到底，要么一快到头，不能激起观众情绪的波澜。

节奏的合理处理，要依据创作者情感的表达，并顾及观众的接受心态，该长则长，该短则短；该快则快，该慢则慢；该张则张，该弛则驰。只有富有变化，方能形成节奏。

纪录片还原生活的节奏，随着片子叙述视点的不同，会有不同的表现形态。通常有以下几种情况：

第一种，叙述者作为“经历者”的节奏。这种节奏形态是把叙述者作为生活的亲历感受者，在纪录片中的表现是作者还原生活本身的节奏。往往是作者追随某个事件的进程，对它进行记录和描述。生活本身的节奏就应该是它的节奏，这时，如果生活处于一种常态，它的节奏自然就是准确的；如果生活已经被人为地打乱，反映出的节奏也应该是被打乱的。

纪录片《归途列车》讲述了20世纪90年代，家住四川农村的张昌华夫妇为了改善家庭生活条件以及子女教育问题，毅然踏上了离家别子的漫漫旅途……十几年的打工生涯，夫妇俩拼尽全力挣钱养家。谁想，与子女的长期疏离、沟通匮乏最终导致女儿张琴冷漠、叛逆……张琴的退学出走让夫妇俩几十年的人生梦想彻底破灭……该片的事件叙事过程围绕着张昌华一家的真实经历展开，创作者敏锐的观察力、判断力以及对社会问题的深刻思考是把握纪录片内在节奏变化的关键。该片外部节奏的变化取决于生活本身的节奏，剪辑师找到了其中的节奏规律，让整个故事的叙事节奏与观众心理节奏步调统一，大大提升了该片的观赏性、艺术性。

第二种，叙述者作为“认知者”的节奏。这种节奏形态是把叙述者作为生活的认知者，在纪录片中的表现是作者认识理解生活后表述生活的一种节奏，它是对生活内部节奏的描述。

第三种，叙述者作为“全知者”的节奏。这种节奏形态是把叙述者作为生活的全知者，在纪录片中的表现是作者透析生活后的一种叙述节奏。

第四种，营造设计的节奏。现在，纪录片一再强调情节化的叙述，主张设计营造纪录片的节奏，这是不可取的。因为，生活并非以人的意志为转移，也不是按照设定的模式进行的。因此，在纪录片的创作中，如果要营造一种节奏，也只能是外部节奏的变化，而不应该触及生活内部的节奏。否则，纪录片的真实性就会受到质疑。

单元总结

电视新闻的编辑非常注重声音信息的相对完整性和画面中形象语言的实证功能，因此，在编辑时要注意遵循电视新闻画面编辑的特有规律；注重细节画面的呈现；强化固定镜头意识，少用运动镜头；重视同期声的作用。

电视新闻节目编排的主要技巧包括：重视头条、优化组合、控制节奏和注意新闻提要的作用等。

纪实是对真人真事的一种客观记叙，但纪实并不等于真实。纪实作品的叙事，有画面加解说式、访谈加解说式和客观记录式；其结构主要有线性结构、交叉结构和板块结构。

任务一　考核参照表

任务	拍摄并剪辑完成一则消息类新闻		
完成形式	小组	小组成员	
完成时间			
任务内容	1. 新闻拍摄 2. 新闻剪辑		
成果形式	则电视新闻作品		
完成步骤	1. 明确任务 2. 寻找新闻线索 3. 前期采访拍摄 4. 收集资料 5. 编辑、合成素材		
过程评价（40%）	1. 作品完成过程中的工作态度 2. 小组成员的团结协作表现 3. 新闻敏感性 4. 摄像与采访能力的体现	评分	
成果评价（60%）	1. 采访段落剪辑合理，声音流畅、简洁 2. 能够体现消息类新闻剪辑的规律	评分	
指导教师评语			

任务二　考核参照表

任务	完成对纪录片《龙脊》的改编工作		
完成形式	小组	小组成员	
完成时间			
任务内容	将纪录片《龙脊》改编为30分钟的一部作品		
成果形式	剪辑完成的电视纪录片作品		
完成步骤	1. 明确任务 2. 观看《龙脊》（包括后续拍摄的四部） 3. 小组讨论设计剪辑思路 4. 撰写编辑提纲 5. 改编作品 6. 检查		
过程评价（40%）	1. 任务完成过程中的态度，团队协作意识 2. 以小组为单位对作品进行充分的分析和讨论 3. 剪辑过程中的团队协作表现	评分	
成果评价（60%）	1. 作品主题表达是否准确 2. 结构安排是否合理 3. 镜头组接是否流畅	评分	
指导教师评语			

学习单元十二
非纪实类电视节目的编辑

除了纪实类的电视节目，观众还会看到许多非纪实类的电视节目，比如影视剧，电视广告、音乐电视、影视预告片、形象宣传片，等等。非纪实类节目在后期编辑时也要依据画面编辑的规律进行镜头组接，另外还要根据不同类型节目的编辑特性，灵活变通地运用蒙太奇编辑技巧，力求为观众呈现更具感染力、更具艺术性的作品。本单元主要以MV、电视广告、电影预告片和宣传片的编辑为例，讲解非纪实类电视节目的编辑技巧。

学习目标

（一）知识目标

1. 了解MV的声画结构特征及编辑要点；
2. 了解电视广告创意法则和编辑要点；
3. 了解电影预告片和宣传片的编辑要点。

（二）能力目标

1. 能够分析MV的特点，根据资料完成一部MV的编辑；
2. 能够分析电视广告的特点，并根据给定素材完成电视广告的编辑；
3. 能够根据给定素材，进行电影预告片或宣传片的编辑。

任务描述

任务一：选择同一件音乐作品，请同学们根据自己的感受完成策划文案，完成画面拍摄和后期剪辑，尤其注意叙事性和表现性段落剪辑技法的运用，初步掌握音乐电视作品的剪辑技法与创作规律。

任务二：教师准备好相关素材，同学们利用给定素材完成一部电视广告，要求剪辑的内容基本反映出产品的一般性能，并表意清楚。剪辑中要遵循电视广告剪辑的规律，以及对影视节奏的控制。通过综合创作，使同学们初步建立起电视广告剪辑的基本理念，掌握电视广告剪辑创作的一般技法。

任务三：教师提供校园宣传片的素材，同学们分别编辑完成30秒和60秒的校园宣传片。通过实践练习，使同学们初步掌握宣传片的制作规律，掌握宣传片剪辑的一般技法。

第一节　MV的编辑

一、案例分析

下面，我们来分析中外两部不同题材、类型和风格的音乐电视作品《我们是一家人》（2014年巴西世界杯足球赛官方主题歌）、《脚步》，看看两者在曲式特色、结构安排及节奏处理等方面的不同。

案例12.1

2014年的世界杯足球赛重新回到了南美，回到了被誉为“足球之乡”的巴西。盛会的举办彻底点燃了巴西民众热情奔放、活力四射的足球梦想。如何通过MV手段把这一届世界杯主题歌《我们是一家人》的应有之意体现出来，把民众的热情、意志、光荣与梦想尽情地挥洒出来，把足球竞技的价值内核彰显出来，是创作者必须慎重考虑的核心内容。音乐的曲式短促、活跃，情感充沛；曲调设置优美、简明，朗朗上口……这样一个适合大众化、流行性的作品加入了丰富的地域音乐元素，诸如口哨的诙谐，鼓点的激情、动感等，把这首歌的音乐意义表达得更加淋漓尽致、楚楚动人。这首由FIFA确定的官方主题歌在影像呈现方面着力考虑明星效应、动势营造、地域元素，以及主题引导力等，全片结构分别由皮普保罗、詹妮弗·洛佩兹，以及巴西歌手克劳迪娅·莱蒂三人的领唱环节贯穿，球员的经典进球动作、球迷的欢呼雀跃、漫天舞动的国旗等动势画面充斥其间，营造了激情、热烈、欢愉的整体效果，加之桑巴舞的豪迈、耶稣山的壮美、土著的鼓点等空间元素，全片被打上了明显的地域文化烙印。值得一提的是，昔日街头少年的球赛嬉戏，以及今日赛场上明星队员尽情挥洒激情的两个场景的画面穿插全片，寓示着巴西足球的梦想与光荣，加深了这部作品的人文色彩与主题意义……

《我们是一家人》MV片段

案例12.2

《脚步》是一部“主旋律”题材的MV作品。该歌曲入选了第五批“中国梦”主题新创作歌曲展优秀作品，在词、曲、意方面以小见大、形象可感。从“脚步”的意象出发，把党、祖国寓示为亲人、恩人、恋人，饱含真挚情感地讴歌中华儿女历经风雨、不畏艰险、志存高远、众志成城、共筑伟业的豪迈之情。在创作MV的过程中，创作者通过画面展现具象元素来阐发歌曲本身的应有之意，通过影像手段实现深化主题的目的。对歌曲的主题、旋律、曲式等关键元素的正确分析、处理十分重要。《脚步》以讲述者的口吻阐述故事情节、抒发个人情怀，旋律和谐，感情充沛……MV在影像内容呈现上采用“情节再现”的方式，展现了一个普通家庭的时代命运

《脚步》MV片段

与历史变迁。MV作品以“改革开放”四十年为叙述背景，从故事主人公夫妇结婚、孩子入队、孩子考上大学、迎接儿媳等生活片段入手，把普通家庭生活的真实瞬间“再现”给观众，让人产生无限的接近性和情感共鸣……演唱者与表演者共处同一情景空间，“一唱一演”，互为关联，体现了较高的时空调度能力，通过“小道具”——电视，把四十年间的时代大事变一个个呈现在观众面前，营造了一个更为宏大的叙事空间，这样的影像处理方式极大地发挥了时空表现的无限性，深化了该作品的主题意义（如图12-1所示）。

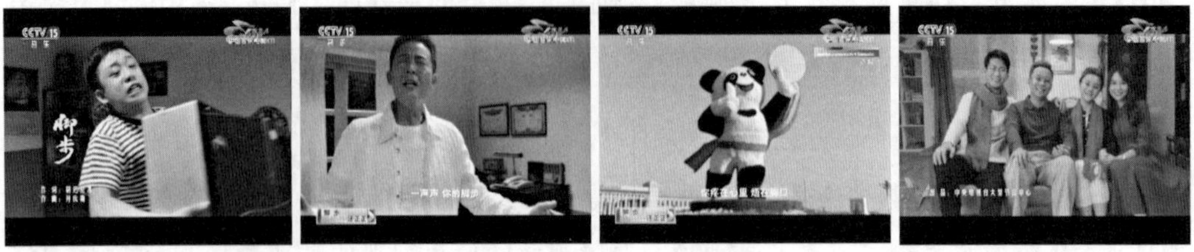

图12-1　MV作品《脚步》

二、相关知识

音乐电视是高度艺术化的节目样式，一般只有几分钟的时长，如何在这么短的时空结构中展现丰富多样的视听内容，在剪辑创作中是一个非常关键的问题。在这样一个超短的时空结构中，画面间的处理通常会打破常规的线性、逻辑性的叙事性剪辑，代之以时空自由转换的、带有一定跳跃性的、短镜头组接的、无过渡色的表现性剪辑，它的画面功能是建立在音乐主体基础上的、情绪化的、意境化的表现性剪辑。当然，局部可以出现某种片段式的叙事场面和段落剪接，但它永远不可能是画面的主体功能。音乐电视创作中的另一个特点就是通过音画结合，激发观众情感、情绪上丰富的想象力。我们说，艺术创作带给观众的是一种审美感受和情趣，这种情感的表达是因人而异的，每个人会根据个人的经历、知识结构、欣赏环境对同一作品产生截然不同的认识。总之，对于音乐电视，剪辑人员在开始工作之前就必须对该类节目形态的基本特征和制作特点有一个基本的认识，这是完成好创作的根本。

（一）理解MV的歌曲

在进行剪辑之前，必须对MV作品的歌曲与主题进行充分的理解，弄清楚歌曲要表达的意义，了解歌曲的情感基础，这样在剪辑的时候才能把握好画面的组接，确定剪辑节奏和剪辑风格。而对歌曲主题和歌曲所传递的情感进行分析，有助于在剪辑时选择合适的画面，做到声画的统一。

要达到这些要求，编辑人员就要从两方面入手提高自己。

1. 积累广博的人文科学知识

音乐本身就属于人文科学，音乐所表达的内容非常广泛，每一个民族的音乐文化都受其自然环境及文化生态的影响，其音乐文化与该民族、地区的哲学、宗教、历史等是融为一体的立体文化生态系统。必须正确理解和把握音乐作品的形象。MV作品《脚步》的创作特点在于娴熟地运用了影像时空表现的“无限性”，把普通小人物的个体生活与宏大、宽广的时代大事变结合在一起，造成强烈的时空变幻与内容反差。这样的画面处理需要创作者拥有深厚的历史人文素养和扎实的思想政治水平。

2. 培养音乐节奏感

音乐是有一定节奏组织的，通过时间展开的艺术节奏是音乐生命力的源泉，节奏感是音乐能力的重要组成部分，一切音乐活动都离不开节奏感。因此，后期编辑人员要有意识地、有计划地进行音乐节奏感的培养与训练，以提高自身的音乐素质，能准确感受音乐的表现力。

（二）MV作品的结构样式

从总体上看，任何电视作品的结构形式都包括两个层次；一是整体布局，就是整体形式的把握；二是内部构造，就是对片中各部分转换过渡的把握。音乐电视作品也同样如此。随着时代的发展和社会的演进，传统的手法已经无法涵盖音乐电视创作多样化的思维方式，不少创意新颖的作品涌现，使音乐电视的创作日益丰富繁荣。

音乐电视作为现在流行的视觉艺术样式，在制作中一般有以下几种基本类型：叙事型、片段组合型、演唱会、歌舞表演型、动画展示型。下面主要介绍常见的叙事型和片段组合型。

1. 叙事型

叙事型用故事情节来演绎歌曲，讲述一个故事，有剧中人物和故事情节的发展，类似于微电影的形式。其中歌手除了演唱之外，一般还要扮演故事里面的人物。这种类型的音乐电视节目利用有限的时间，配合优美的音乐，通过流畅的快速跳跃的镜头，把一个优美的小故事呈献给观众，增强了音乐电视的观赏性，使之更具有艺术感染力。比如MV《旧钢琴的故事》是Deseret公司公益DIY项目之一，它讲述了一台饱经沧桑的老钢琴的经历，采用隐喻手法赋予钢琴以人性，让它的内容呈现出故事化特征。该片体现出深刻的思想意境与人文关怀。英国忧郁二人组Hurts单曲*Sunday*的MV灵感来自希腊神话——俄耳甫斯（Orpheus）在妻子死后想将自己的妻子从地狱带回，结果在最后关头功亏一篑。4分钟的MV有如一部微型电影。

2. 片段组合型

片段组合型MV作品是指歌手在不同空间和场景中进行演唱，通过演唱内容的变化和场景的变化来表现歌曲的内容。这种形式是MV最常见的类型之一。这类MV的特点是歌

《书香满中华》MV片段

《讲古》MV片段

手的形象会不断变化，空间场景也会不断变化。比如黄晓的作品《书香满中华》中，歌手的形象有很多次变化，在不同的场景有不同的形象。伍燕、冯博、黄俊英演唱的粤语作品《讲古》采用粤语新歌的创作形式，以挖掘粤地文化底蕴为诉求，在画面表现上出现了诸如南拳、广绣、说书、粤剧、美食等传统地域元素，在前奏、间奏部分采用广东古典音乐《雨打芭蕉》《赛龙夺锦》等曲调元素，以及Rap等西方流行音乐元素，场景空间富于变化，形态新颖，极大地满足了现代人的欣赏层次和审美需求。

（三）MV作品的声画剪辑基本规律

一部成熟的MV，一定不是胡乱堆砌镜头的作品。从头至尾，所有的镜头一定要有一条主线贯穿起来，作者必须明白自己的MV要表现什么。无论是哪种形式的MV，如果镜头像一盘散沙、毫无章法，那一定是一部没有凝聚力的作品。我们在网上看过许多MV，大段大段地往音乐上堆砌镜头，毫不理会音乐的节奏，不理会歌词的内容，不理会镜头的长度，只管自己喜欢哪段镜头就整段剪下来堆在音乐上，一个镜头压好几句歌词，十几秒，甚至二十秒都不换画面，画面与音乐完完全全脱节。这些做法都是不可取的。归根结底，不管哪种类型的电视节目，其剪辑都要求编辑人员具备扎实的画面编辑基本功，但每一种节目类型又有其特有的一些规律，下面就介绍一下音乐电视剪辑的一般性规律。

《山水》MV片段

《客家情》MV片段

1. 开篇镜头的选择

一部MV作品，开篇很重要，往往开篇镜头的选择就奠定了整个作品的基调，因此要根据不同的歌曲风格选择恰当的开篇镜头。比如在民歌类型的歌曲中，开篇多选择大景别的镜头，这样会给观看者大气、开阔的感觉，比如李谷一的作品《山水》和钟雯的作品《客家情》，开篇都是以美丽的风景为主的大全景。开篇镜头不只是选择大景别就可以了，还要注意多选择固定镜头和慢摇镜头，一般不选择推拉镜头。如果是流行音乐，开篇就不拘一格了，可以选择某个相关场景的特写。

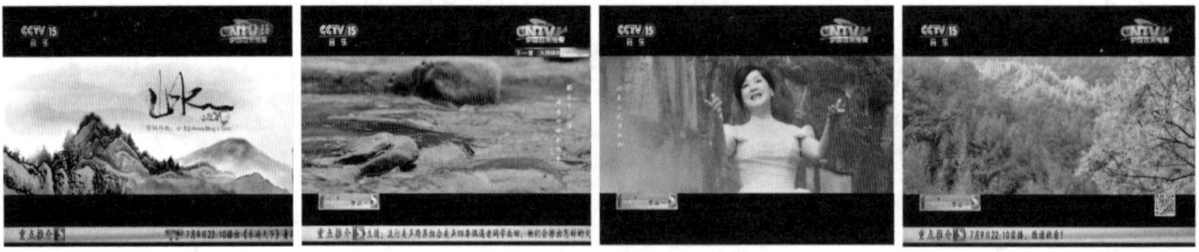

图12-2 李谷一的MV作品《山水》

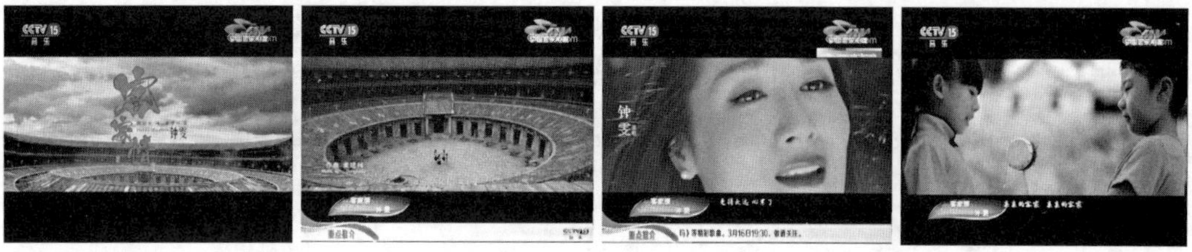

图12-3　MV作品《客家情》

2. 景别的巧妙搭配

MV为了突出镜头运动的节奏性，大量使用中近景，其次是特写。大全景仅仅是过渡景别，有时也用来抒情，表现心情开朗或心旷神怡的状态，而远景使用得相对较少。

在叙事结构里，全景是必不可少的元素，可以用它来确定事件发生的环境空间，为情节确定特定情景，人物的出入镜都在全景中展现。MV强调歌手的情绪，因此频繁地使用中近景。中景更容易表现动作的动势和幅度，但是中景对人所产生的视觉冲击力不如近景和特写。MV创作过程中，近景是最重要的景别，歌手的口型以及细微的情绪变化，全在于近景的刻画。MV中的特写与普通作品中的不太一样，一般的特写大多规规矩矩，而MV却追求视觉的强烈感受、局部细腻的变化以及瞬间的表情状态。

除了常见的各个景别的组合运用之外，在音乐电视的剪辑上还要注意一个问题：歌手演唱与实景拍摄画面之间的转换。这种剪辑一般会采用两个相差比较大的景别来处理，在歌曲重音节处转换镜头时，前面镜头结束，后面歌手镜头出现。比如，MV作品《我们是一家人》欢快、热烈的音乐节拍在与画面的结合中，景别的变化幅度积极地反映了这一特点，即通过大反差景别组接实现声画剪辑节奏的简明、动感、跳跃。空间环境镜头与人物动作镜头往往采用全景接中近景的方式，如图12-4所示。

图12-4　MV《我们是一家人》(2014年巴西世界杯足球赛官方主题歌)

3. 前奏、间奏和尾奏的剪辑

俗话讲，前奏是敲门砖，间奏是加分项，尾奏是控制阀。一部优秀的音乐电视作品在前奏、间奏和尾奏的剪辑上一定要出彩，但有些音乐电视作者却往往忽略了音乐前奏、间奏和尾奏部分的设计。实际上，这几部分如果设计得当，就会成为作品中的一大亮点，能够使整部作品得到升华；但如果设计不当，就会成为整部作品的败笔。所以，大家看到的那些精品音乐电视，这几部分设计得都很独特，真真正正有自己的创作意图贯穿在里边。

在《倾城之恋》中，第一段比较柔和的间奏音乐中加入了一组老上海的老庭院和街道的画面，此举除了渲染情绪之外，还交代了故事发生的背景。第二段比较激烈的间奏音乐中，是一组日本飞机轰炸的场面，推进故事的发展，将人物的命运推向高潮。

4. 歌手演唱声音和口型对位的剪辑

MV的创作受拍摄环境多样、拍摄景别和角度变化以及歌手更换多套服装等因素的影响，画面的拍摄是分段进行的。在后期合成阶段，则要求歌手无论处于什么场景、什么景别、穿什么样的衣服，都要做到声画对位，即歌手出现时演唱的口型跟歌曲的声音始终和谐一致。素材上载完成之后，歌曲是完整统一的。在歌手出场的画面中寻找演唱的爆破音、重音等地方，在发出爆破音或重音时，歌手的口型会有明显变化，在剪辑平台的视频轨道中记下这个口型明显变化处；音频轨道的声波在相应的地方也会有非常明显的突变点（如图12-5所示）。我们只需把视频轨道上爆破音演唱或重音的口型明显变化处和音频轨道上声波的突变点重合起来编辑就可以了。这样无论歌手身处什么环境，变换什么服装，在哪一个段落的剪辑中都可以很简单地做到声画对位。

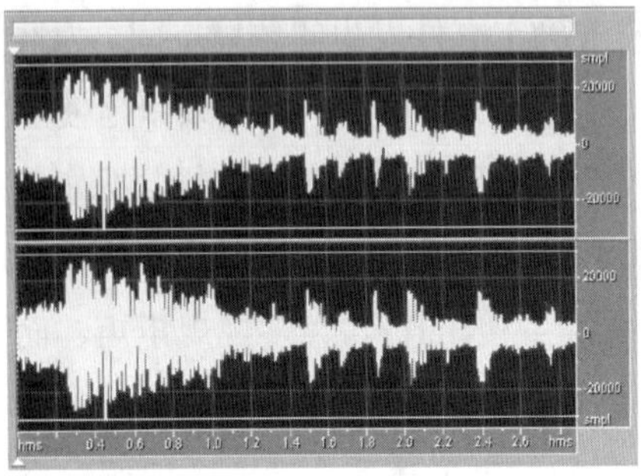

图12-5　声音波形图

5. 音乐电视字幕的设计

成熟的音乐电视剪辑知道如何运用字幕的设计为作品增色，使作品更加有表现力、更加出彩。

音乐电视中的常见字幕有两种：一种是片名，一种是唱词。在设计时要体现以下几个原则：

第一，适配性。字体设计必须从文字的内容和应用方式出发，形象而生动地体现文字要表达的主题思想。字体、字形、字号及呈现方式的选用，要与正文的要求和屏幕的显示特点相适配。

第二，易读性。文字有别于图形的特点之一，就是易读性差。用文字表示某一内容时，不如图形、图像那样直观生动，一费眼，二费脑。尤其是在屏幕上用文字表述内容时，按照易读性原则选用字体就显得格外重要。为了保证屏幕上的文字易读，一般需要注意两点：一是合理选用字体、字号及字间距、行间距，使之符合大多数人的阅读习惯；二是合理选用色彩的明度，确保文字在背景上清晰、醒目、一目了然。

第三，艺术性。现代设计中，文字因受其历史、文化背景的影响，可以作为特定情境的象征。因此在具体设计中，字体可以成为单纯的审美因素，发挥和纹样、图片一样的装饰功能。在兼顾实用性的同时，可以按照对称、均衡、对比、韵律等形式美的法则，适当调整字形大小、笔画粗细，甚至字体结构，使文字在表达内容的同时，也为画面增添美感。

6.音乐与画面节奏的结合

这一点说起来容易，真正做起来是很难的，对于乐感好的人来说可能要容易一些。主要要注意以下几点：

一是音乐的节奏与画面切换的节奏要协调。所选取的音乐节奏决定了整部MV的风格与基调，在组接镜头的时候，就要完全遵循音乐的节奏来控制画面切换的快慢，这样给人的感觉才是协调的、舒服的。

二是音乐的节奏与画面的内部节奏要协调。什么是画面的内部节奏呢？就是画面中人物的活动速度或运动镜头的运动速度。比如，在一段很舒缓的音乐背景下，画面中的人物却在风驰电掣地舞剑，这就显得很不协调。解决办法很简单，手工调节画面的速度即可。

三是把握音乐的重音。这一条称为“踩点”，指把画面中主体动作的最大动势处和音乐的重音点放在一起。

所以说，制作音乐电视并不是仅仅把画面对上音乐就行，一定要考虑画面本身的内容、节奏、人物动作等因素，这样才能真正做到音乐和画面的灵魂合二为一。总之一句话，快要快得有理，慢要慢得有理。

第二节　电视广告的编辑

一、案例分析

请分析2016年央视公益广告《我23岁》和BBDO公司2017年创作完成的VISA贺岁广告《带上父母去远方》在风格呈现上有何差异，它们各自的主题诉求又是如何，在外部节奏处理上有何特点。

《我23岁》片段

案例12.3

他们是一群充满青春梦想、激情四溢的年轻人，他们志存高远，脚踏实地，勇于担当……该广告的主题词“年轻，不可看轻！”掷地有声，活力不容掩抑。2015年的中国迎来了“史上最难就业季”，当年的高校毕业生人数达到了惊人的749万人……巨大数字的背后，一个个鲜活的青春个体走到了人生的“十字路口”……该片的创作诉求就是给处于“困境”中的学子们加油打气，希望他们能够积极应对挑战、克服困难、超越自我、实现价值。该片开头运用对比蒙太奇的剪辑手法，一方面用“自述”方式塑造了一位功成名就的业界“大佬”，他

《带上父母去远方》片段

用霸气十足的言语“粉饰”自己的辉煌战果和企图心；另一方面，展现了一群“初生牛犊不怕虎”的23岁的90后。两组镜头交叉组接，黑白与彩色，静态与动态，“功成名就的标榜”与“活力四射的梦想起航”等视听元素形成鲜明对立，产生了强烈反差和叙事张力。这组青年群像的代表中，有崇尚运动、激情活力的BMX（自行车越野）赛冠军；有充满艺术创意、创新勇气的年轻时装设计师；有脚踏实地、献身科学的有机农业研究者；有投笔从戎、勇往直前的新一代革命军人……他们梦想起航、担当时代重任，高呼着同一句话“我23岁！”创作者用一种快速剪辑的手法把青年群像并置组接在一起，产生了一种目不暇接、动感十足的积累效果，把新生代创业者的勇气、智慧、创新、拼搏的精神内核充分展现了出来，极富视觉冲击力、感染力。片尾主题词整体设计为黑底白字，造成强烈的视觉反差，粗体字设计让画面极富力量感，把主题意义准确无误地表达了出来。

图12-6　广告《我23岁》

案例12.4

VISA贺岁广告《带上父母去远方》是一则带有明显营销意图的商业广告。它的创作诉求很贴近中国年轻消费者的心理敏感点：独生子，少子化的中国家庭，日趋明显的老龄化社会进程，中国传统的孝道观念……无时无刻不敲击着新生代的社会中坚力量的心理底线。广告讲述了发生在一户普通中国家庭两代人之间关于旅行的故事，切入点很小，但造成的主题价值与传播效果出人意料……高速发展的国家让年轻一代收获了更多的发展机会，以及成就自我的满足感、幸福感，我们步履匆匆、义无反顾地去追寻“诗和远方”的今天，有没有片刻驻足，去回望一下儿时的街巷、父母的面庞……过往已成过往，但未来可以创造，你的消费冲动就这样在情感的纠葛中被重新“点燃”了。片子采用故事讲述的方式，主人公是女儿眼中的父母；采取双线索的内容结构方式，明线是父母的“固化”生活状态，促使女儿改变——带着爸妈去旅行，暗线是女儿眼中的爸妈。双线交织，互为支撑。片中对人物的刻画可谓细致、有趣，入木三分，极具戏剧张力。爸妈性格张扬、爱炫耀、斤斤计较、忘乎所以，而在这些“缺点”的背后，藏着一个多么善良的动机——以女儿的幸福为“幸福”。一次父母间关于旅游景点的争论，触动了女儿内心敏感的心弦：“这一次，我要带上他们一起去看看这个世界……”一行充满感恩之情的内心独白以字幕形式呈现出来：曾经，他们带我看见这个世界；现在，我带他们看看这个世界。接下来，一组写满故事、饱含真情的家庭照片让观众收获了满满的“爱意”。

二、相关知识

电视广告是非常精炼、短小的节目形态，要制作一部几秒到几十秒时长的电视广告，使观众在观看广告的时候能够接受广告传播的信息，能够记住广告宣传的产品名称、性能，并对产品的质量、功能产生信任感，关键取决于电视广告的创意和编辑。所谓创意是确立和表达广告主题的一种创造性思维活动；而编辑就是运用蒙太奇技巧，根据广告创意把拍摄的画面素材和音乐、音效等视听元素按一定的主题进行排列组合和搭配，展示商品的特性和服务的主旨，形成以宣传为主，兼具艺术审美特性的广告片的过程，也即选取合适的诉求和表现方法，将主题构思转化为视听合一的广告形象的具体环节。

电视广告的创意指在具体的思维过程中，在分析产品属性和消费者需求的基础上，提出针对性的传播策略。电视广告的编辑就是围绕广告创意、围绕如何实现这个传播策略展开的。因此，编辑人员在开始进行广告编辑之前，一定要完全了解广告的诉求，理解广告创意人员的创作意图，准确把握广告片的时长要求。而在编辑过程中，要注意以下四点：

1. 确立制作风格

风格是一切剪辑及包装工作的先决条件，风格首先要力求定位准确。风格定位不准，将导致整个后期制作前功尽弃、返回重改，将给一个制作团队造成很大的人力、物力、资金浪费。所以，在片子制作前就必须和客户达成一致：这个片子是采用中国风还是科技时尚感风格，是震撼大气还是娓娓道来，是另类前卫还是传统正规。一般由广告客户确定整体风格，如果客户没有说明，则需根据市场情况以及前期和客户沟通的情况来确定整个广告片的风格。

风格确立之后，在剪辑工作开始之前，编辑人员就要根据片子的风格选择合适的背景音乐、音效素材，找一些辅助的动态素材，以便为后面的工作节省时间。试想，如果在片子剪辑过程中再去找视频素材、音乐，回头再去匹配音乐画面，是不是很浪费时间？一条广告片用到的音乐可能是一种风格，也可能是多种风格，这完全要看文案创意。音乐和音乐之间的衔接一定要自然，这就要求两段音乐的过渡之处在节奏、音量上不能让人有不舒服的跳动。另外，配音工作必须先行，配音和音乐放一起剪辑后再加入视频画面来剪辑，可以大大提高效率。

2. 准确传达创作意图

电视广告的剪辑要求画面剪辑精练、精致，这就需要根据广告内容来挑选镜头，通常以短镜头为主。一般情况下，电视广告的后期剪辑是要严格控制时间长度的，一是实际播出费用决定了内容的展现必须精练；二是镜头的剪辑点选择非常考究，以最能传达创作意图的方式来决定镜头的先后顺序，合理确定镜头的长短、角度、景别，注重剪辑的流畅性。所以，我们看到的电视广告往往制作得非常精良。2000年，今世广告公司拍摄的“背背佳”书包广告采用了一组与学生有关的画面，每一个镜头都选用了活泼向上的运动画面，短镜头、快切、仰拍为主，动感十足，加上非常欢快的歌曲，节奏感极强，很有感染力，也很吸引人。

3. 节奏感的实现

《后生可畏》片段

后期剪辑中还有非常重要的一点，就是对整个片子节奏的控制，好的节奏能带动观众的情绪。什么地方该紧？什么地方该松？什么地方该高涨？什么地方该平稳？一般情况下，整个片子的节奏不应一成不变，否则会给观众造成视听疲劳。好节奏能带动观众融入整个广告片，而节奏要与整个广告片的文案创意紧密结合，做到文案、画面衔接恰当，音乐、配音融为一体。2015年年末，耐克公司推出一则橄榄球运动主题的商品广告——《后生可畏》，该作品彰显了耐克产品营销的一贯格调，即奔放、自由、热烈的风格取向。片子讲述了运动新生代新秀不畏压力、勇于挑战，在高手如林的橄榄球运动赛场上奋力拼搏，实践生命价值、运动理想的故事。后期剪辑中，创作者选用了几位小演员和著名球星共同表演的形式，以实拍完成丹佛野马队与底特律雄狮队的主场比赛，片中少年的日常生活与球场竞技场景在节奏处理上或快或慢，形成错落有致、富于变化的剪辑效果（如图12-7所示）。

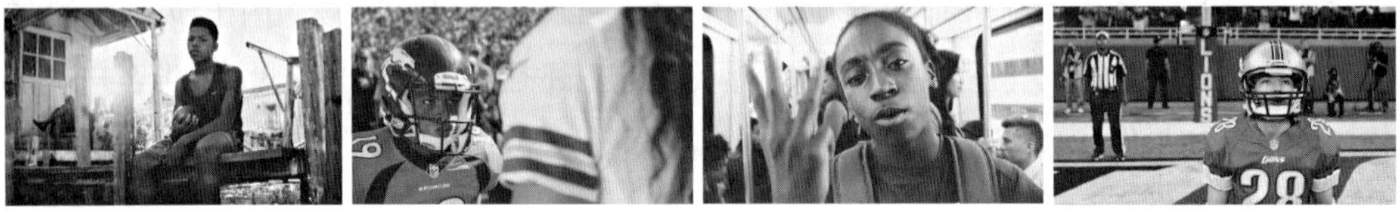

图12-7　耐克公司橄榄球运动主题广告《后生可畏》

4. 多媒体技术的采用

现在，电视广告大多采用多媒体技术，将数据、文字、语言、音乐、动画、视频、图像等信息综合于一体，通过计算机设备进行处理，可以不受实际自然条件的限制，创作时可以放开思路，营造出任何想象中的效果。在剪辑制作过程中，电脑特效与前期拍摄的视听素材结合在一起，诉求更准确，效果更佳。此外，前期拍摄的很多素材，在色调、明暗上很少能达到脚本中对各种场合、时间、意境的描述。色彩校正是一条好广告中不可或缺的一环，而色彩校正中最重要的一个概念就是色彩平衡，熟练调整色彩平衡是色彩校正中最基础、最重要的一步。

另外，还有广告投放的传播媒介、受众群、客户要求、亮点卖点等，这些因素，在广告片的剪辑过程中都应予以考虑。

第三节　预告片与宣传片的编辑制作

一、案例分析

案例12.5

2017年6月8日是世界海洋日。这一年的年终岁末，BBC推出了自然题材纪录片《蓝色星球》(第二季)，该片预告片由资深媒体人、91岁高龄的戴维·阿滕伯格（David Attenborough）担任内容解说，引领大家“深潜”大洋，感受来自海洋的博大与无限深远，领略人与自然的生命缘起与共存之道，配乐由音乐家汉斯·季默（Hans Zimmer）和英国摇滚乐队电台司令(Radiohead)共同担纲，画面选取精美，剪辑技巧娴熟。在五分多钟的时长内，色彩、动势、节奏、声音等元素的处理大气磅礴，异彩纷呈，产生了极富视听冲击力的感官愉悦。

《蓝色星球》（第二季）预告片片段

案例12.6

2016年的杭州G20峰会让杭州再次成为世界瞩目的焦点，要准确地把握这一创作题材难度很大。从历史人文、市井风物、意识形态等方方面面都可以切题深入，但呈现样式、传播效应、受众感官等却是大相径庭的。杭州G20峰会宣传片《喜欢你 在一起》全片分为三个篇章，从对生活的满足、对经济发展的自豪、对国家的热爱三个层面表现了我们的“喜欢”，以及我们和世界人民“在一起”，共筑人类命运共同体的宏愿。该片构思新颖，从群体入手来展现多元一体的内容视角。在形式上，以民众同唱一首歌表达出我们对自然、对运动、对文化、对生命……对一切美好事物的喜爱，这是一种人之天性的表达，质朴而永恒。这种形式感契合了“构建创新、活力、联动、包容的世界经济”的峰会主题，让人记忆深刻，难以忘怀。该片在画面空间整体布局上营构出一种清新、亮丽、和谐、积极的格调，配上别具一格的字幕设计，创造出一种来自东方文化的典雅之美。歌曲旋律简明，感情真挚，表达流畅，富于变化，朗朗上口，意义的表达既能上至家国层面的伟大梦想，又能观照小民百姓的情感诉求……

《喜欢你 在一起》片段

二、相关知识

（一）电影预告片的编辑

电影预告片是把即将上映影片的大致轮廓介绍给观众，使观众对影片有一个初步的印象，引发观众观看这部影片的兴趣和欲望。预告片要求在很短的篇幅内，把影片的风格、题材和部分情节以及出品单位、主要演员等，都生动地、引人入胜地介绍出来，同时要尽可能使影片的主题得到必要的反映和暗示。

1. 选材

电影预告片需要在短短几分钟内把影片的精华表现出来，以吸引观众，镜头的选择尤为重要，一般应选择能够显示出影片题材、风格的画面；选择能够反映时代背景、能够代表原片中人物精神面貌以及动作性强的画面。另外还要注意以下几点：

◎ 不宜用较长的运动镜头；
◎ 不宜用与主题无关的景物镜头；
◎ 不宜用画面不够理想的镜头；
◎ 不宜用作用不大的过场戏镜头；
◎ 镜头宜多不宜长。

2. 结构

有了较为完美的画面素材，还要予以适当的处理，也就是要有适当的结构方法。不同的片种，不同的题材，应当产生不同结构的预告片。但是，无论什么样的预告片，只要能准确地反映出原片的题材特征，并与原片的样式、风格相吻合，其效果必然良好。

预告片在结构上一定要采取虚实结合的方法，因为它不可能把原片内容全盘托出，让观众一览无余，但又不能使观众一无所得。所谓“虚”，主要是指省略那些次要的人物与情节，给观众以想象和预示，引起观众的期望和错觉，从而加强悬念；所谓“实”，是指把片中主要情节和主要人物的关键性细节具体地表现出来。

预告片画面的内在联系与外在联系、连续组接与对列组接，在剪辑过程中也是结构方法上的两个重要方面。内在联系一般指人物的精神面貌、情节、事件发展的必然性等，在剪辑方法上，一般采取对列的组接技巧；外在联系一般指主体的动作、方位、速度、光影、色彩、景别大小、镜头的有机转换等，在剪辑方法上采取连续的组接技巧。

演员介绍一般采取两种方法：一是戏中介绍，即从剧中人物活动中选择演员单独表演的近景进行介绍，这种介绍方法由于结合了演员所扮演的人物，往往能使观众对剧中人物有所了解；另一种方法是单独介绍，要求用有动作、有表情的演员近景或特写，这样能够更好地突出演员。

3. 画面技巧

预告片画面技巧的运用，一方面可以起到增强悬念的作用，一方面又是吸引观众兴趣的手段。在预告片中，运动镜头是比较少见的，但有时由于镜头的内容需要而选用，这时就必须让技巧与镜头的运动相结合。使用技巧，常常能使镜头之间在画面内容上产生有机的联系；而画面技巧与主体动作、方向的有机联系，常常能使镜头之间在外在形式上与主体动作统一。预告片画面技巧的长度，一般以8—12格最为合适；特别长的，可以用16格；特别短的，可用6格。长的节奏缓慢，短的节奏紧凑。预告片中字幕技巧与画面技巧的有机结合也很重要。

4. 声音技巧

对白应该选择能够反映主题和人物思想感情的关键性语言；音响主要用来渲染气氛，同时它也可以表达人物的情感，增强影片的节奏；音乐在预告片的声音中占着主要地位，它不仅是连接和贯穿影片最主要的方法，还能够起到渲染人物心情、表达环境气氛和增强节奏的作用，也是体现影片风格、样式最有力的手段之一。

在语言的运用上，由于预告片受篇幅的限制，它不可能容纳较长的对话。预告片主要是通过丰富的视觉形象来达到它的宣传目的，因此，人物的语言一定要简练、生动，具有深刻的含义，要避免用大量的对话和并非一语道破主题思想和人物精神情感的语言。对白、音乐、音响三者在预告片中的运用，应该如同原片的声音处理一样，要构成有机的、完整的听觉形象，要通过声音的运用，显示出原片的内容、风格和特色。三者的结合，关系着画面内容是否生动感人，关系着声音与画面的有机配合是否能产生节奏感，对反映影片的主题思想、风格、特色等起着重要作用。预告片和原片一样，也要求生动的内容和完美的形式相统一。

5. 字幕

字幕包含以下几个方面的内容：

◎ 字幕的种类：介绍原片主题的字幕、解释画面内容的字幕、宣传的字幕；

◎ 字幕的字体：根据原片的风格、样式决定；

◎ 字幕的排列和结构形式：根据句子长短及其与画面的构图关系来决定。

（二）宣传片的编辑

近十几年，电视宣传片作为一种崭新的传播形式已经成为各个城市、企业进行推介宣传、提高声誉而采取的重要手段。短小精美的宣传片既能充分传达城市精神及企业理念，也可以从一个侧面展示一个城市及企业的实力和创新能力，对于树立城市及企业的良好形象、展示其内在魅力具有重要的作用。

1. 解说稿与素材的审看

宣传片中很多会有解说词，解说词是与画面相辅相成、互为补充的，编辑人员应先对照稿件听配音，检查有无错误的部分，然后查看素材，把拍摄的素材都查看一遍，做到心中有数。

几年前的城市宣传片《上海》曾在宣传片制作界风靡一时，也一度成为各个城市争相模仿的范本。简洁大气的解说词，全景式、橱窗式的画面展示方式在当时成了城市宣传片最为经典的创作模式。

片子从上海的地理位置、交通、政治、经济、文化生活、科研教育等各个层面向观众展示了一个无所不包、无所不能的上海。通过这部片子几乎可以透视当时业界，或者说城市管理者们的审美取向：大而全。这样的一种审美使命只能由解说词来完成，于是有了片中贯穿始终的解说词。相比整部片子的其他方面，解说词是其最为成功的部分。尽管片子的画面拍摄有很多值得称道的地方，尽管现场同期声用得恰到好处，尽管音乐风格贴切，但解说词显然在片中承担了太重要的任务，其精彩程度超越了其他元素。如果说解说词的出色支撑了整部片子的成功，那么从某种程度上讲，作为电视主体语言的画面就不可避免地成了诠释解说词的罗列和堆砌，解说词也或多或少地成了为弥补画面表现力不足而进行的二度创作。

2. 音乐的选择

如果一部宣传片画面制作得很好，但却怎么看都很平淡，那是因为什么？基本上就是因为音乐。音乐在宣传片中起着烘托气氛的作用，它主要从听觉方面打动观众。因此，对于宣传片来说，音乐同样非常重要。很多时候，我们要花很长的时间去反复理解音乐，听音乐的旋律是不是很符合我们所制作的片子的风格。假如是IT行业的宣传片，音乐肯定是那种动感、欢快一点的；如果是重工业、制造业的宣传片，音乐肯定是厚重、沉稳一点的。如果同一部片中出现了几首不同的音乐，曲风一定要相近，要根据氛围需要来搭配。宣传片片头音乐要大气，开篇要有力。

宣传片《喜欢你 在一起》由泰美时光团队原创，把中国传统民乐元素与现代流行音乐巧妙融合，在简明、真挚的情感表达中实现了全片的创作意图。音乐语言具有世界性意义，它没有人种、国家、性别差异。宣传片的音乐元素应该在表达方式上找到“民族性”“世界性”两个不同概念空间的最大公约数。

3. 画面剪辑时节奏的把握

根据整部作品的结构安排，把素材进行粗剪，再根据解说词和音乐的节奏进行精剪，此时，画面剪辑点的选择至关重要。宣传片的节奏的作用应该从影视语言这一角度来认识。节奏决定着作品的有机性和完整性，包括画面和声音两大方面。就画面来讲，又分为摄像的节奏、画面蒙太奇组接的节奏；从声音来讲，则包括音乐、解说词、同期声等。同期声可以增加内容的真实性、可信性，在特定的场合，与画外音相比，同期声往往能起到事半功倍的作用。在画面的组接上，要注重节奏的把握，力求简洁精练，绝不拖沓，见好就收，将节奏把握得恰到好处。缓慢的节奏带给观众宁静、平和的感觉；急速、跳动的镜头以及快节奏的音乐则形成对视觉的冲击。根据主题灵活运用节奏，或穿插或点缀，可以给作品带来更多的生气。

4. 特效与包装制作

只有通过新颖的手法和富有新意的表现方式，才能让观众感到新鲜，从而增加宣传的效果。无论是镜头拍摄、画面组织还是后期剪辑，都要讲究艺术性，都要对构图、色彩、过渡提出高要求。同时，优秀的电脑特效包装可起到画龙点睛的作用。

同学们还需学习更多的特效制作知识以提高宣传片的感染力。

单元总结

无论哪一种非纪实类电视节目的剪辑，都是在遵循镜头基本组接原则和技巧的基础上进行的，但每一种电视节目又有其特有的表现特点，所以编辑人员在运用剪辑技巧时要充分考虑观众的收视心理，以观众的视角来理解不同类型的电视作品，这样才能创作出更加优秀的电视作品。

任务一　考核参照表

任务	创作完成一部音乐电视作品		
完成形式	小组	小组成员	
完成时间			
任务内容	1. 音乐电视作品的策划 2. 镜头的拍摄与剪辑		
成果形式	剪辑完成的音乐电视作品		
完成步骤	1. 明确任务 2. 理解、选定歌曲 3. 撰写拍摄脚本，拍摄素材 4. 画面剪辑，声画组合 5. 合成，检查		
过程评价（40%）	1. 任务完成过程中的态度 2. 小组成员的团结协作程度	评分	
成果评价（60%）	1. 准确把握歌曲风格 2. 拍摄的画面技术水平高 3. 镜头剪辑流畅，节奏感强，吸引观众	评分	
指导教师评语			

任务二　考核参照表

任务	完成一部电视广告片的制作		
完成形式	小组	小组成员	
完成时间			
任务内容	利用给定素材完成一部电视广告		
成果形式	电视广告		
完成步骤	1. 明确任务 2. 观看给定素材 3. 充分理解本广告的诉求 4. 设计剪辑思路 5. 剪辑画面，进行声画组合 6. 检查		
过程评价（40%）	1. 任务完成过程中的态度 2. 小组成员的团结协作程度	评分	
成果评价（60%）	1. 主题表达准确 2. 镜头组接流畅，有广告艺术效果	评分	
指导教师评语			

任务三　考核参照表

任务	校园宣传片的剪辑		
完成形式	个人独立完成	姓名	
完成时间			
任务内容	教师提供校园宣传片的素材，同学们分别编辑完成一部30秒和一部60秒的校园宣传片		
成果形式	剪辑完成的校园宣传片		
完成步骤	1. 明确任务 2. 反复观看给定素材 3. 确定宣传片的表现主题 4. 选择音乐 5. 剪辑画面与声音 6. 叠加字幕 7. 合成，检查		
过程评价（40%）	1.任务完成过程中的态度 2.小组成员的团结协作程度	评分	
成果评价（60%）	1. 主题表达明确 2. 画面剪辑流畅，有节奏感 3. 能够很好地发挥画面、声音、字幕等各种呈现手段的表现力	评分	
指导教师评语			

主要参考文献

傅正义.电影电视剪辑学[M].北京：中国传媒大学出版社，2002.

何苏六.电视画面编辑[M].北京：中国广播电视出版社，1997.

黄匡宇等.电视节目编辑技巧[M].北京：中国广播电视出版社，2002.

李停战，周炜.数字影视剪辑艺术与实践[M].北京：中国广播电视出版社，2006.

邵长波.电视结构艺术[M].北京：中国广播电视出版社，2002.

苏牧.太阳少年《阳光灿烂的日子》读解[M].北京：世纪出版集团，2007.

王晓红.电视画面编辑[M].北京：中国传媒大学出版社，2002.

姚争.电视剪辑艺术[M].北京：浙江大学出版社，2007.

杨健.拉片子——电影电视编剧讲义[M].北京：作家出版社，2007.

杨辛，甘霖.美学原理[M].北京：北京大学出版社，1993.

张晓锋.当代电视编辑教程[M].上海：复旦大学出版社，2007.

张宇丹 孙信茹.应用电视学理念与技能[M].昆明：云南大学出版，2004.

波德维尔，汤普森.电影艺术：形式与风格[M].彭吉象，等译.5版.北京：北京大学出版社，2003.

华兹.开拍啦——怎样制作电视节目[M].徐雄雄，等编译.北京：中国广播电视出版社，1985.

霍华德，基夫曼，穆尔.广播电视节目编排与制作[M].戴增义，译.北京：新华出版社，2000.

范西秋.电影化叙事——电影人必须了解的100个最有力的电影手法[M].王旭锋，译.桂林：广西师范大学出版社，2009.

赖兹，米勒.电影剪辑技巧[M].北京：中国电影出版社，2008.

罗姆.电影创作津梁[M].北京：中国电影出版社，1988.

马尔丹.电影语言[M].何振淦，译.北京：中国电影出版社，1980.

普多夫金.论电影的编剧、导演和演员[M].北京：中国电影出版社，1980.

所罗门.电影的观念[M].北京：中国电影出版社，1983.

冉光泽教授博客，http://blog.sina.com.cn/rangz